Coleção Espírito Crítico

ENSAIOS DE
LITERATURA OCIDENTAL

Coleção Espírito Crítico

Conselho editorial:
Alfredo Bosi
Antonio Candido
Augusto Massi
Davi Arrigucci Jr.
Flora Süssekind
Gilda de Mello e Souza
Roberto Schwarz

Erich Auerbach

# ENSAIOS DE LITERATURA OCIDENTAL
Filologia e crítica

*Organização*
*Davi Arrigucci Jr. e Samuel Titan Jr.*

*Tradução*
*Samuel Titan Jr. e José Marcos Mariani de Macedo*

Livraria
Duas Cidades

editora 34

Editora 34 Ltda.
Rua Hungria, 592 Jardim Europa CEP 01455-000
São Paulo - SP Brasil Tel/Fax (11) 3811-6777 www.editora34.com.br

Copyright © Editora 34 Ltda. (edição brasileira), 2007
*Ensaios de literatura ocidental* © Clemens Auerbach, 2000

**A fotocópia de qualquer folha deste livro é ilegal** e configura uma apropriação indevida dos direitos intelectuais e patrimoniais do autor.

Edição conforme o Acordo Ortográfico da Língua Portuguesa.

Tradução das citações em latim:
*João Ângelo Oliva Neto*

Capa, projeto gráfico e editoração eletrônica:
*Bracher & Malta Produção Gráfica*

Revisão:
*Alberto Martins, Augusto Massi,*
*Cide Piquet, Murilo Marcondes de Moura*

1ª Edição - 2007, 2ª Edição - 2012 (1ª Reimpressão - 2020)

CIP - Brasil. Catalogação-na-Fonte
(Sindicato Nacional dos Editores de Livros, RJ, Brasil)

A241e
Auerbach, Erich, 1892-1957
Ensaios de literatura ocidental:
filologia e crítica / Erich Auerbach; organização de
Davi Arrigucci Jr. e Samuel Titan Jr.; tradução de
Samuel Titan Jr. e José Marcos Mariani de Macedo.
— São Paulo: Duas Cidades; Editora 34, 2012
(2ª Edição).
384 p. (Coleção Espírito Crítico)

ISBN 978-85-7326-384-8

1. Teoria literária. 2. Ensaio alemão.
I. Arrigucci Jr., Davi. II. Titan Jr., Samuel. III. Macedo, José Marcos Mariani de. IV. Título. V. Série.

CDD - 801

# Índice

*Apresentação* ............................................................. 7
1. *Sacrae scripturae sermo humilis* ............................. 15
2. *Sermo humilis* ......................................................... 29
   *Gloria passionis* ..................................................... 77
3. Dante e Virgílio ....................................................... 97
4. Os apelos ao leitor em Dante ................................. 111
5. Natã e João Crisóstomo ......................................... 133
6. O escritor Montaigne ............................................. 145
7. O triunfo do mal:
   ensaio sobre a teoria política de Pascal ................. 167
8. Racine e as paixões ................................................ 197
9. *La cour et la ville* ................................................... 211
10. Sobre o lugar histórico de Rousseau ..................... 279
11. A descoberta de Dante no Romantismo ............... 289
12. *As flores do mal* e o sublime .................................. 303
13. Marcel Proust: o romance do tempo perdido ....... 333
14. Vico e o historicismo estético ............................... 341
15. Filologia da literatura mundial ............................. 357

*Nota sobre os textos* ................................................... 375
*Sobre o autor* ............................................................. 377

Erich Auerbach na década de 50, quando lecionava
na Universidade Yale, nos Estados Unidos.

# Apresentação

Em fins de dezembro de 1956, o filósofo Martin Buber, professor na Universidade Hebraica de Jerusalém, escrevia a Erich Auerbach para relatar o progresso dos trabalhos na tradução de *Mimesis* e pedir um prefácio à edição israelense: para Buber, o livro ganharia em termos "pedagógicos" se o autor "orientasse" o novo público de modo "mais direto e mais elementar" logo às primeiras páginas. Menos de duas semanas depois, em 12 de janeiro de 1957, Auerbach respondia de New Haven, onde ensinava na Universidade Yale: lamentava ter de recusar, mas "*Mimesis* é um livro sem introdução; o capítulo sobre Homero e o *Gênesis* faz as vezes de introdução; discussões teóricas no início iriam contra o propósito do livro".[1] O que valia para *Mimesis* em 1957 talvez ainda valha, cinquenta anos depois, para uma antologia brasileira de textos do grande crítico e filólogo alemão, e será de bom tom que os organizadores desta edição se limitem

---

[1] A breve correspondência entre Buber e Auerbach foi originalmente publicada por Karlheinz Barck e Martin Treml, "*Mimesis* in Palästina. Zwei Briefe von Erich Auerbach und Martin Buber", in *Trajekte* 2 (2001), pp. 4-7. A edição original de *Mimesis* fora publicada em 1946, logo após o fim da guerra, pela editora Francke, de Berna; a tradução hebraica saiu em 1958 pela editora Bialik, de Jerusalém.

discretamente a uma exposição brevíssima do plano destes *Ensaios de literatura ocidental*.

Afinal, "há que fazer falar as coisas", e não falar por elas, como se lê em "Filologia da literatura mundial", ensaio de 1952 que fecha este volume. Escrevendo sob esse mote, Auerbach desenvolveu um estilo expositivo e analítico em que o passo decisivo consiste em encontrar e captar, nas obras em pauta, um "traço característico" capaz de conferir densidade verbal e histórica às questões do leitor inquisitivo. Nas palavras do próprio Auerbach:

> A primeira regra reza que o trabalho propriamente dito só começa quando se encontra nos textos um traço característico (ou vários) em que se concretiza aquilo que nos parecia significativo: só então tem início o trabalho filológico de coligir e comparar, que caminha por si só — e por vezes conduz a resultados inteiramente diversos do que se esperava.

Não há como determinar de antemão a classe de fenômenos ou traços verbais que deve interessar ao leitor; ela pode ser "de natureza muito vária [...] lexicográfica, sintática, estilística, compositiva, conteudística", conforme o objeto e o problema:

> Nos últimos anos [...] parti quase sempre de um aspecto semântico-lexicográfico ou da análise estilística de uma passagem; nos dois casos, o exemplo de Leo Spitzer foi de grande utilidade para mim.[2]

Ao leitor capaz de se aventurar pelas obras assim, sem mapa ou traçado prévio, está reservada a descoberta de um nó textual

---

[2] Erich Auerbach, prefácio a *Vier Untersuchungen zur Geschichte der französischen Bildung* (Berna: Francke, 1951), pp. 9-10; o livro é dedicado "a meu amigo Leo Spitzer".

## Apresentação

que servirá de "ponto de partida" (*Ansatzpunkt*) para o trabalho filológico e interpretativo. Para citar alguns exemplos que constam deste volume: a noção retórica de "estilo humilde" na obra de Santo Agostinho e dos autores cristãos da Antiguidade tardia; a feição particular da figura estilística da apóstrofe na *Divina comédia*; uma expressão como "a corte e a cidade" nos textos dramatúrgicos do século XVII francês; a armação argumentativa de um trecho dos *Pensamentos* de Pascal ou a articulação imagética de um soneto das *Flores do mal*; a noção de "escritor" nos *Ensaios* de Montaigne ou a ideia goethiana de "literatura mundial" (*Weltliteratur*). O espírito sopra onde bem entende, sem aviso prévio, e o leitor que apure os olhos para captar seus sinais verbais: "*Aguzza qui, lettor, ben li occhi al vero*", como diz Dante numa passagem do *Purgatório* (VIII, 19) citada por Auerbach num dos ensaios desta antologia.

Essa leitura voltada para o concreto e o singular não está obrigada, porém, a se deter nos limites da obra ou do autor individual. Na medida em que o ponto de partida encontrado seja capaz de "irradiação", ele permitirá que o leitor descortine uma nova paisagem histórico-literária de filiações e recusas, continuidades e fraturas; por essa via, o autor ou a obra individual não se dissolverá sob conceitos gerais, mas ganhará lugar numa "topologia histórica", termo crucial para Auerbach. Em retrospecto, o conjunto de seus ensaios lhe parecia regido pelo

> esforço de chegar a uma topologia histórica, voltada menos para o que há de próprio a cada fenômeno do que para as condições de seu surgimento e para a direção de seus desdobramentos.[3]

---

[3] *Idem*, p. 7. O termo "topologia" faz pensar na obra-prima de E.-R. Cur-

Assim, mais uma vez nos termos de "Filologia da literatura mundial", a "objetividade" própria aos fenômenos com que lida a "filologia sintética" exige do leitor um movimento de vaivém, propriamente dialético, entre o característico ou singular, de um lado, e o vasto panorama da "história imanente" da humanidade, de outro. O que se almeja é "a apreensão do movimento do todo", mas este, por sua vez, "só pode ser percebido limpidamente quando todos os seus membros tiverem sido captados em sua peculiaridade". Conduzido por mãos hábeis, o circuito da leitura permitirá escapar tanto ao silêncio amoroso diante do objeto singular quanto aos clichês abstratos da crítica e da historiografia mais corriqueiras.

Essa ordem de ideias, que responde pelo movimento profundo da obra de Auerbach, norteou também a seleção e a organização dos quinze textos que compõem estes *Ensaios de literatura ocidental*.

Publicados entre 1927 e 1954, em três línguas, três continentes e três décadas cheias de tribulações históricas e pessoais, os ensaios certamente podem ser lidos como peças autônomas. Cada qual é exemplo admirável do refinamento a que a filologia românica e leitura estilística puderam chegar na Alemanha da primeira metade do século XX, bem como da força com que a prosa auerbachiana figura ou, melhor, reconfigura analítica e *artisticamente* os textos sobre os quais se debruça. Por este viés, o leitor pode bem percorrer os textos na ordem que preferir: seja ao sabor de seus interesses pessoais, seja na ordem em que foram publicados — ao final do volume, a "Nota sobre os textos" reúne as referências bibliográficas completas.

---

tius, *Literatura europeia e Idade Média latina* (1948), mas a leitura dos ensaios de Auerbach logo revela diferenças cruciais entre as concepções dos dois autores.

Apresentação

Mas a noção de "topologia histórica" sugere uma outra sequência de leitura, que afinal decidiu os organizadores a escalar os textos não na ordem em que vieram a público, mas segundo a "ordem das matérias". Com isso, espera-se que a continuidade fundamental dos interesses de Auerbach e a vigência de certas questões centrais ao longo de todo o seu percurso intelectual ganhem mais nitidez aos olhos do leitor brasileiro. Por exemplo, "*Sermo humilis*" (de 1952) e "Dante e Virgílio" (de 1931) iluminam-se reciprocamente quando lidos nessa ordem, assim como o ensaio sobre Baudelaire, de 1951, adquire novo alcance para quem acaba de passar pelas páginas acerca da "descristianização" da vida mundana em "Sobre o lugar histórico de Rousseau" (1932) e "*La cour et la ville*" (1933/1951), de assunto aparentemente tão diverso.

A mesma noção inspirou o título dado a esta antologia: *Ensaios de literatura ocidental* faz menção, de caso pensado, ao subtítulo de *Mimesis*, isto é, "A representação da realidade na literatura ocidental", e pretende assinalar os marcos históricos da *longue durée* que interessa a Auerbach. Num extremo, a emergência de um Ocidente cristão e latino na obra e na figura de Santo Agostinho e, sobretudo, de Dante Alighieri; no outro, a hora contemporânea do autor que, escrevendo logo depois da Segunda Guerra Mundial, tenta compreender um processo de nivelamento e estandardização que, partindo da Europa e atingindo proporções globais, torna obsoletas as ideias de "nação" e de "Ocidente", pelo menos para os fins de uma filologia sintética da literatura mundial. Desse limiar em diante, "nossa pátria filológica é a Terra".

Todos os textos foram traduzidos das línguas originais (alemão, inglês e francês) em que foram publicados; no caso de ensaios com mais de uma versão, preferiu-se sempre a última. No caso específico de "*La cour et la ville*", seguimos a regra e partimos da última versão, de 1951, mas tomando a liberdade de reproduzir, em sequência, as páginas finais da versão de 1933 (ver nota 60, p. 268), imensamente sugestivas, por mais que, duas décadas mais tarde, parecessem "unilaterais" e "pouco pertinentes" a seu autor.[4]

Os tradutores gostariam de agradecer a atenção e a simpatia com que os colegas Márcio Suzuki, Leopoldo Waizbort e Murilo Marcondes de Moura se dispuseram a discutir passagens, palavras e opções espinhosas — como, para dar dois exemplos, *Ansatzpunkt*, termo difícil, de múltiplas irradiações, vertido aqui por "ponto de partida",[5] ou *Weltliteratur*, a noção goethiana que, traduzida habitualmente como "literatura *universal*", talvez faça mais eco à ideia de "fecundação recíproca de elementos diversos" quando vertida por "literatura *mundial*", como preferimos.[6] A eles, o merecido "muito obrigado", que entretanto não os torna cúmplices de eventuais impropriedades.

Por sua vez, os organizadores agradecem a Fernando Paixão e a Augusto Massi o interesse e o entusiasmo com que, em momentos distintos, acolheram o projeto desta antologia. *Last, but not least*, toda gratidão é devida à equipe da Editora 34 e, em especial, a Alberto Martins, leitor agudíssimo que conduziu este livro a porto seguro.

*Samuel Titan Jr.*

---

[4] *Idem*, p. 7.

[5] Ver, a respeito, o ensaio de W. W. Holdheim, "The Hermeneutic Significance of Auerbach's *Ansatz*", in *New Literary History* 16.3 (1985).

[6] Como explica o ensaio "Filologia da literatura mundial", "a literatura mundial [em seu sentido goethiano] não se refere simplesmente aos traços comuns [i. e., "universais"] da humanidade, e sim a esta enquanto fecundação recíproca de elementos diversos".

# ENSAIOS DE LITERATURA OCIDENTAL
Filologia e crítica

# Sacrae scripturae sermo humilis

Escrevendo na segunda metade do século XIV, Benvenuto Rambaldi da Imola comenta assim o verso do *Inferno* (II, 56) *e comminciommi a dir soave e piana* [e começou a me dizer suave e simples], que alude à linguagem de Beatriz: *et bene dicit, quia sermo divinus est suavis et planus, non altus et superbus sicut Virgilii et poetarum* [e diz bem, porque a fala divina é suave e simples, não elevada e soberba, como a fala de Virgílio e dos poetas]. Essa distinção entre o estilo da sabedoria divina e o estilo dos grandes poetas da Antiguidade recorda-nos toda uma tradição cristã. Se o termo *suavis* tem um emprego bastante vago e geral, ao menos no âmbito das distinções entre os vários *genera dicendi* [gêneros de discurso],[1] o termo *planus* sempre remeteu à linguagem simples, popular, compreensível a todos, portanto ao mais baixo dos três estilos na escala da teoria clássica. Na tradição da eloquência clássica, *planus* é o contrário do estilo culto, do estilo figurado e do estilo sublime e patético. Numa passagem de *Isaac vel Anima* (VII, 5, citado por Forcellini, *s. v. planus*), Santo Ambrósio diz que o sábio que, dominando perfeitamente os

---

[1] De qualquer maneira, o termo é por vezes empregado para designar a condescendência da Sagrada Escritura, que procura persuadir pela doçura e pela beleza sensível. Ver Bernardo de Clairvaux, *In Cantica* I, 5: *eloquii suavitas*.

recursos da eloquência e da ciência, deseja explicar algo de obscuro, *condescendit tamen ad eorum inscitiam qui non intelligunt, et simplici atque planiore atque usitato sermone utitur, ut possit intelligi* [é condescendente, porém, com a ignorância daqueles que não compreendem, e usa de discurso simples, mais chão e usual, de modo que possa ser compreendido]; um pouco mais adiante, ele combina *planior* [mais chão] e *humilior* [mais humilde] nesse mesmo sentido.[2] Benvenuto estaria então dizendo que Beatriz está se servindo de um estilo simples, popular, humilde, inculto, a fim de enunciar as verdades eternas da fé e da sabedoria divina. Mas como isso seria possível? Como é possível que a teologia, que guarda os mistérios mais sublimes e mais velados ao entendimento humano (como os da Trindade e da redenção), possa servir-se de um gênero de linguagem que a Antiguidade admitia apenas para os temas baixamente realistas da comédia ou, no discurso judiciário, para os casos privados e pecuniários?

O próprio Dante, falando de sua *Comédia* — cujo tema é dos mais sublimes: o destino das almas após a morte, a justiça divina revelada —, exprime-se por vezes de maneira que faz pensar nas ideias de seu comentador Benvenuto: para designar seu poema, utiliza o termo *commedia*, enquanto que, falando da *Eneida*, diz a Virgílio *l'alta tua tragedia*. Numa passagem frequentemente citada da epístola a Cangrande, Dante explica a escolha do título a partir de duas considerações: o poema é uma comédia em primeiro lugar porque seu final é feliz, e em segundo lugar porque seu estilo é baixo e humilde (*remissus est modus*

---

[2] Ver Quintiliano, livro VIII, fim do capítulo 5, onde se diz a respeito dos adversários de um estilo demasiado brilhante: *nihil probantes nisi planum et humile et sine conatu* [aqueles que não aprovam nada que não seja chão, humilde e sem esforço].

*et humilis, quia locutio vulgaris in qua et mulierculae comunicant*) [o gênero de elocução é simples e humilde porque a linguagem é vulgar, na qual até mulherzinhas se comunicam]. De início, pode parecer que a segunda consideração diz respeito apenas ao emprego da língua italiana; mas não se deve compreendê-la assim, pois o próprio Dante criou o estilo sublime em língua italiana, tanto na teoria do *De vulgari eloquentia* como na prática das grandes *canzoni*; é ele o criador da ideia do *vulgare illustre* e o fundador do que se denomina humanismo em língua vulgar. Sendo assim, Dante não poderia classificar uma obra como baixa pelo mero fato de ser escrita na língua materna e não em latim. Suas declarações sobre o estilo baixo e humilde na *Divina comédia* não dizem respeito ao emprego da língua italiana, e sim à escolha de termos baixos e ao pronunciado realismo de várias passagens do poema[3] — duas coisas que lhe pareciam incompatíveis com o gênero sublime e trágico, tal como o entendia a partir do estudo das teorias da Antiguidade. De todo modo, ele se deu conta de que seu poema ultrapassava os limites do estilo baixo. Ainda na mesma passagem da epístola a Cangrande, Dante cita os versos da *Ars poetica* de Horácio que permitem ao poeta cômico utilizar o estilo trágico em certas ocasiões e vice-versa — sem dúvida para indicar que ele próprio, Dante, lança mão dessa possibilidade. Mais: Dante sabe muito bem que tanto seu estilo como seu tema são dos mais sublimes. É inútil enumerar aqui as passagens que o demonstram. Notemos apenas que por duas vezes ele chama sua *Comédia* "poema sacro", que ele aspira aos louros dos grandes poetas, que Virgílio é seu modelo, que ele trata da matéria mais alta que possa existir (que as forças humanas mal

---

[3] Ver Nicola Zingarelli (1860-1935), "Dante" (in *Storia letteraria d'Italia*, terceira edição), pp. 719-20.

alcançam e onde ninguém antes dele se aventurou), que ele implora pela inspiração das Musas, de Apolo e do próprio Deus. O poema sacro, *al qual ha posto mano e cielo e terra*, não é uma obra do estilo baixo, bem o sabe seu autor, em que pesem o título e as explicações que ele fornece. Tampouco se trata de um poema de estilo sublime na acepção antiga: há demasiado realismo, demasiada vida concreta, demasiado *biotikon* [no sentido de "vida biológica"], como diziam os teóricos gregos, tanto nas palavras como nos episódios, e não apenas entre os habitantes do Inferno, mas também no Purgatório e muitas vezes até no Paraíso. Se há sublime aqui, deve ser um sublime diverso do sublime clássico, um sublime que contém e abrange o baixo e o *biotikon*; Dante viu-o bem, ainda que tenha encontrado dificuldade em se expressar claramente sobre o problema. Benvenuto da Imola compreendeu-o ao dizer, ao fim de sua introdução: *unde si quis velit subtiliter investigare, hic est tragoedia, satyra et comoedia* [daí, se alguém quiser investigar minuciosamente, (verá) que (na *Divina comédia*) há tragédia, sátira e comédia]. E os românticos do século XIX buscaram inspiração aí, ainda que de maneira um pouco superficial, pois não se tratava apenas de misturar o "grotesco" ao sublime.

Indagar pelas origens dessa nova concepção de alta poesia é tarefa bem delicada. A teoria medieval anterior a Dante não parece dizer nada a respeito; mas a prática se encontra bem enraizada na arte popular cristã a partir do fim do século XI, tanto no teatro litúrgico como na estatuária das catedrais. A história de Cristo contém todos os seus elementos; quanto mais popular ela se torna, tanto mais seu realismo de origem, intimamente ligado a seu caráter sublime, se desenvolve e floresce. É inegável que se trata de um sublime de lavra inteiramente cristã, suscitado e inspirado pela história de Cristo e pelo "estilo" da Sagrada Escritura de modo geral. Sua teorização encontra-se nos escritos dos Pais da Igreja, ainda que mesmo aí, entre os séculos VI e XI, seus traços sejam bastante fracos e vagos — com exceção dos *Atos dos mártires*.

Nos Pais da Igreja, a concepção de um estilo simultaneamente humilde e sublime, encarnado na Sagrada Escritura, não se forma por via puramente teórica: ela se impõe, por assim dizer, pelas circunstâncias, pela situação em que se achavam. A concepção tomou forma no curso da polêmica com pagãos cultos que se riam do grego defeituoso e do realismo baixo dos livros cristãos; em parte, também, em consequência do incômodo que a leitura desses mesmos livros causava naqueles cristãos educados com esmero nas escolas de retórica. Por sua formação clássica e pela força de seu ânimo, que o faz viver cada uma de suas ideias e lhes empresta um vigor de expressão incomparável, Santo Agostinho ocupa o lugar mais importante para o nosso problema.

Em suas *Confissões* (III, 5), ele conta como começou a ler a Sagrada Escritura sem conseguir entendê-la: ainda não estava pronto para penetrar seu sentido e seguir-lhe os passos, já que ela lhe parecia demasiado aquém da dignidade ciceroniana. Ainda não compreendera que sua aparência exterior era humilde, mas que seu conteúdo era sublime e envolto em mistério (*rem... incessu humilem, successu excelsam et velatam mysteriis*) [uma coisa... humilde no começo, sublime conforme se prossegue e coberta de mistérios], que era necessário lê-la como uma criança o faria, e ainda que ela "crescia como uma criança". Mais tarde, ele compreende:

> *eoque mihi illa venerabilior et sacrosancta fide dignior apparebat auctoritas, quo et omnibus ad legendum esset in promptu, et secreti sui dignitatem in intellectu profundiore servaret: verbis apertissimis et humillimo genere loquendi se cunctis prae-*

*bens, et exercens intentionem eorum qui non sunt leves corde; ut exciperet omnes populari sinu, et per angusta foramina paucos ad se traiceret; multo tamen plures quam si non tanto apice auctoritatis emineret, nec turbas gremio sanctae humilitatis hauriret.* (*ibid.*, VI, 5)

[a autoridade (da Sagrada Escritura) pareceu-me tanto mais venerável e digna de sacrossanta fé, quanto mais era disponível para a leitura de todos e reservava a dignidade de seu mistério à intelecção mais profunda, oferecendo-se a todos com as palavras mais claras e com o mais simples estilo de discurso, despertando o interesse daqueles que não são levianos de coração, para receber a todos em seu seio comum e pela porta estreita transportar a Ti uns poucos, mas muito mais numerosos do que se ela estivesse no elevado cume da autoridade e não atraísse multidões ao regaço da santa humildade.]

Nestas passagens, trata-se sobretudo do contraste entre o estilo humilde, que se presta aos mais simples, e os mistérios sublimes que nele se ocultam — mistérios que se revelam a uns poucos, não aos eruditos e aos orgulhosos, mas àqueles *qui non sunt leves corde* [os que não são levianos de coração], por mais simples que sejam. Esta ideia se encontra disseminada por toda a obra de Santo Agostinho — por exemplo, no primeiro capítulo de *De Trinitate*: *Sancta escriptura parvulis congruens nullius generis rerum verba vitavit, ex quibus quasi gradatim ad divina atque sublimia noster intellectus velut nutritus assurgeret* [A Santa Escritura, adaptando-se a crianças, não evitou palavras de nenhum gênero de assuntos, a partir dos quais nosso intelecto, como que gradativamente alimentado, se ergueu até os mais divinos e sublimes]; ou no segundo livro de *De Doctrina Christiana*, onde fala da *Scripturarum mirabili altitudine et mirabili humilitate* [Escrituras de admirável altura e admirável humildade];

ainda várias vezes ao comentar a linguagem do livro do *Gênese*; e muito extensamente numa carta a Volusiano (CXXXVII, 18). Nesta última passagem, ele diz expressamente que nem sequer os mais profundos mistérios da Escritura vêm expressos em linguagem "soberba":

> *ea vero quae in mysteriis occultat, nec ipsa eloquio superbo erigit, quo non audeat accedere mens tardiuscula et inerudita quasi pauper ad divitem; sed invitat omnes humili sermone, quos non solum manifesta pascat, sed etiam secreta exerceat veritate, hoc in promptis quod in reconditis habens.*

[ela (a Santa Escritura) que se oculta mistérios mas não se ergue num discurso soberbo ao qual não ousaria aproximar-se um espírito menor, mais vagaroso e sem erudição, como um pobre em direção ao rico. Em vez, convida todos com uma fala humilde para que os alimente não só com uma virtude evidente, mas também para que os exercite com uma verdade secreta, possuindo, no que está evidente, o que possui no que está oculto.]

Trata-se, portanto, em todas estas passagens, de uma síntese entre o humilde e o sublime efetuada pela Sagrada Escritura; nelas, o *humile* significa antes simplicidade de elocução do que realismo, e o *sublime*, ou *altum*, se refere antes à profundeza dos mistérios que ao sublime poético. Mas um termo como *humilis* (ou, por vezes, *abiectus*), que exprime ao mesmo tempo a humildade do ânimo cristão, a baixa extração social e a simplicidade popular do estilo,[4] conduzia facilmente à noção de realismo, até mesmo

---

[4] Neste último sentido, *humilis* é empregado também por Cícero e Quintiliano.

por ser empregado correntemente para designar o populacho em contraste com as classes elevadas, os pobres por oposição aos ricos. A própria vida de Cristo, do Verbo encarnado, modelo de vida e morte santa e sublime, decorrera, como uma vida comum ou como as cenas de uma comédia, entre as *humiles personae* que haviam sido seus primeiros discípulos. Santo Agostinho fala frequentemente desses *imperitissimi et abiectissimi* [muito ignorantes e rasteiros, de baixíssima condição], desses *piscatores et publicani* [pescadores e publicanos] que o Senhor elegera antes de todos e explica os motivos para tanto,[5] insistindo sobre esse ponto por saber como os pagãos cultos se riem do *sermo piscatorius* dos Evangelhos. Não apenas os companheiros de Cristo, mas Ele mesmo manifesta a antítese entre o humilde e o sublime em sua forma mais aguda e apaixonante — não mais no plano da elocução, mas no dos próprios fatos. Dentre as numerosas passagens em que Santo Agostinho sublinha o paradoxo do sacrifício de Jesus Cristo, citarei apenas uma, que se acha nas *Enarrationes in Psalmos* (XCVI, 4):

> *Ille qui stetit ante iudicem, ille qui alapas accepit, ille qui flagellatus est, ille qui consputus est, ille qui spinis coronatus est, ille qui colaphis caesus est, ille qui in ligno suspensus est, ille cui pendenti in ligno insultatum est, ille qui in cruce mortuus est, ille qui lancea percussus est, ille qui sepultus est, ipse ressurrexit: Dominus regnavit. Saeviant quantum possunt regna; quid sunt factura Regi regnorum, Domino omnium regnorum, Creatori omnium saeculorum?*

[Aquele que esteve diante do juiz, aquele que levou tapas, aquele que foi flagelado, aquele que levou cuspidas, aquele

---

[5] *Serm.* XLIII, 6 e LXXXVII, 12; *Epist.* CXL, 67 etc.

*Sacrae scripturae sermo humilis*

que foi coroado de espinhos, aquele que foi coberto de golpes, aquele que foi pendurado num lenho, aquele que, pendurado no lenho, foi insultado, aquele que morreu na cruz, aquele que foi ferido com a lança, aquele que foi sepultado: este mesmo ressuscitou. Cometam os reinos quantas crueldades possam; o que farão contra o Rei dos reinos, contra o Senhor de todos os reis, contra o Criador de todos os séculos?]

Talvez fosse possível dizer que uma tal passagem apenas resume a narrativa da Paixão, não contendo nada que já não estivesse nos Evangelhos ou que as epístolas de São Paulo não tivessem exprimido várias vezes (por exemplo, *Filipenses* 2, 7-11). Mas nem os Evangelhos, nem São Paulo haviam enfatizado com tanta força a antítese entre o realismo baixo da humilhação e a grandeza sobre-humana que se reúnem aqui; para senti-la em toda a sua força, era necessário um homem formado em meio aos ideais clássicos de separação de estilo, que não admitiam nenhum elemento realista no sublime, nem a humilhação física do herói trágico. É verdade que, em certos círculos de poetas e teóricos, o ideal do sublime trágico sofrera certas restrições e modificações, incomparáveis, entretanto, à violência da humilhação realista que a vida e a paixão de Cristo exibem. Santo Agostinho percebeu que a *humilitas* dos Evangelhos era ao mesmo tempo uma nova forma de sublime, uma forma que lhe parecia, se comparada às concepções de seus contemporâneos pagãos, mais profunda, mais verdadeira, mais substancial; também ela, à maneira dos Evangelhos em que figura, *excipit omnes populari sinu* [recebe todos no seu seio comum], e não apenas todos os homens a despeito de sua condição social, mas também toda sua vida baixa e cotidiana. Alterava-se profundamente a concepção do homem, daquilo que no homem pode ser admirável e digno de imitação: Jesus Cristo torna-se o modelo a ser seguido, e é pela imitação de sua humildade que podemos nos aproximar de sua majestade — foi por essa mesma humildade que ele próprio atingiu o ápice de sua majestade, encarnando-se não num rei da Terra, mas num personagem vil e desprezado.

Nas pesquisas que se realizaram a respeito do *sermo piscatorius* (por exemplo, no célebre livro de Eduard Norden intitulado *Die antike Kunstprosa*),[6] insistiu-se talvez exageradamente no ponto de vista técnico e oratório da questão, no ponto de vista da "arte da prosa". Um estilo incorreto, realista, permeado de provincialismos e formas dialetais não teria chocado ninguém numa comédia ou numa sátira do gênero da *Cena Trimalchionis*.[7] O que chocava, repugnava e assustava todas as pessoas instruídas era que escritos dessa ordem pretendessem tratar em seu vil jargão dos problemas mais profundos da vida e da morte, que tentassem impor sua religião como única religião verdadeira, que contivessem — a despeito de sua sintaxe incorreta, suas palavras grosseiras, sua atmosfera baixamente realista — trechos impressionantes pela profundeza de ideias, pela autenticidade de tom, pelo ardor extático. A grande maioria dos pagãos cultos certamente não se dava conta de tudo isso: sequer liam tais escritos e eram perfeitamente sinceros quando falavam a respeito como uma *superstitio prava immodica* [insensata e desmedida superstição] — à maneira de Plínio, o Jovem em seu relatório ao imperador Trajano. Mas pouco a pouco surgiram homens prontos

---

[6] O alemão Eduard Norden (1868-1941), professor de filologia clássica em Greifswald e Berlim, é conhecido sobretudo por seu livro sobre *A prosa artística na Antiguidade*, de 1898, em que estuda os elementos retóricos na composição da prosa grega e latina. [N. T.]

[7] A *Ceia de Trimalquião* é o mais longo dos fragmentos do *Satíricon* de Petrônio (c. 27-66 d.C.). [N. T.]

*Sacrae scripturae sermo humilis*

a ouvir, a ler, a perceber e a se assustar. O que lhes causava revolta não era apenas o estilo, mas o emprego desse estilo para tratar de tais matérias. Esse é um fato tão evidente, que parece desnecessário mencioná-lo; mas pode-se perdê-lo de vista, à força de se mergulhar na minúcia das pesquisas estilísticas; e é necessário tê-lo em mente para compreender o desprezo e o horror das camadas educadas e instruídas, que viviam na boa e velha tradição greco-latina, bem como para compreender a atitude de muitos Pais da Igreja que buscavam um compromisso, adaptando sua maneira de escrever às normas clássicas.

Mas os Pais da Igreja não queriam nem podiam alterar o fundamento mesmo de sua crença; e esse mesmo fundamento, a história de Cristo na Terra, conduzia a uma revolução profunda na concepção do sublime e à irrupção da humildade realista. As tendências a ocultar ou amenizar a humildade e o realismo da vida de Cristo, e sobretudo da Paixão, não tiveram sucesso durável na Igreja do Ocidente. Daí resultou uma transformação total na maneira de ver e julgar os homens, os fatos e os objetos, uma transformação que empresta a estes últimos uma significação e uma dignidade inteiramente novas. Para explicar melhor o que tenho em mente, citarei uma passagem de Santo Agostinho que me parece particularmente instrutiva. No livro quarto do tratado *De Doctrina Christiana*, ele consagra vários capítulos ao estudo dos três gêneros da eloquência tradicional (que ele denomina *grande*, *temperatum* e *submissum*), mostra onde encontrar exemplos deles nas epístolas de São Paulo e nas obras dos Pais da Igreja anteriores a ele mesmo e dá conselhos para a utilização da doutrina na eloquência cristã. Esses capítulos traem a profunda influência que a educação clássica e oratória sempre conservou sobre seu espírito: é sobre esse modelo que ele quer formar e desenvolver a arte do sermão. Assim, está longe de ser um revolucionário consciente no domínio da eloquência. Não obstante, a diferença profunda entre o espírito cristão e o espírito da separação de estilos surge desde as primeiras palavras. Após haver dito que, para Cícero e para os oradores profanos, são temas menores, destinados ao estilo baixo, aqueles que dizem respeito a questões pecuniárias, e grandes aqueles que atingem a vida e a morte dos homens, Santo Agostinho declara que, na eloquência cristã, todos os temas são grandes; pois (*loc. cit.*, cap. 18)

> quando nos dirigimos ao povo do alto da cátedra, haverá sempre que tratar da salvação dos homens, não apenas de seu bem-estar temporal, mas da salvação eterna — haverá sempre que salvá-los da perdição eterna. Tudo o que dissermos então será grande, até mesmo os assuntos de dinheiro, qualquer que seja o montante: pois não é pequena a justiça que devemos com certeza e com pouco dinheiro proteger [*neque enim parva est iustitia quam profecto et in parva pecunia custodire debemus*]...;

e cita ainda a passagem de *I Coríntios* 6, 1, onde São Paulo fala das querelas de ordem material que haviam surgido entre os coríntios:

> Por que essa indignação do apóstolo, essas repreensões, essas ameaças? Por que ele deixa explodir os sentimentos de sua alma num impulso brusco e inflamado? Por que, numa palavra, ele fala tão majestosamente de coisas tão pequenas? As questões do mundo merecem tanto interesse? Não, decerto. Mas ele o faz por justiça, por caridade, por piedade, que são sempre grandes, mesmo nas questões menores; nenhuma pessoa razoável pode duvidar disso [...] Onde quer que se fale daquilo que pode nos salvar das penas eternas e nos conduzir à beatitude eterna, seja em público ou em particular, a um ou a vários, a amigos ou a inimigos, num discurso ininterrupto

ou em diálogo, em tratados, livros, cartas longas ou breves, é este sempre um grande tema. Um copo de água fresca é coisa pequena e vil; mas Deus está a dizer algo muitíssimo pequeno e vil [*minimum aliquid atque vilissimum*] quando promete que quem oferecer um copo de água ao último de seus servidores não deixará de ter recompensa? E quando um orador culto menciona-o em seu sermão, deve ele pensar que trata de algo menor e que portanto não se deve servir do estilo temperado ou do estilo sublime, mas sim do estilo baixo? Já não nos aconteceu que, falando desse tema ao povo, quando Deus estava em nossas palavras, algo assim como uma chama jorrasse dessa água fresca, arrastando os corações frios dos homens às obras de misericórdia pela esperança da recompensa celeste?

Essa chama que jorra de um copo de água fresca me parece um belo símbolo do sublime cristão, desse *sermo humilis* que ensina as profundezas da fé aos simples, que nos representa o Deus vivo e agonizante, ele próprio vil e desprezado, entre homens de baixa condição, e que, a fim de despertar os grandes movimentos da alma, não desdenha escolher suas imagens entre objetos de uso comum. O *sermo humilis*, que permanece humilde mesmo quando é figurado, sempre esteve intimamente ligado às origens e à doutrina do cristianismo, mas foi apenas o grande espírito de Santo Agostinho, onde se cruzavam e por vezes se chocavam o mundo antigo e a fé cristã, que tomou consciência do fato. Talvez não seja exagerado dizer que foi ele que deu à Europa o *sermo humilis*, dessa maneira fundando, nesse domínio como em outros, a cultura medieval, lançando as bases desse realismo trágico, dessa mistura de estilos que, a bem dizer, só viria a se desenvolver muitos séculos mais tarde. O realismo popular na arte e na literatura floresce a partir do século

XII, e é só então que se reencontra, experimentada a fundo e por vezes maravilhosamente formulada, a grande antítese cristã do sublime e do humilde.[8] Mas alguns dos frutos mais belos do espírito humano só amadurecem lentamente.

---

[8] Por exemplo, em Bernardo de Clairvaux, *Epist.* CDLXIX, 2 (*Patrologia Latina* CLXXXII, 674); *In Cant.*, Cant. XXXVI, 5 (*PL* CLXXXIII, 969); *Super Missus est Homilia* I, 8 (*PL* CLXXXIII, 60); *In Epiph. Dom., Sermo* I, 7 (*PL* CLXXXIII, 146). Encontram-se passagens similares em vários outros autores da mesma época.

## *Sermo humilis*

> "una voce modesta, forse qual fu dall'angelo a Maria..."
> 
> Dante, *Paradiso* XIV, 35-6

Um sermão de Santo Agostinho, o de número 256 na edição maurista,[1] pregado em ocasião cuja data por acaso conhecemos,[2] começa da seguinte maneira:

> *Quoniam placuit Domino Deo nostro, ut hic constituti praesentia corporali etiam cum vestra Charitate illi cantaremus Alleluia, quod Latine interpretatur: "Laudate Dominum", laudemus Dominum, fratres, vita et lingua, corde et ore, vocibus et moribus. Sic enim sibi dici vult Deus Alleluia, ut non sit in laudante discordia. Concordent ergo prius in nobis ipsis lingua cum vita, os cum conscientia. Concordent, inquam, voces cum moribus; ne forte bonae voces testimonium dicant contra malos mores. O felix Alleluia in coelo, ubi templum Dei Angeli sunt! Ibi enim concordia summa laudantium, ubi est exultatio secura cantantium; ubi nulla lex in membris repugnat legi mentis; ubi non est rixa cupiditatis, in qua periclitetur victoria charitatis. Hic ergo cantemus Alleluia adhuc solliciti, ut illic possimus aliquando cantare securi. Quare hic solliciti? Non vis ut sim sollicitus, quando*

---

[1] *Patrologia Latina* XXXVIII, 1.190.

[2] Um concílio de bispos celebrado em Cartago, em 5 de maio de 418. Ver Wilmart na *Revue Bénédictine* XLII, 1930, p. 142.

*lego: "Numquid non tentatio est vita hominum super terram"* (Job 7, 1)? *Non vis ut sim sollicitus, quando mihi adhuc dicitur: "Vigilate et orate, ne intretis in tentationem"* (Marc. 14, 38)? *Non vis ut sim sollicitus, ubi sic abundat tentatio, ut nobis ipsa praescribat oratio, quando dicimus: "Dimitte nobis debita nostra, sicut et nos dimittimus debitoribus nostris"? Quotidie petitores, quotidie debitores. Vis ut sim securus, ubi quotidie peto indulgentiam pro peccatis, adiutorium pro periculis? Cum enim dixero propter praeterita peccata: "Dimitte nobis debita nostra, sicut et nos dimittimus debitoribus nostris" — continuo propter futura pericula addo et adiungo: "Ne nos inferas in tentationem". Quomodo est autem populus in bono, quando mecum clamat: "libera nos a malo"? Et tamen, fratres, in isto adhuc malo cantemus Alleluia Deo bono, qui nos liberat a malo. Quid circum inspicis unde te liberet, quando te liberat a malo? Noli longe ire, noli aciem mentis circumquaque distendere. Ad te redi, te respice: tu es adhuc malus. Quando ergo Deus te ipsum liberat a te ipso, tunc te liberat a malo. Apostolum audi, et ibi intellegi, a quo malo sis liberandus, "Condelectur enim", inquit, "legi Dei secundum interiorem hominem, video autem aliam legem in membris meis repugnantem legi mentis meae et captivantem me in lege peccati quae est"* — *ubi?* — *"captivantem", inquit, "me in lege peccati quae est in membris meis". Putavi quia captivavit te sub nescio quibus ignotis barbaris, putavi quia captivavit te sub nescio quibus gentibus alienis vel sub nescio quibus hominibus dominis. "Quae est", inquit, "in membris meis". Exclama ergo cum illo: "Miser ego homo, quis me liberabit!". Unde quis liberabit? Dic unde. Alius dicit ab optione, alius de carcere, alius de barbarorum captivitate, alius de febre atque langore: Dic tu, apostole, non quo mittamur, aut quo ducamur, sed quid nobiscum portemus, quid nos ipsi simus, dic: "De corpore mortis huius". De corpore mortis huius? "De corpore", inquit, "mortis huius"* (Rom. 7, 22 ss.).

[Como agradou a Deus Nosso Senhor que nós, corporalmente presentes, aqui reunidos convosco e com vossa Caridade, a ele cantássemos "Aleluia" — que em latim quer dizer "Louvai o Senhor" —, louvemos o Senhor, irmãos, com vida e palavras, com coração e boca, com vozes e costumes. Pois Deus quer que se lhe diga "Aleluia", para que não haja discórdia em quem louva. Portanto, que primeiro em nós mesmos sejam concordes fala e vida, voz e consciência. Que sejam concordes, afirmo, palavras e costumes, para que boas palavras não venham a testemunhar contra maus costumes. Ah, feliz Aleluia no céu, onde os Anjos são o templo do Senhor! Pois é máxima a concórdia dos que louvam onde é sem temor a alegria dos que cantam, onde nos membros nenhuma lei luta contra a lei da razão, onde não há conflito de desejos, em que corra perigo a vitória da caridade. Por isso, cantemos aqui "Aleluia" ainda inquietos, para que possamos alguma vez cantar ali seguros. Por que aqui inquietos? Não queres que me inquiete quando leio: "não é a tentação a vida dos homens sobre a terra?" (*Jó* 7, 1). Não queres que me inquiete quando ainda me dizem: "Vigiai e orai para que não entreis em tentação" (*Mc*, 14, 38)? Não queres que me inquiete aqui, onde a tentação é tão grande que a própria oração nos previne, quando dizemos: "Perdoa-nos nossas dívidas como nós também perdoamos aos nossos devedores"? Diariamente suplicantes, diariamente devedores. Queres que eu esteja seguro, quando diariamente suplico indulgência pelos pecados, auxílio nos perigos? Pois toda vez que, pelos pecados passados, eu digo "Perdoa-nos nossas dívidas como nós também perdoamos aos nossos devedores" — de imediato, pelos pecados futuros, eu completo, acrescentando "e não nos deixeis cair em tentação". Como um povo pode estar no bem quando comigo exclama "livra-nos do mal"? E, no entanto, irmãos, embora ainda estejamos neste mal, cantemos Aleluia ao bom Deus, que nos livra do mal. Por que olhas em volta de ti para saber do que ele te livra, quando é do mal que ele te livra? Não vás longe, não voltes teu pensamento para todo lado. Volta-te para ti, olha para ti mesmo: tu ainda és mau. Quando, pois, Deus te livra de ti mesmo, livra-te do mal. Ouve o Apóstolo e compreende ali de que mal deves ser livrado: "Eu me deleito" — diz ele — "na lei de Deus segundo o homem interior; mas percebo outra lei em meus membros, que peleja contra a lei da minha razão e que me acorrenta à lei do pecado que existe" — onde? — "que me acorrenta", diz ele, "à lei do pecado que existe em meus membros". Pensei que ela te aprisionava entre não sei que bárbaros desconhecidos, pensei que te aprisionava em não sei que nações estrangeiras ou sob o jugo de não sei que homens ou senhores. Mas ele diz: "que existe em meus membros". Então exclama junto com ele: "Infeliz de mim! Quem me livrará?". Quem me livrará do quê? Dize-me: do quê? Do arbítrio, um diz. Do cárcere, diz outro. Da escravidão dos bárbaros, diz um outro. Da febre e da enfermidade, diz outro ainda. Dize tu, apóstolo, não para onde somos enviados, ou para onde somos conduzidos, mas o que carregamos conosco, o que nós mesmos somos, dize: "Corpo desta morte". Do corpo desta morte? "Do corpo" — ele responde — "desta morte" (*Rm* 7, 22 ss.).]

O texto trata da servidão humana aos pecados, ao "corpo desta morte". Na sequência do sermão, que não reproduzimos acima, diz-se que o corpo da morte, do qual Paulo quer se livrar, pertence a nós mesmos: não podemos nos livrar dele, pois mesmo ao morrermos não o estaremos abandonando para sempre. Ele permanecerá junto a nós, nós o reencontraremos, mas não mais como corpo da morte, e sim como corpo espiritual e imortal.

*Sermo humilis*

A apresentação, como logo se percebe, é retórica ao extremo, quase cênica: basta ler o texto lentamente e tentar imaginá-lo proferido pelo pregador. Logo no começo, o forte e dramático *Laudemus Dominum* responde a um *Laudate Dominum* (introduzido como simples tradução), seguido então do vocativo *fratres* e das três unidades idênticas *vita et lingua, corde et ore, vocibus et moribus*. Em grupos sonoros alternantes e antitéticos,[3] o tom se eleva ao júbilo angélico, no qual *exultatio secura cantantium* contrasta com *concordia summa laudantium, lex mentis* com *lex in membris* (citação do apóstolo Paulo), *rixa cupiditatis* com *victoria charitatis*, para retornar ao *Alleluia* sobre a terra, quando então o tema terreno *solliciti* aparece em oposição ao *securi* celestial. Uma série de perguntas, anáforas, isócolos e antíteses[4] leva-nos à fonte da aflição — ao mal, de que buscamos libertação. Perguntas e respostas dominam o resto da passagem: o que procuras fora de ti? Procura em ti, tu mesmo és o mal. O mesmo apóstolo é invocado como testemunha, e suas palavras, que já ressoavam no texto, são agora dramatizadas como num interrogatório, com repetidas expressões de espanto, novas perguntas e confirmações do já dito. De que devemos ser libertados? Dize de quê! Um diz que disso, outro diz que daquilo. Dize tu, apóstolo. "Do corpo desta morte." Do corpo desta morte? "Do corpo" — responde ele — "desta morte."

Esse modo retórico de expressão deriva, no todo como em cada uma de suas partes, da tradição acadêmica da Antiguidade.

---

[3] *Laudate-laudemus-laudante-laudantium; corde-discordia-concordent-concordent; voces cum moribus, bonae voces, malos mores.*

[4] Anáforas: *Non vis ut sim sollicitus* (três vezes), seguido de *vis ut sim securus; Quotidie; noli*. Isócolos antitéticos: notadamente *indulgentiam pro peccatis* oposto a *adiutorium pro periculis*. Cf. também os ecos sonoros de *quomodo, quando, libera, bono, malo, in te, te, tu*, prosseguindo com *liberandus*.

Não apenas as figuras sonoras, os membros de medidas idênticas com finais homófonos, as anáforas, perguntas e antíteses, mas também o próprio diálogo simulado eram parte do legado das escolas retóricas. A pregação cristã desenvolveu-se desde cedo segundo o modelo da diatribe, da declamação acadêmica sobre temas de filosofia moral, na qual as opiniões do adversário eram reproduzidas em discursos simulados a que o próprio orador em seguida respondia, formando assim uma cena dramática.[5] São vários os exemplos, alguns provenientes do início mesmo da era cristã. É característico o *inquit*, que aparece várias vezes até a última linha de nosso texto.[6]

À época de Santo Agostinho (por volta de 400 d.C.), havia muito que não prevaleciam mais as formas de expressão da literatura cristã primitiva, nada ou pouco refinadas, e por isso tão desagradáveis para ouvidos antigos, educados na tradição greco-latina. No Oriente como no Ocidente ocorrera uma fusão ou adaptação. A pregação cristã servia-se da tradição retórica que impregnava todo o mundo antigo, falava por meio das formas a que estavam acostumados os ouvintes, todos eles inclinados a julgar um discurso pelo efeito sonoro das palavras. O gosto pela oratória difundira-se até mesmo na África púnica, onde entretanto não se falava absolutamente um latim puro. Os ouvintes aplaudiam e se empolgavam quando uma figura retórica lhes agradava de modo especial; atestam-no os pregadores famosos do

---

[5] U. von Wilamowitz-Möllendorf, "Der kynische Prediger Tales", in *Philologische Untersuchungen* IV, 1881, 292; E. Norden, *Die antike Kunstprosa*, 129 e especialmente 556; Wendland, *Die hellenistisch-römische Kultur*, cap. V.

[6] Há uma reminiscência literária na própria formulação: Sêneca escreve (*Ad Luc. Epist.* 75, 4) *quod sentimus loquamur, quod loquimur sentiamus; concordet sermo cum vita* [o que sentimos falemos; o que falamos sintamos; que a fala concorde com a vida].

*Sermo humilis*

Oriente, como São João Crisóstomo, e do Ocidente, como o próprio Santo Agostinho. As figuras retóricas parecem-nos artificiais, pedantes e refinadas demais. De fato, elas o são, e contudo têm raiz no amor universal às eufonias e jogos de palavras; de resto, o que parece arte refinada a uma certa época pode parecer simples convenção algumas gerações mais tarde.

As figuras do nosso texto derivam da tradição retórica acadêmica, mas o efeito final é de simplicidade, subordinadas que estão à clareza pedagógica, e a construção das frases soa por vezes quase coloquial. Temos aqui uma retórica pragmática, composta de elementos solenes e cotidianos, destinada à doutrinação e à admoestação. Os isócolos sonoros gravam-se na mente; a exclamação lírica *O felix Alleluia in coelo*, com seus *ubi* e *ibi*, é simples e didática como se fosse infantil; e, se não coloquial, a pergunta anafórica *Non vis ut sim sollicitus* está escrita no mais simples dos estilos. Finalmente, os trechos de diálogo que seguem — primeiro a procura pelo mal, depois o interrogatório do apóstolo com a tríplice repetição da resposta, a cada vez com entoação diferente — são uma espécie de teatro didático, onde cenas e gestos não se limitam a ensinar a lição, mas buscam também representar as reações que a lição deve suscitar.

A lição de que se trata aqui é, entretanto, uma das mais difíceis do cristianismo e, além disso, uma das mais estranhas aos modos de pensar da Antiguidade: nós perpetramos o mal apesar de conhecermos e querermos o bem, porque estamos sujeitos ao pecado, ao corpo, diante do qual são impotentes a força de nosso conhecimento do bem e nossa vontade de praticá-lo. Devemos libertar-nos de nós mesmos, do corpo desta morte; e contudo esse corpo nos pertence, estará novamente conosco quando da ressurreição. Aqui como em milhares de outras ocasiões, as formas da retórica antiga servem para apresentar um paradoxo tão difícil e insondável quanto este como algo de estabelecido e indubitável.[7] O público de então era igualmente receptivo a tais formas retóricas antigas e a tais conteúdos cristãos. Nossa questão é saber quais modificações as formas tradicionais sofreram sob o peso dos novos conteúdos e, ao mesmo tempo, em que medida elas, em sua variante cristã, podem ainda ser acomodadas no sistema da retórica antiga. Esse sistema consiste em uma hierarquia de níveis de estilo; queremos então saber em qual nível dessa hierarquia seria possível encaixar os níveis de estilo presentes em nosso texto.

O próprio Santo Agostinho manifestou-se a respeito. Em *De doctrina christiana* (IV, 12 ss.), ele fala da utilização da retórica acadêmica na pregação cristã. Não tinha dúvidas sobre a necessidade de o fazer: não haveria sentido algum, diz ele, em abandonar as armas da eloquência aos representantes da mentira e proibi-las aos representantes da verdade. Sua concepção dos três níveis tradicionais de estilo (o sublime, o médio e o baixo) segue a de Cícero (especialmente no *Orator*, 69 ss.). Para o ensino e a exegese, recomenda o estilo baixo, o qual, segundo Cícero, se não deve ser adornado, nem por isso pode ser displicente ou incorreto; o médio (*temperatum*), onde as figuras retóricas têm seu lugar natural, caberia ao elogio e à repreensão, à admoestação e à dissuasão; e o estilo grandioso ou sublime, que não exclui mas também não depende das figuras retóricas, deveria suscitar os grandes transportes de emoção, destinados a induzir os homens à ação. Santo Agostinho crê poder encontrar exemplos dos três níveis de estilo na literatura cristã anterior a sua própria obra.

---

[7] Nem sempre com a mesma mestria. No Ocidente dificilmente havia outro orador comparável a Santo Agostinho, e no Oriente havia poucos. Sobre o estilo dos sermões de Santo Agostinho, cf. Edith Schuchter, "Zum Predigstil des hl. Augustinus", LII, 1934, 115 ss.

*Sermo humilis*

Os exemplos que recolhe nas epístolas paulinas e nos sermões de Cipriano e Ambrósio dão mostra de sua admiração por aquelas passagens em estilo médio compostas de membros sintáticos curtos e estruturalmente idênticos, dispostos em pares antitéticos.[8] Os exemplos de estilo baixo ocupam-se principalmente da interpretação de trechos da Bíblia; os de estilo médio (dois dos quais dedicados ao elogio da virgindade) são descritivos e admoestativos, sendo que as citações de Cipriano e Ambrósio são suaves e quase ternas. Quanto ao estilo sublime, Santo Agostinho cita igualmente trechos que utilizam as figuras retóricas (*granditer et ornate*) e outros que não o fazem; comum a ambos é o tom passional. Vale ainda notar que ele recomenda a utilização dos três níveis de estilo no mesmo discurso, em nome da variedade, seguindo neste ponto a tradição antiga (ver, por exemplo, Quintiliano XII, 10, 58 ss.).[9] Nos capítulos 22 e 23, indica os modos de variação do discurso, advertindo sobretudo contra a introdução abrupta e a utilização prolongada do estilo sublime; aconselha utilizar com frequência o estilo baixo, seja com o fim de esclarecer um problema, seja para dar maior realce às passagens adornadas ou sublimes.

---

[8] *De doctr. chr.* IV, 20, 40: *illa pulchriora sunt in quibus propria propriis tamquam debita reddita decenter excurrunt* [são mais belas (as passagens) nas quais as palavras, restituídas aos seus próprios significados, como dívidas pagas, fluem adequadamente]. E mais adiante (sobre *Romanos* 12, 16): *Et quam pulchre ista omnia sic effusa bimembri circuitu terminantur!* [e quão belamente se encerram todas aquelas falas como que derramadas em períodos bimembres] — isto é, *non alta sapientes, sed humilibus consentientes* [sem pretensões de grandeza, mas sentindo-se solidários com os humildes].

[9] Cícero no começo de *De optimo genere oratorum*; Quintiliano X, 2, 22. Cf. também a *eloquendi varietas* [variedade de elocução] em Plínio, *Epist.* VI, 33, II, 5, III, 13 etc.

Seria possível concluir que, segundo a concepção agostiniana, o texto que examinamos pertenceria essencialmente ao nível médio, com alguma mistura de estilo baixo e didático. A riqueza de paralelos e figuras retóricas, mais o tom descritivo, admoestativo e levemente lírico do começo, indicam o estilo médio. Um pouco adiante, com o elemento didático dos diálogos simulados da diatribe, temos o estilo baixo. Um uso igualmente vivaz das formas coloquiais da linguagem pode ser encontrado nas passagens tiradas da *Epístola aos Gálatas* (4, 21-6), que Santo Agostinho, no começo do capítulo 20, remete ao estilo baixo.

É fácil seguir essas ideias de Santo Agostinho quando se tem em mente que sua intenção é dar preceitos práticos para a utilização dos níveis de estilo antigos, e que para tanto se apoia em Cícero, especialmente na definição ciceroniana do *sermo* baixo, inteiramente voltada para a oratória política e forense. Mas seus pressupostos são inteiramente diferentes. Quando Cícero (citado por Santo Agostinho em *De doctrina christiana* IV, 17) diz no *Orator* (101) que *is igitur erit eloquens qui poterit parva submisse, modica temperate, magna granditer dicere* [será eloquente aquele que conseguir falar de modo submisso sobre coisas pequenas, de modo comedido sobre coisas medianas, de modo elevado sobre coisas grandiosas], ele entende esses graus (*parva, modica, magna*) de modo absoluto; *parva* designa algo de absolutamente baixo, como as minúcias dos assuntos de dinheiro e demais acontecimentos cotidianos que devam ser esclarecidos ao longo de um discurso forense. O orador cristão não reconhece graus absolutos separando os temas possíveis; somente o contexto e a intenção (conforme seu objetivo seja instruir, admoestar, comover passionalmente) determinam qual nível de estilo utilizar. O tema do orador cristão é sempre a revelação cristã, e esta não pode jamais ser um tema baixo ou médio. Quando Santo Agostinho ensina que temas cristãos devem ser tratados em estilo médio ou

*Sermo humilis*

baixo, seu preceito refere-se tão somente aos modos de apresentação, que devem variar para ser inteligíveis e eficazes; a hierarquia pagã não conserva validade alguma. O que a literatura antiga e pagã tem a oferecer como temas sublimes ou agradáveis é não cristão e repreensível: com estranheza e embaraço Santo Agostinho aponta em Cipriano uma passagem idílica e "média" no sentido pagão do termo. Mas é no capítulo 18, logo após a citação de Cícero já mencionada, que Santo Agostinho se declara mais claramente contra a hierarquia antiga dos temas. Parafraseio em seguida essa passagem, de forma ligeiramente resumida.

A tripartição ciceroniana sustenta-se apenas para os casos forenses, não para os temas espirituais com que lidamos. Cícero chama de "pequenos" os temas referentes ao dinheiro e de "grandes" os que lidam com a salvação e a vida da humanidade; os médios estariam entre esses dois casos. Isso não pode servir para nós, cristãos; para nós, são grandes todos os temas, especialmente quando falamos ao povo do alto do púlpito: nosso tema é sempre a salvação da humanidade, não só a salvação terrena, mas também a eterna, de modo que até mesmo questões de dinheiro tornam-se importantes, a despeito da soma envolvida. A justiça não é menor por ser praticada em pequenas questões monetárias, pois o Senhor disse: "Quem é fiel nas coisas mínimas, é fiel também no muito" (*Lucas* 16, 10). São pequenos os pequenos negócios, mas é grande quem permanece honesto mesmo neles. Santo Agostinho cita em seguida *I Coríntios* 6, 1-9, onde São Paulo repreende aqueles membros da comunidade que se haviam dirigido aos tribunais pagãos por causa de disputas legais. Por que se indigna o apóstolo? Por que reage tão energicamente? Por que repreende, vitupera e ameaça dessa maneira? Por que deixa sua irritação aflorar em tom tão amargo e abrupto? Qual é afinal o motivo para falar com tanta paixão e em estilo tão grandioso sobre temas tão pequenos? As coisas terrenas têm tanto significado assim para ele? De modo algum. Age assim tão somente em nome da justiça, do amor ao próximo, da piedade; nenhum homem de mente sã pode duvidar que essas são coisas sublimes mesmo nos casos mais insignificantes... Onde quer que falemos do que nos preserva da danação e nos leva à felicidade eterna, seja para o povo reunido ou em conversa privada, com uma só pessoa ou com muitas, com amigos ou com inimigos, num discurso ininterrupto ou numa discussão, em sermões ou em livros, o tema permanece sublime. Um copo de água fresca é decerto coisa menor e de pouco valor; mas estaria o Senhor a falar de coisas menores e de pouco valor quando promete que aquele que oferecer um copo de água fresca ao último de seus criados não deixará de ter sua recompensa (*Mateus* 10, 42)? E o pregador que fala a respeito em sua igreja, deveria ele pensar que fala de algo menor, tendo portanto de utilizar não o estilo médio, não o estilo alto, mas sim o estilo baixo? Mas não se viu há pouco que, enquanto falávamos ao povo a respeito (e não sem perícia, pois Deus estava conosco), uma espécie de chama irrompeu naquela água fresca, algo que inflamou os frios corações dos homens e, por meio da esperança na recompensa celestial, impeliu-os a obras de misericórdia?

Só depois dessa advertência — aliás em estilo passionalmente elevado — começa Santo Agostinho a explicar em que medida a doutrina da tripartição dos estilos pode ser utilizada na prática pelo orador cristão. A advertência é de significado fundamental: os objetos baixos ou corriqueiros — uma questão de dinheiro ou um copo de água fresca — perdem esse caráter quando introduzidos num contexto cristão, prestando-se então ao estilo sublime; e, inversamente, como se poderá depreender dos esclarecimentos seguintes de Santo Agostinho, os maiores mistérios da fé podem ser expostos nas palavras simples e acessíveis do estilo baixo. Isso representa um desvio tão marcante da tradição

## Sermo humilis

retórica e literária que chega quase a destruir seus fundamentos. A tradição baseava-se na ideia de gêneros oratórios ou literários nos quais temas e modos de expressão deveriam concordar quanto à dignidade; era por isso essencial classificar os temas desse ponto de vista. Mas os temas classificados como baixos eram muito variados: o baixo abrangia a informação factual, os objetos considerados insignificantes ou desimportantes, os temas da vida privada e do cotidiano, o cômico, o erotismo jocoso, o registro satírico, realista ou obsceno. Além da sátira, do mimo, do iambo, incluíam-se aí tanto a fábula de animais como o discurso forense a respeito de temas privados ou econômicos; assim, era incerta a fronteira com os gêneros médios. Em consequência dessa variedade, também eram muito diversas as descrições dos modos de expressão e tratamento nos gêneros baixos, sendo igualmente várias as subclasses. Já mencionamos acima a descrição de Cícero no *Orator*, da qual parte Santo Agostinho; para Cícero, o estilo baixo não deve ser adornado, mas de uma elegância transparente, à primeira vista fácil de praticar, mas que exige verdadeira mestria; o estilo baixo torna-se então dificilmente discernível do ideal ático (*deloûs* [tornar manifesto], e não *psykhagogeîn* [seduzir]). Mas a concepção dominante prescrevia ao estilo baixo um realismo vivo e um tom fortemente popular — nos temas como nos modos de expressão.[10] A separação de

---

[10] Não é este o lugar de analisar as variantes dessas concepções e as diferentes opiniões e tendências entre os autores antigos a esse respeito. Entre as publicações mais recentes, pode-se mencionar C. Jensen, "Herakleides von Pontos" (1936), e F. Wehrli em *Phyllobolia für Peter von der Mühll* (1946). Característica da concepção mais elegante do estilo baixo é o termo *subtilis*, que ocorre não somente em Cícero, *Orator* (100), mas também na passagem frequentemente citada dos comentários de Porfírio a Horácio, *Carmina* IV, 2, 27-8, onde se diz que, à diferença de Píndaro, Horácio escreve suas odes em estilo modesto e menor, e contudo

estilos é particularmente nítida no teatro antigo: a comédia põe em cena pessoas e situações da vida cotidiana em estilo baixo ou ocasionalmente médio, enquanto a tragédia lida com personagens lendários, príncipes e heróis. Em todos os casos atribui-se máxima importância à noção de harmonia entre o tema e o modo de expressão. É ridículo e monstruoso (*kakozelia, tapeinosis, indecorum*) tratar de temas elevados e sublimes em termos cotidianos, baixos ou realistas, bem como tratar de coisas cotidianas em estilo sublime. Volta e meia encontra-se tal ideia em Cícero, Horácio, Quintiliano, no autor de *Peri Hypsous* (*Do sublime*) e, mais tarde, nos incontáveis retores que propagaram a teoria clássica. A doutrina persistiu como um fantasma por toda a Idade Média até recobrar vida nova com o Humanismo. Vale lembrar que os grandes oradores e críticos da Antiguidade tardia não eram pedantes de espírito estreito: eram elásticos o bastante para reconhecer a eficácia de uma expressão energicamente realista no interior de uma peça sublime,[11] e sabiam perceber e muitas ve-

---

refinado e doce (*parva quidem et humilia* [...], *sed subtilia ac dulcia*). Sobre o realismo, cf. outra passagem em Porfírio a respeito de Horácio, *Sat.* I, 10, 5-6. Quanto ao estilo dramático, cf. a passagem famosa e influente na *Ars Poetica* de Horácio, especialmente 89 ss. e 225 ss. Uma passagem interessante sobre um pintor realista encontra-se em Plínio, *Hist. nat.* XXXV, 112: *e quibus fuit Piraeicus* [...] *humilia quidem secutus humilitatis tamen summam adeptus est gloriam. Tonstrinas sutrinasque pinxit et asellos et obsonia ac similia, ob haec cognominatus rhyparographos, in iis consummatae voluptatis, quippe eae pluris veniere quam maximae multorum* [entre os quais estava Pireico, que, tendo se ocupado de temas humildes, nessa humildade, porém, obteve o ápice da glória. Pintou barbearias e lojas de sapateiros, burricos, comestíveis e coisas semelhantes, tendo sido por isso chamado "pintor de objetos vis" (*rhyparographos*). E nisso sua satisfação foi completa, pois suas pinturas foram vendidas a preço maior do que as maiores pinturas de muitos].

[11] Cf., por exemplo, *Peri Hypsous* XXI, 1 e Quintiliano VII, 3, 20 ss.

zes admirar a variação expressiva em um mesmo nível estilístico ou em uma mesma obra; mas até isso pressupunha a hierarquia de temas e a noção da harmonia entre tema e expressão.

Em Santo Agostinho, porém, o princípio dos três níveis fundamentava-se nos propósitos específicos do autor (*De doctr. chr.* XIX): ensinar (*docere*), condenar ou elogiar (*vituperare sive laudare*), e persuadir (*flectere*). Algo assim encontrava-se já em Cícero, mas Santo Agostinho rejeita o pressuposto ciceroniano de que ao primeiro propósito presta-se o estilo baixo, ao segundo, o médio, e ao terceiro, o sublime. Os temas da literatura cristã são todos igualmente elevados e sublimes; qualquer tema baixo em que ela tenha ocasião de tocar tornar-se-á por isso mesmo significativo. Não obstante, a tripartição dos estilos conserva sua utilidade prática para o orador cristão, visto que a doutrina cristã, além de ser sublime, permanece obscura e difícil; e como ela se destina a todos e todos devem compreendê-la, praticá-la e vivê-la, deve-se apresentá-la em estilo baixo, médio ou elevado conforme o exija a situação. Ainda teremos de precisar melhor o significado disso.

Como ponto de partida, pode ser útil uma investigação semântica de um termo latino, *humilis*, que deriva sua força dos vários conteúdos que nele convergem.

*Humilis* está relacionado a *humus*, "solo", e significa literalmente "baixo", "em lugar baixo", "de baixa estatura". Em seus sentidos figurados, o termo expandiu-se em várias direções. De modo extremamente geral, significa "reles", "diminuto", "insignificante", tanto absoluta quanto comparativamente. No âmbito social e político, designa origens obscuras, educação deficiente, pobreza, falta de poder ou de prestígio; na esfera da moral, ações e atitudes baixas e indignas, servilismo nas palavras e nos gestos, vileza. Além disso, pode significar ainda "desanimado", "pusilânime" ou "covarde". Volta e meia, quando no termo se combinam o destino infeliz e adverso, a miséria e o medo, torna-se difícil distinguir as conotações morais das sociais. Como em alemão, utiliza-se o termo para uma vida em degradação ou para uma morte degradante; muitas vezes significa ainda "modesto", "deselegante", "de má qualidade", "gasto": uma casa, um pórtico, uma estalagem, uma peça de roupa podem ser ditos *humilis*. Quando aplicado a ocupações e atividades, quer dizer "subalterno"; e Amiano Marcelino (XVI, 5, 6-7), aparentemente de acordo com a tradição aristotélica, chama a poesia e a retórica de *humiliora membra philosophiae* (partes mais baixas da filosofia). A noção de hierarquia está sempre presente, e até mesmo vícios e delitos menores são denominados *humiliora*. Nem sempre o sentido é negativo: modéstia, sábia moderação, pia submissão e obediência estiveram desde sempre incluídas em seu campo semântico; mesmo assim, fora da literatura cristã, o sentido predominante foi o pejorativo. Em Sêneca são muitas as ocasiões em que o termo indica a insignificância da vida terrena em contraste com a vida eterna após a morte.[12]

A partir do significado de grau ou nível inferior, *humilis* tornou-se uma das denominações mais usuais para o estilo baixo: *sermo humilis*. Havia muitas outras: *tenuis, attenuatus, subtilis, quotidianus, submissus, demissus, pedester, planus, communis, abiectus, comicus, trivialis, vilis, sordidus* [tênue, atenuado, sutil, quotidiano, submisso, baixo, pedestre, chão, comum, rasteiro, cômico, trivial, vil, sórdido]; mas a maioria destas tinha conotação demasiado específica, de modo que muito poucas prestavam-

---

[12] E naturalmente também em autores cristãos, mas não com muita frequência nem por muito tempo, visto que seu desenvolvimento semântico no cristianismo tomou outro rumo, como veremos. Minha discussão da história semântica do termo *humilis* baseou-se principalmente no material coletado no *Thesaurus linguae latinae*.

*Sermo humilis*

se tão bem quanto *humilis* a designar, do modo mais geral possível, a ampla esfera do estilo baixo. Cícero, Horácio, Propércio, Sêneca, Quintiliano, os dois Plínios e todos os retores, comentadores e gramáticos posteriores continuamente utilizam *humilis, humiliter, humilitas* nesse sentido. As teorias cristãs e medievais adotaram-no, e o termo veio a ser usado como denominação estilística em todas as línguas românicas, e mesmo em inglês.

Por outro lado (e aqui aparece a combinação que dá ao termo a força semântica já mencionada), *humilis* tornou-se o termo mais importante a designar a Encarnação; nessa sua acepção, ganhou tal preponderância que, na literatura cristã latina, exprime tanto o ambiente quanto o nível da vida e dos sofrimentos de Cristo. A palavra "nível" é pouco usual nesse contexto, mas não sei de outra que compreenda simultaneamente aspectos éticos, sociais, espirituais e estético-estilísticos — todos eles implicados aqui, como logo se verá. Foi justamente por meio da irradiação de seus significados — "humilde", "socialmente baixo", "inculto", "esteticamente tosco" ou mesmo "repugnante" — que *humilis* alcançou posição tão dominante e tão sugestiva. Nota-se então, especialmente no âmbito moral, a inversão de significados: desaparece o tom pejorativo e ganha relevo o aspecto positivo — fraco e raro na literatura pagã. Mesmo assim, várias das antigas associações de palavras mantêm-se inalteradas: lado a lado com *humilis* surgem, por exemplo, *abiectus* e *contemptus*, ou ainda *mitis* e *mansuetus*; como antônimos, ocorrem *altus* e *sublimis*, além de *superbus*.

A passagem mais importante a respeito é *Filipenses* 2, 7-8, onde se diz: *Sed semetipsum exinanivit, formam servi accipiens, in similitudinem hominum factus, et habitu inventus ut homo. Humiliavit semetipsum factus obediens usque ad mortem, mortem autem crucis* [Mas esvaziou-se a si mesmo, tomando a forma de servo, fazendo-se semelhante aos homens e achado com aspecto de homem. Humilhou-se a si mesmo, tendo se tornado obediente até a morte, e morte de cruz!]. Além desta, há a passagem sobre a conversão do eunuco etíope em *Atos* 8, 26 ss. (com a referência a *Isaías* 52, 13-53, 12) e *Mateus* 11, 29. Outras numerosas passagens, que não exprimem tão exata e diretamente o mesmo ponto, prestavam-se de um modo ou de outro a introduzir e desenvolver a nova atitude. Entre essas estão *Mateus* 11, 25 e 23, 12, com as passagens correspondentes em *Lucas* 14, 11 e 18, 14; *Romanos* 12, 16; *I Coríntios* 1, 26-29; *Filipenses* 3, 21 e muitas mais.

O tema da humildade da Encarnação podia ser desenvolvido em várias direções. A Encarnação como tal fora uma degradação voluntária, como se vê na vida em condição subalterna, na vida terrena entre os pobres de posses e de espírito, na doutrina e nos atos de Cristo, tudo isso coroado pela Paixão abjeta e cruel. A partir daí e ao longo do conflito com as tendências espiritualizantes das seitas heréticas e das doutrinas pagãs, desenvolveu-se a insistência sobre a natureza corpórea de Cristo, ao lado da doutrina da ressurreição universal. A humildade da Encarnação alcança sua força máxima no contraste com a natureza divina, constituindo-se dessa maneira a antítese paradoxal mais profunda da doutrina cristã: homem e Deus, baixeza e altura, *humilis et sublimis*, extremos inconcebíveis, incomensuráveis: *peraltissima humilitas*. Para os fins desta investigação, esse grupo de ideias forma o fundamento primeiro do motivo cristão do *humilis*, ligado diretamente a Cristo. Como se sabe, são numerosos os exemplos na literatura cristã de todas as épocas; citaremos a seguir apenas algumas passagens relevantes de Santo Agostinho.[13]

---

[13] Para a antítese *humilis-sublimis* (ou, no lugar de *sublimis*, também *altus*, *exaltatus*, *excelsus*) existe a variante dialética da exaltação da Cruz, sobre a qual cito

*Sermo humilis*

A natureza corpórea de Cristo na Terra e após a Ressurreição — *verbum caro factum* [palavra tornada carne] —, já formulada anteriormente por Tertuliano (entre outros) em sua luta contra Márcion, é afirmada por Santo Agostinho por meio da noção de *humilitas*; os exemplos mais conhecidos são as passagens polêmicas contra o platonismo, como *De civitate Dei* X, 29, nas quais a *humilitas* de Cristo é contraposta à *superbia* dos platônicos, a seu desprezo pela carne: *Christus humilis, vos superbi*. Esse motivo é o fundamento da importância dada aos eventos concretos na doutrina cristã — logo voltaremos a este ponto. O texto mais significativo que conheço para a *humilitas passionis* (ainda que nele não ocorra o termo *humilis*) consta das *Enarrationes in Psalmos* 96, 4:

> *Ille qui stetit ante iudicem, ille qui alapas accepit, ille qui flagellatus est, qui consputus est, ille qui spinis coronatus est, ille qui colaphis caesus est, ille qui in ligno suspensus est, ille cui pendenti in ligno insultatum est, ille qui in cruce mortuus est, ille qui lancea percussus est, ille qui sepultus est: ipse resurrexit. Saeviant quantum possunt regna; quid sunt factura Regi regnorum, Dominum omnium regum, Creatori omnium saeculorum?*

> [Aquele que se esteve diante do juiz, aquele que levou tapas, aquele que foi flagelado, aquele que levou cuspidas, aquele que foi coroado de espinhos, aquele que foi coberto de golpes, aquele que foi pendurado numa árvore, aquele que, pendurado na árvore, foi insultado, aquele que morreu na cruz, aquele que foi ferido com a lança, aquele que foi sepultado: este mesmo ressuscitou. Cometam os reinos quantas crueldas-

---

Santo Agostinho, *In Ioannis Evangelium tractatus* 40, 2 (a propósito de *João* 12, 32): *illa exaltatio humiliatio fuit* [aquela exaltação foi humilhação].

des possam; o que farão contra o Rei dos reinos, contra o Senhor de todos os reis, contra o Criador de todos os séculos?]

Em nenhum outro lugar o tema *humilis-sublimis*, ligado à humilhação concreta da divindade, foi elaborado tão nitidamente como neste.[14]

Um segundo grupo de ideias liga-se a este primeiro. Trata-se agora da *humilitas* social e espiritual dos destinatários da doutrina, a quem portanto esta deve ser acessível; as passagens bíblicas mais importantes são *Mateus* 11, 25, *Lucas* 10, 21, *Atos* 4, 13, *Romanos* 12, 16, *I Coríntios* 1: 18-21, *Tiago* 4, 6. Há ainda inúmeros desdobramentos na literatura patrística, em alguns poucos casos meramente descritivos, mas em sua maioria com intenção polêmica em face da sabedoria mundana, que despreza como inculta e baixa a mensagem de Cristo e seus apóstolos. Leiam-se, por exemplo, o começo do sermão de Natal (184) de Santo Agostinho (*PL* XXXVIII, 995), *De civ. Dei* 18, 49 (*CCSL* 48, 647) e, em outros sermões, passagens como 43, 6 ou 87, 12 (*PL* XXXVIII, 256 ss. e 537). Deus, diz Santo Agostinho, não elegeu um orador ou um senador, mas um pescador: *non oratorem, non senatorem, sed piscatorem*. Ele chama os apóstolos de *humiliter nati* (de baixa extração), *inhonorati* (sem prestígio), *illiterati* (iletrados) ou *imperitissimi et abiectissimi* (muito ignorantes e de baixíssima condição), e caracteriza-os como *piscatores et publicani* (pescadores e publicanos). Dentre os autores mais

---

[14] Cf., por exemplo, Hilário, *Commen. in Matt.* 18, 3 (sobre *Mateus* 18, 7; *Patrologia Latina* IX, 1.019): *Humilitas passionis scandalum mundo est. In hoc enim maxime ignorantia detinetur humana, quod sub deformitate crucis aeternae gloriae Dominum nolit accipere* [A humildade da paixão é um escândalo para o mundo. É aí, pois, que se embaraça a ignorância do homem, porque sob o ultraje da cruz não quer aceitar o Senhor de glória eterna].

antigos, menciono Arnóbio, *Adversus nationes* 1, 58 (*CSEL* IV, 39); entre os contemporâneos de Santo Agostinho, cito Jerônimo, que tem várias passagens longas a respeito. Em seu comentário à *Epístola aos Gálatas* (3, 1; *PL* XXXVI, 401 ss.), ele escreve: *Quotusquisque nunc Aristotelem legit?* [...] *Rusticanus vero et piscatores nostros totus orbius loquitur, universus mundus sonat* [Quantos são os poucos que leem Aristóteles hoje? Mas de nossos camponeses, de nossos pescadores todo mundo fala, o universo inteiro ecoa]; e, na epístola 53, *ad Paulinum presbyterum* (53, 3 ss.; *CSEL* LIV, 449), depois de se referir a Pedro e João como *theodídaktoi: Hoc doctus Plato nescivit, hoc Demosthenes eloquens ignoravit* [Isto o douto Platão não soube, isto Demóstenes, eloquente, não conheceu]; ou ainda, com mais força, na epístola 14, *ad Heliodorum monachum*, a passagem sobre o Juízo Final (14, 11; *CSEL* LIV, 61):

> *Veniet, veniet illa dies.* [...] *Tunc ad vocem tubae pavebit terra cum populis, tu gaudebis* [...] *adducetur et cum suis stultus Plato discipulis; Aristotelis argumenta non proderunt. Tunc tu rusticanus et pauper exultabis, ridebis, et dices: Ecce crucifixus Deus meus, ecce iudex, qui obvolutus panis in praesepio vagiit. Hic est ille operarii et quaestuariae filius, hic, qui matris gestatu sinu hominem Deus fugit in Aegyptum, hic vestitus coccino, hic sentibus coronatus, hic magus daemonium habens et Samarites. Cerne manus, Iudaee, quas fixeras; cerne latus, Romane, quod foderas. Videte corpus, an idem sit* [...].

[Virá, virá aquele dia... Então, ao som da trombeta, a terra com seus povos terá pavor, tu te regozijarás... Comparecerá em juízo o néscio Platão com seus discípulos; os argumentos de Aristóteles não lhe serão úteis. Então tu, camponês e pobre, vais exultar, vais rir e vais dizer: "Eis meu Deus crucificado, eis o juiz, que, envolto em panos, chora na manjedoura. Este é aquele filho de trabalhador e trabalhadora; este, o que, carregado como homem no colo da mãe, embora fosse Deus, fugiu para o Egito; este, o que foi vestido de escarlate; este, o que foi de espinhos coroado; este, o que foi chamado de mago que carregava um demônio, e de Samaritano. Contempla, judeu, as mãos que pregaste; contempla, romano, o flanco que perfuraste. Vede o corpo, acaso é...".][15]

Também aqui domina a antítese, não apenas entre *stultitia* e *sapientia*, mas de modo geral a antítese entre baixo e alto, recomendando-se então a *via pietatis, ab humilitate ad superna surgens* [o caminho da piedade, elevando-se da humildade às coisas celestes] (*De civ. Dei* II, 7).

O terceiro grupo de ideias é o mais importante para nós: trata da *humilitas* do estilo da Sagrada Escritura, e está de tal modo ligado ao grupo anterior que muitas das passagens já citadas servem também aqui. O motivo do *sermo humilis* da Bíblia logo alcançou grande importância na apologética. A maioria dos pagãos cultos considerava a literatura paleocristã (em grego e especialmente em latim) como ridícula, confusa e repugnante. Não apenas o conteúdo parecia-lhes uma superstição infantil e absurda, também a forma representava um insulto a seu gosto: o vocabulário e a sintaxe pareciam ineptos, vulgares e eivados de hebraísmos, quando não exagerados e grotescos. Algumas passagens de força inegável davam a impressão de mistura turva, fruto de mentes incultas, fanáticas e sectárias. A reação era de mofa, desprezo e horror. Parecia-lhes inconcebível e inaceitável a pretensão desses escritos de tratar dos problemas mais profun-

---

[15] Cf. sobretudo a passagem estruturalmente análoga no final de Tertuliano, *De spectaculis* XXX, 6.

*Sermo humilis*

dos, de oferecer iluminação e redenção aos homens. Em tais circunstâncias, seria de se esperar que, já nos primeiros tempos da nova religião, os cristãos letrados procurassem ultrapassar esse obstáculo corrigindo e adaptando à linguagem literária as traduções dos primeiros autores cristãos, incultos e inexperientes. Mas isso não aconteceu. O estilo criado pelos primeiros tradutores latinos não foi jamais substituído por um texto bíblico ao gosto clássico. Os textos da *Vetus Latina*[16] haviam tão prontamente conquistado autoridade junto às comunidades e correspondiam tão bem à situação social e espiritual dos cristãos de língua latina[17] que logo vieram a formar uma tradição duradoura e de raízes firmes, de modo que uma versão mais literária e culta jamais teria tido chance de se impor. A reelaboração de Jerônimo veio bastante tarde (por volta de 400 d.C.) e não atingiu todos os textos uniformemente; e onde sua versão divergia mais fortemente da anterior, seus textos tiveram mais dificuldade para se estabelecer nas comunidades. De resto, o latim bíblico já se firmara muito antes de Jerônimo começar seu trabalho, e ele mesmo estava imerso demais nesse estilo — como aliás em toda a espiritualidade cristã original — para ser capaz de destruir sua atmosfera característica. Por significativa que tenha sido sua atividade de tradutor, ela se mantém nos quadros do estilo anterior. Na Antiguidade tardia, encontram-se por vezes paráfrases clássicas de passagens bíblicas; Fulgêncio Placiades (*De aetatibus mundi*, ed. Helm) parafraseia da seguinte maneira as palavras de Deus a Moisés (*Êxodo* 3, 7): *Duros populi mei ex operationis ergastulo*

---

[16] Por este nome designam-se as várias traduções latinas de textos bíblicos, todas elas anteriores à *Vulgata*, de São Jerônimo. [N. T.]

[17] Até a metade do século III, a língua dos cristãos em Roma era o grego. Cf. T. Klauser in *Miscellanea Giovanni Mercati*, I.

*gemitus intellexi* [Eu ouvi os duros gemidos de meu povo nas prisões da labuta]. Há muitos outros exemplos dessa tendência, que entretanto permaneceu pouco influente. Só os humanistas (Valla, Erasmo, Bembo) viriam a tentar algo semelhante: Bembo substitui *spiritus sanctus* [espírito santo] por *divinae mentis aura* [sopro da mente divina].[18]

Desse modo, o *corpus* da Sagrada Escritura permaneceu um corpo estranho dentro da tradição clássica da literatura latina enquanto persistiram esta e seu público. Contra os que desprezavam a linguagem bíblica, os apologetas (entre eles Santo Agostinho) não deixaram de chamar atenção para as figuras de linguagem que se encontravam na Sagrada Escritura, chegando mesmo a afirmar que todos os povos antigos haviam desenvolvido sua arte da eloquência e sua sabedoria a partir do Velho Testamento — muito anterior às culturas pagãs.[19] Mas o argumento

---

[18] Sobre a linguagem bíblica, cf. Wilhelm Süss, "Das Problem der lateinischen Bibelsprache Histor" (minha citação de Bembo figura na página 17); do mesmo autor, *Studien zur lateinischen Bibel*, I. Ambos estudos fornecem bibliografia de investigações anteriores. As partes relevantes em *Die antike Kunstprosa*, de Norden, ainda são muito informativas sobre o latim patrístico.

[19] Tema tratado excelentemente por E.-R. Curtius, em *Europ. Literatur und lat. Mittelalter*, 48-9 ss., no parágrafo sobre Cassiodoro. A passagem principal em Cassiodoro é *In Psalterium praefatio* 15 (*PL* LXX, 19-22). Cf. também Curtius, 445, onde a observação do autor sobre as referências de Jerônimo a São Paulo em sua carta a Paulino não transmite o tom e o contexto originais. Na verdade, Jerônimo está traçando um contraste entre o conhecimento divinamente inspirado e o conhecimento profano. A noção, de provável origem judaico-alexandrina, de que a sabedoria profana (e especialmente a grega) derivava da sabedoria judaica, muito anterior, estava disseminada por todo o Ocidente, e é expressa com particular frequência por Ambrósio. Cf. *De bono mortis* (*PL* XIV, 1154). Sobre Aldhelm e Beda, cf. Curtius, 53-5.

não era muito convincente em questões de estilo. Ninguém pensava em limitá-lo ao texto hebraico, até porque a maioria dos Padres da Igreja ocidentais — com a óbvia exceção de Jerônimo — tinha pouco discernimento filológico e frequentemente tratava o texto latino como se fosse *a* Bíblia. Mas justamente na tradução latina era muito difícil, e na verdade impossível, encontrar a marca da cultura literária clássica. Cassiodoro — no Ocidente o defensor mais determinado da tese da origem bíblica de toda eloquência e sabedoria — reconhece a diferença entre a eloquência bíblica e a secular: os tropos e figuras só são encontrados nos salmos *in virtute sensuum* [na força do sentido], não *in effatione verborum* [no que dizem as palavras].[20] Seja como for, nenhum apologeta antigo alguma vez duvidou que o latim bíblico fosse algo de distinto da tradição clássica. Foi só quando essa tradição havia desaparecido quase completamente, por volta de 700 d.C., que Beda e Aldhelm puderam elogiar a Bíblia como modelo de estilo clássico.

O contra-argumento mais sério e duradouro dos autores cristãos da Antiguidade tardia era diferente: eles reconheciam a "baixeza" do estilo bíblico e descobriam nele uma nova forma do sublime. Evitando a questão das traduções, essa posição dialética teve sucesso por conta de sua verdade interna; a um só tempo ofensiva e defensiva, ela se manteve viva por toda a Idade Média até a era moderna e se tornou um motivo importante na formação dos conceitos de estilo e níveis de estilo na Europa. Os documentos que o comprovam vêm de longe; a ideia já ocorre implicitamente em algumas passagens do Novo Testamento citadas mais acima, por exemplo em *I Coríntios* 1, 18-21. Não é necessário aqui citar as fontes gregas, como a polêmica de Orí-

---

[20] *In Psalterium praefatio* 15 (*PL* LXX, 21).

genes contra Celso.[21] Exemplos latinos podem ser encontrados por toda a Antiguidade tardia até Isidoro de Sevilha (*Sent.* 3, 13; *PL* LXXXIII, 685-8). Mas a fonte latina mais importante é Santo Agostinho, já que ele mesmo protagonizou essa inversão dialética: antes de sua conversão, pertencia à camada de letrados muito cultos que não acreditavam poder superar sua aversão ante os modos de expressão da Escritura. Em suas *Confissões* (III, 5; *CSEL* XXIII, 50), ele descreve como, inflamado pelo *Hortensius* de Cícero com o anseio apaixonado por sabedoria, começara a ler a Sagrada Escritura, sem que entretanto o sentido se lhe revelasse: ela seria *res incessu humilis, successu excelsa et velata mysteriis* [assunto humilde no começo, mas sublime à medida que se avança e velado com mistérios], coisa que então ainda não percebia: *Sed visa est mihi indigna, quam Tullianae dignitati compararem. Tumor enim meus refugiebat modum eius et acies mea non penetrabat interiora eius. Verumtamen illa erat, quae cresceret cum parvulis, sed ego dedignabar esse parvulus* [Mas (a Sagrada Escritura) pareceu-me indigna de comparar à dignidade ciceroniana. Meu orgulho repelia sua simplicidade e minha agudeza não penetrava seu interior. A agudeza, na verdade, cresce junto com as crianças, mas eu não me dignava ser criança]. Só muito mais tarde, depois de um longo e árduo desvio, e agora sob a influência de Ambrósio em Milão, Agostinho começou a entender a autoridade da Sagrada Escritura; ele a formula nos seguintes termos (*Conf.* VI, 5: *CSEL* XXXIII, 121 ss.):

> *eoque mihi illa venerabilior et sacrosanta fide dignior apparebat auctoritas, quo et omnibus ad legendum esset in promtu, et secreti sui dignitatem in intellectu profundiore servaret, verbis apertissi-*

---

[21] Cf. W. Süss, "Das Problem der lateinischen Bibelsprache", 5.

*mis et humillimo genere loquendi se cunctis praebens, et exercens intentionem eorum, qui non sunt leves corde, ut exciperet omnes populari sinu et per angusta foramina paucos ad te traiceret, multo tamen plures, quam si nec tanto apice auctoritatis emineret nec turbas gremio sanctae humilitatis hauriret.*

[sua autoridade (da Sagrada Escritura) pareceu-me tanto mais venerável e digna de sacrossanta fé, quanto mais era disponível para a leitura de todos e reservava a dignidade de seu mistério à intelecção mais profunda, oferecendo-se a todos com as palavras mais claras e com o mais simples estilo de discurso, despertando o interesse daqueles que não são levianos de coração, para receber a todos em seu seio comum e pela porta estreita transportar a Ti uns poucos, mas muito mais numerosos do que se ela estivesse no elevado cume da autoridade e não atraísse multidões ao regaço da santa humildade.]

As mesmas ideias, sob formas variadas, ocorrem vez e outra em seus escritos, por exemplo no primeiro capítulo do primeiro livro *De Trinitate* (*PL* XLII, 820): [...] *sancta Scriptura parvulis congruens, nullius generis rerum verba vitavit, ex quibus quasi gradatim ad divina atque sublimia noster intellectus velut nutritus assurgeret* [A Santa Escritura, adaptando-se a crianças, não evitou palavras de nenhum gênero de assuntos, a partir dos quais nosso intelecto, como que gradativamente alimentado, se ergueu até os mais divinos e sublimes]; ou ainda em várias passagens de *De doctrina christiana* (por exemplo, II, 42, 63), bem como difundidas em seus sermões e comentários. A formulação mais completa é talvez a de uma epístola endereçada a Volusiano (*Epist.* 137, 18; *CSEL* XLIV, 122 ss.):

> *Modus autem ipse dicendi, quo sancta scriptura contexitur, quam omnibus accessibilis, quamvis paucissimis penetrabilis! Ea, quae*

*aperta continet, quasi amicus familiaris sine fuco ad cor loquitur indoctorum atque doctorum; ea vero, quae in mysteriis occultat, nec ipsa eloquio superbo erigit, quo non audeat accedere mens tardiuscula et inerudita quasi pauper ad divitem, sed invitat omnes humili sermone, quos non solum manifesta pascat, sed etiam secreta exerceat veritate, hoc in promptis quod in reconditis habens.*

[Como é acessível a todo o tipo de discurso pelo qual a Santa Escritura é composta, embora penetrável por pouquíssimos! O que contém de evidente ela fala, sem artifício, como um amigo íntimo, ao coração dos cultos e dos incultos. O que oculta em mistérios ela mesma não articula em linguagem altiva, a que a mente vagarosa e sem erudição não ousaria aproximar-se, como faz o pobre em relação ao rico, mas antes, com discurso humilde, convida a todos, não só para alimentá-los em uma verdade manifesta, como também para exercitá-los em uma verdade secreta, possuindo no que expõe aquilo mesmo que possui no que oculta.]

Tornara-se claro para ele — escreve Santo Agostinho em *De doctrina christiana* IV, 6, 9 ss. — que os autores inspirados pela divina Providência para nossa salvação não poderiam ter escrito de modo diverso do que fizeram. Se tivesse tempo suficiente, ele mesmo poderia indicar na Escritura todas as figuras e ornamentos da eloquência pagã; mas seu encanto inexprimível não derivava do que pudesse ter em comum com os oradores e poetas pagãos, mas sim da maneira como se servia da eloquência tradicional para formar sua própria e nova eloquência (*alteram quandam eloquentiam suam* [uma eloquência outra, sua]).[22]

---

[22] Cf. Cassiodoro, *Institutiones* (ed. Mynors) 1, 15, 7, *sub finem: Maneat ubique incorrupta locutio quae Deo placuisse cognoscitur, ita ut fulgore suo niteat, non*

Tentarei agora sintetizar o conteúdo desses exemplos. O estilo "baixo" da Escritura é reconhecido e caracterizado com o termo *humilis*, que também expressa humildade.[23] O propósito dessa humildade ou "baixeza" estilística é o de tornar a Escritura acessível a todos, mesmo ao último dos homens, de modo que cada qual seja atraído e tomado por ela, que possa sentir-se à vontade nela. Mas o conteúdo da Escritura não é imediatamente compreensível, ela contém mistérios, sentidos ocultos e muitas passagens obscuras. Contudo, essas coisas não são expressas em estilo culto e "soberbo", que intimida e afasta os ouvintes mais simples. Pelo contrário: todo aquele que não for leviano (e, portanto, superficial, sem humildade) poderá penetrar seu sentido mais profundo; a Escritura "cresce com as crianças", isto é, as crianças aprimoram-se em sua compreensão. E entretanto são poucos os que a compreendem de fato, e isso não por falta de erudição, mas sim de humildade autêntica (*De doctrina christiana* II, 41-2), correspondente ao estilo do texto. As passagens profundas e obscuras não diferem fundamentalmente das passagens claras e simples, a não ser pelas camadas mais profundas de entendimento que descortinam. Em consequência, leitores ou ouvintes que anseiam por sabedoria divina e se dão conta da profundeza dos mistérios são mantidos em tensão incessante, pois ninguém é capaz de chegar ao cerne último. Por útil que possa

---

*humano desiderio carpienda subiaceat* [Que permaneça incorrompida a fala que se sabe que agradou a Deus; que brilhe em seu fulgor e não se rebaixe para ser consumida pelo desejo humano].

[23] Encontram-se também *rusticus, communis, simplex* e *vilis*. Cf., por exemplo, o comentário de Jerônimo à *Epístola aos Gálatas* (3, 5) e sua epístola a Paulino (53, 9). De Cassiodoro, a passagem em *Institutiones* 1, 15, 7 (citada mais acima) e *In Psalt. praef.* 15. E, finalmente, Isidoro, *Sententiae* 3, 13.

ser, a erudição não é condição inescapável para um entendimento mais profundo; com efeito, Santo Agostinho várias vezes afirmou que, na terra, uma compreensão verdadeira só é possível por meio de um contato passageiro (*ictu*), uma iluminação na qual o destinatário da graça só se conserva por um instante — logo depois ele deve retornar a seu estado terreno de costume.

O estilo dominante na Bíblia é, portanto, *humilis*, baixo ou humilde. Mesmo seus significados secretos (*secreta, recondita*) são apresentados de maneira "baixa". Mas seu tema, seja ele simples ou obscuro, é sempre sublime. O tom baixo ou humilde do estilo é a única forma possível e adequada pela qual os mistérios sublimes podem se tornar acessíveis aos homens — de forma análoga à Encarnação, que também era *humilitas* nesse sentido, uma vez que os homens não teriam suportado o esplendor da natureza divina de Cristo.[24] O curso terreno da Encarnação não poderia ser narrado de outro modo que não em estilo baixo e humilde. O nascimento na manjedoura em Belém, a vida entre pescadores, publicanos e outras pessoas de ocupações igualmente cotidianas, a Paixão com todos seus episódios realistas e indignos — nada disso se adequava ao estilo da oratória elevada, da tragédia ou da epopeia. Nos termos da estética da era de Augusto, tal ambiente prestava-se, no melhor dos casos, a um dos gêneros baixos. Mas o estilo baixo da Sagrada Escritura abrange a esfera do sublime. Há nela vários termos simples, por vezes cotidianos e fortemente realistas, além de construções corriqueiras e deselegantes; mas seu tema é elevado, e seu caráter sublime

---

[24] Este é um tema antigo e significante, geralmente encontrado em conexão com a interpretação da nuvem em *Isaías* 19, 1. Já ocorre em Tertuliano *Adversus Marcionem* 2, 27, e ainda é frequente em Bernardo de Clairvaux e mesmo Dante (*Purg*. XXX, 25 ss.).

*Sermo humilis*

revela-se através dessa matéria baixa: o sentido oculto está em toda parte. Nessa fusão de sublime e baixo, o sublime (*res excelsa et velata mysteriis, secreti sui dignitas* [assunto elevado e velado com mistérios, a dignidade de seu segredo]) confunde-se frequentemente com o obscuro e o oculto, mas isso jamais impede o homem comum de participar dele. O denominador comum desse estilo é sua humildade.

A Bíblia é história escrita, e foi lida ou ouvida pela vasta maioria dos cristãos. Ela deu forma à sua visão da história[25] e às suas concepções éticas e estéticas. Foi modelo de estilo dos escritores cristãos, por decisão consciente ou por impregnação inconsciente. Muitos deles adaptaram-na em alguma medida às formas da retórica tradicional, até porque vários Padres da Igreja haviam sido educados nesta. Mas a substância bíblico-cristã era tão forte que não se deixou submeter à retórica. No texto inicial de Santo Agostinho, pudemos perceber como, apesar dos isócolos, anáforas, antíteses e apóstrofes, o caráter do conjunto permanecia distintamente cristão. O mesmo vale para muitos outros textos da literatura patrística, como a passagem de Jerônimo sobre o Juízo Final, que citamos mais acima, com sua conclusão poderosa: *cerne manus, Iudaee* [...] *cerne latus, Romane* [...] [contempla, judeu, as mãos (...) contempla, romano, o flanco]. Temos aqui uma mistura de sublime, retórica popular e terna *caritas*, de

---

[25] Já escrevi várias vezes sobre a concepção cristã da história, especialmente em ligação com a exegese tipológica da Bíblia (a vida terrena de Cristo como centro da história universal), que acredito ter sido consequência lógica do cristianismo. Ver "Figura" (reeditado em meus *Neue Dantestudien*); "Typological Symbolism in Medieval Literature", publicado em alemão (ligeiramente ampliado) como fascículo 2 de *Schriften und Vorträge des Petrarca-Instituts in Köln*. Ver também as últimas páginas de meu ensaio "Franz von Assisi in der *Komödie*" (in *Neue Dantestudien*), publicado em inglês em *Italica* XXII; e ainda *Mimesis, passim*.

força didática e vivacidade cênica, dirigida a uma audiência comum e indiscriminada.

O gosto das massas pelas formas da retórica acabou por dar origem a variedades mais populares, o que preparou o caminho para a formação de uma oratória cristã, de uma retórica mais popular no sentido do *sermo humilis*. Pode-se mesmo dizer que uma tal retórica tornou-se possível apenas pelo espírito e pelos temas cristãos. De fato, com a estagnação política do império, a retórica pagã há muito fora privada dos temas que lhe garantiam a vitalidade. Petrificada em seu formalismo, ela começava a definhar. Os temas cristãos deram-lhe novo alento, ao mesmo tempo que lhe modificavam o caráter. O que prevalece agora é a *humilitas*. Santo Agostinho recomendou as formas acadêmicas da eloquência pagã e chegou mesmo a utilizá-las; mas o que chama a atenção e nos deixa uma impressão marcante em seus sermões é a forma com que eles, eliminando as barreiras entre os estilos, falam diretamente a cada alma individual. Como cada ouvinte é considerado um indivíduo cuja salvação está em jogo, o sermão é infundido de muito mais emoção do que seria possível numa conferência filosófica ou num debate forense. As próprias passagens didáticas estão necessariamente mescladas com o aspecto arrebatador que a teoria retórica identifica ao sublime. E a doutrinação faz parte do estilo baixo não apenas porque assim o determina a teoria retórica, mas porque o caráter heterogêneo das comunidades de fiéis tornou necessário que se pregasse em estilo simples e acessível a todos.

Começamos com um sermão. Mas o domínio do *sermo humilis* abarca todas as formas da literatura cristã da Antiguidade tardia; inclui as dissertações teórico-filosóficas assim como os relatos pragmático-realistas de acontecimentos reais. Citaremos alguns exemplos para mostrar, de um lado, como é profunda sua influência no campo teórico e contemplativo e, de outro,

*Sermo humilis*

quais foram os novos problemas que ele solucionou no terreno da narrativa.

A Patrística mal se dedicou a uma literatura contemplativa ou puramente teórica: todas suas forças estavam voltadas para a difusão da doutrina cristã e o combate a judeus, pagãos e hereges. O interesse polêmico e apologético perpassa toda sua teoria; a intenção é sempre obter o máximo de influência e arregimentar o maior número possível de almas. Claro que os sermões dirigidos à comunidade de fiéis diferem, quanto ao estilo, dos tratados, dos comentários e das epístolas destinadas a amigos ou opositores dentro do clero. No entanto, mesmo neste último caso o elemento didático é tão forte, a dicção é tão pessoal e animada que o *sermo humilis* assume uma feição especificamente cristã. Por esse motivo, meu exemplo foi retirado mais uma vez de Santo Agostinho; pensei inicialmente em escolher um texto polêmico, mas concluí que uma passagem puramente contemplativa e teórica seria ainda mais característica, pelo fato de representar um caso extremo de *sermo humilis*. O trecho encontra-se no terceiro parágrafo do oitavo livro *De Trinitate* (*PL* XLII, 948 ss.). Santo Agostinho quer deixar claro que Deus não é nem corpóreo, nem passível de mudança, nem um ser criado: por mais que imaginássemos a maior e a mais sublime das coisas — por exemplo o Sol — como infinitamente maior ou mais fulgurante do que realmente é, por mais que concebêssemos todos os anjos — *milla millium* — que movem os corpos celestes como unidos num único ser, mesmo isso não seria Deus. E então prossegue:

> *Ecce vide, si potes, o anima praegravata corpore quod corrumpitur, et onusta terrenis cogitationibus multis et variis; ecce vide, si potes: Deus Veritas est. Hoc enim scriptum est: "Quoniam Deus lux est"* [I João 1, 5] — *non quomodo isti oculi vident, sed*

*quomodo videt cor, cum audis: "Veritas est". Noli quaerere quid sit veritas; statim enim se opponent caligines imaginum corporalium et nubila phantasmatum, et perturbabunt serenitatem, quae primo ictu diluxit tibi, cum dicerem: "Veritas". Ecce in ipso primo ictu quo velut coruscatione perstringeris, cum dicitur: "Veritas", mane si potes; sed non potes; relaberis in ista solita atque terrena...*

[Ora, vê, se és capaz, ó alma sobrepesada pelo corpo que se corrompe, e carregada de muitos e variados cuidados terrenos; então vê, se és capaz: Deus é Verdade. Pois isto está escrito: "Porque Deus é luz" (*I João* 1, 5) — (vê) não como estes olhos veem, mas como vê o coração, quando ouves: "Ele é Verdade". Não perguntes o que é verdade, pois logo nevoeiros de imagens corporais e nuvens de fantasmas vão interpor-se e perturbar a serenidade, que, num primeiro rapto, brilhou para ti, quando eu disse: "Verdade". Eis: exatamente neste primeiro rapto pelo qual, como que por um raio, és atingido, quando se diz: "Verdade", permanece, se és capaz; mas não és capaz; cairás de novo neste costumeiro e terreno...]

## Logo em seguida (3, 4), ele tenta outra abordagem:

*Ecce iterum vide, si potes. Non amas certe nisi bonum, quia bona est terra altitudine montium et temperamento collium et planitie camporum, et bonum praedium amoenum et fertile, et bona domus paribus membris disposita et ampla et lucida, et bona animalia animata corpora, et bonus aer modestus et salubris, et bonus cibus suavis atque aptus valetudini, et bona valetudo sine doloribus et lassitudine, et bona facies hominis dimensa pariliter et affecta hilariter et luculenter colorata, et bonus animus amici consensionis dulcedine et amoris fide, et bonus vir justus, et bonae divitiae, quia facile expediunt, et bonum coelum cum*

*Sermo humilis*

*sole et luna et stellis suis, et boni Angeli sancta obedientia, et bona locutio suaviter docens et congruenter monens audientem, et bonum carmen canorum numeris et sententiis grave. Quid plura et plura? Bonum hoc et bonum illud; tolle hoc et illud, et vide ipsum bonum, si potes; ita Deum videbis, non alio bono bonum, sed bonum omnis boni.*

[Ora de novo, vê, se és capaz. Não amas, por certo, a não ser o bem, porque boa é a terra por causa da altura de suas montanhas, da suavidade de suas colinas, da planura de seus campos; e boa é a quinta, amena e fértil; e boa, a casa disposta em proporções iguais e ampla e iluminada; e bons, os corpos vivos dos animais; e bom, o ar brando e saudável; e bom, o alimento suave e apto para a saúde; e boa, a saúde, sem dores e cansaço; e boa, a face do homem, de regular medida e de jovial expressão e de cor vivaz; e bom, o amigo pela doçura da concórdia e pela fidelidade do amor; e bom, o homem justo; e boas, as riquezas, porque tornam fácil a existência; e bom, o céu com o sol e a lua e suas estrelas; e bons, os Anjos de santa obediência; e boa, a fala que suavemente ensina e adequadamente adverte quem ouve; e bom, o poema melodioso pelo ritmo e grave pelo tema. O que mais, o que mais? Bom é isto e bom é aquilo; toma isto e aquilo e vê o próprio bem, se és capaz; assim verás Deus, que não é um bem por meio de outro bem, mas é o bem daquilo mesmo que é bom.]

Tais ideias são ao mesmo tempo neoplatônicas e cristãs. Expressas em sua forma mais simples, são absolutamente abstratas; estão entre as ideias a partir das quais se desenvolveu o grande jogo de abstrações da Idade Média. Deus é a verdade, e apenas numa iluminação momentânea somos capazes de conhecê-Lo. Deus é o bem absoluto, fonte de todos os bens particulares, e não tem outra fonte além de Si mesmo. Esta seria a forma mais simples de exprimi-lo. A partir dessa formulação, Santo Agostinho compôs um drama retórico e comovente: na primeira parte, com o movimento anafórico e antitético — *ecce vide si potes, ecce vide si potes, noli quaerere, ecce ... mane si potes, sed non potes* [ora, vê, se és capaz, ora, vê, se és capaz, não perguntes ... permanece, se és capaz, mas não és capaz]; no segundo trecho, novamente anafórico, com sua enumeração suave e profundamente terrena de todos os bens aprazíveis, e a repentina e tempestuosa mudança no final: *Bonum hoc et bonum illud; tolle hoc et illud...* [Bom é isto e bom é aquilo; toma isto e aquilo...]. A ascensão dramática a partir das profundezas mundanas, presentes mesmo quando Santo Agostinho enleva a si mesmo e a seus leitores, arrebatando-os ao ápice do êxtase e da abstração, a urgência impetuosa de seu argumento, no qual a teoria parece ter sido descartada, o apelo direto ao leitor, quem quer que ele seja — tudo isso destrói as barreiras entre o "eu" e o "tu": tal nível estilístico seria praticamente inconcebível numa época anterior. *Ecce vide si potes* e *tolle hoc et illud* são formas simultaneamente retóricas e coloquiais. Já se observou várias vezes que Santo Agostinho utiliza vulgarismos, conta anedotas e emprega imagens realistas;[26] em seus sermões, como nos de Jerônimo, há também passagens satíricas.

Mas essa não é nossa preocupação central neste momento. Claro que vulgarismos e imagens realistas são sintomas significativos do *sermo humilis* cristão, mas apenas porque são utilizados para tratar de assuntos sérios e profundos, pois então tais lo-

---

[26] Várias passagens relevantes são citadas em trabalhos recentes, como J.-T. Welter, *L'Exemplum dans la littérature religieuse*; J. H. Baxter, *ALMA*, III (com uma passagem característica do *Sermo* 5, 3); H. F. Muller, *L'Époque mérovingienne*, 41-5. E ainda P. Charles, "L'Élément populaire dans les sermons de saint Augustin", além, é claro, de J. Schrijnen, *Charakteristik des altchristlichen Latein*, *passim*.

*Sermo humilis*

cuções "baixas" são remodeladas no contato com o sério e o sublime. A questão realmente central e decisiva, porém, é a amplitude dessa polaridade. E o *sermo humilis* que tento descrever aqui possui outras características além de vulgarismos e traços afins: um é a proximidade ou o contato humano direto entre o "eu" e o "tu", dado que não figurava no estilo elevado da Antiguidade romana; outro é sua capacidade de exprimir a consciência imediata do vínculo que une a comunidade humana — todos nós, aqui e agora. Muitas vezes, é verdade, tal expressão de fraternidade e proximidade entre os homens degenerou numa fórmula vazia; mas de tempos em tempos ela ganha novo alento. Exatamente para mostrar que esse estilo penetrou também nos textos mais especulativos e menos populares, citei aqui uma passagem do livro sobre a Trindade. Creio que Joseph Schrijnen, a quem devemos — a ele e a sua escola[27] — o conceito de latim cristão (além de investigações extremamente interessantes sobre o assunto), superestima a diferença entre o latim culto e o latim vulgar dos primeiros cristãos. Certamente ela existe, não há dúvida quanto a isso; Santo Agostinho, por exemplo, escreve seus sermões de maneira diversa daquela em que redige os textos exegéticos ou dogmáticos. Gregório Magno usa um estilo muito mais popular em seus diálogos do que nas *Moralia*. Mas o espírito do *sermo humilis* é sempre o mesmo. E quando Schrijnen tenta negar que as figuras de linguagem empregadas nos sermões tenham relação com a retórica acadêmica, sucumbe ao precon-

---

[27] Ver nota anterior. Maiores referências a Schrijnen e sua escola em Christine Mohrmann, "Le Latin commun et le latin des chrétiens", in *Vigiliae Christianae* (Amsterdã), I (1947), especialmente números 1 e 4. O meticuloso e instrutivo *Manuel du latin chrétien* (1955), de Albert Blaise, apareceu apenas após a publicação do presente estudo (1952). Cf. particularmente o resumo do parágrafo 45, 64-6.

ceito expresso por ele mesmo da seguinte forma: "Onde a alma eleva-se até Deus, quer o faça em latim culto ou popular, não há lugar, na opinião de Santo Agostinho, para a retórica ou para os artifícios artísticos, apenas para os ritmos populares da fala humana cotidiana".[28] Isso, segundo me parece, é uma hipóstase de conceitos (artifícios artísticos, ritmos populares) que nós mesmos criamos com o fim de classificar o material e nos orientar provisoriamente, mas que, aplicados à história concreta, dificilmente podem ser distinguidos de forma clara. Shakespeare ou os dramaturgos espanhóis do *siglo de oro* são a prova de que os artifícios mais sutis no emprego de palavras ou sons podem tornar-se parte da tradição popular. Se a arte retórica termina quando a alma se eleva a Deus, seríamos obrigados a concluir que poucos dos grandes escritores cristãos teriam alcançado tal experiência. O que dizer de Ambrósio e Jerônimo, de Bernardo de Clairvaux, de Juan de la Cruz, de Bossuet? O que dizer, aliás, do apóstolo Paulo? A retórica de Santo Agostinho está sempre baseada na tradição clássica; nenhum escritor, valendo-se apenas do "simples ritmo popular", pode opor ou combinar incessantemente antíteses e pares conceituais em períodos sonoros. Por outro lado, mesmo a retórica mais refinada tem sua fonte original no instinto básico dos homens para o ritmo e para as correspondências entre o som e o sentido; e na Antiguidade tardia as formas artísticas tornaram-se uma herança popular, pelo menos no sentido de que um grande número de pessoas sabia desfrutá-las. Como já mostra o início de sua carreira, Santo Agostinho foi um mestre da retórica; a retórica tornou-se sua segunda natureza, como costuma acontecer com grandes virtuosos. Mas a suprema habilidade técnica pode muito bem servir aos sentimentos mais autên-

---

[28] *Charakteristik des altchristlichen Latein*, 21 e *passim*.

ticos e profundos; e a simplicidade popular não é uma garantia contra o vazio do coração.

Parece-me que seria um erro procurar a especificidade de uma linguagem cristã apenas nos aspectos populares, "fortes" ou "vigorosos". É evidente que o latim cristão contém vários elementos da linguagem popular, pois um movimento de tais proporções envolveu muitas pessoas e estendeu-se finalmente a todo o povo — até mesmo porque este último era numericamente muito superior às classes altas. O aspecto característico dessa linguagem, porém, reside no fato de que muitos — se não a totalidade — dos vulgarismos no emprego e na formação de palavras, nas mudanças de sentido e na estrutura das frases perderam seu caráter vulgar assim que se tornaram parte do latim cristão: foram introduzidos numa outra esfera e ganharam nova dignidade. Isso vale até mesmo para casos tão extremos como *manducare* e *eructare* (literalmente, "devorar às dentadas" e "arrotar"). Estas palavras foram reiteradamente ridicularizadas, mas as comunidades de fiéis não as puseram de lado; foram inscritas em passagens tão importantes quanto o início do Salmo 44 e o relato da Última Ceia (*I Coríntios* 11, 24). Tais termos foram exaltados e santificados, *sanctificantur*; o mesmo aconteceu com as palavras compostas, rudes e inexpressivas para o gosto clássico, e das quais *sanctificare* é apenas um exemplo entre muitos. *Vivificare, honorificare, glorificare, salvator, fornicator, mediator, tribulatio, prostitutio, redemptio, carnalis, spiritualis, inscrutabilis, inenarrabilis, ineffabiliter, inseparabiliter* — para escolher algumas delas — não são propriamente formas populares; não surgiram da língua do dia a dia, mas correspondem a construções intelectuais criadas por pessoas apenas parcialmente versadas no espírito linguístico do latim antigo, visando tornar compreensíveis as manifestações de um novo mundo intelectual. Todas elas têm algo de canhestro, de iletrado e de grosseiramente pedante; ao mesmo tempo, o espírito que as anima confere-lhes algo de convincente e coeso. Formam um conjunto, mas também se amoldam a outros elementos puramente populares da língua cristã. Em cada uma e em todas elas expressa-se um novo mundo, um mundo forte o bastante, não há dúvida, para criar sua linguagem particular; mas não é essa a mesma linguagem que em breve será a de todos, ou que pelo menos irá saturar a linguagem universal com sua índole característica? Seja como for, interessa apenas ao historiador moderno saber que a linguagem especificamente cristã formou-se a partir de diversos elementos; o mesmo não vale para seus contemporâneos: para eles era indiferente se um determinado traço do material linguístico provinha da linguagem falada, dos esforços semiletrados de cunhar expressões para conteúdos novos, ou de influências gregas e semíticas; tais elementos, afinal de contas, foram fundidos na língua da comunidade cristã. O que Paulo (*I Coríntios* 12, 13) diz a respeito dos homens vale também para as palavras e as formas do discurso: *Etenim in uno Spiritu, omnes nos in unum corpus baptisati sumus, sive Iudaei, sive gentiles, sive servi, sive liberi* [Pois num só Espírito, todos nós fomos batizados para ser um só corpo, judeus e gregos, escravos e livres]. Tertuliano é prova de quão cedo a comunidade de fala latina adquiriu sua própria individualidade.

Nosso terceiro e último texto antigo é retirado desse período. À diferença do trecho do livro *De Trinitate*, ele mostra a força narrativa realista do *sermo humilis*; ao mesmo tempo, esboça os novos problemas da narrativa realista surgidos com a difusão do cristianismo. Trata-se da *Passio SS. Perpetuae et Felicitatis*, um dos primeiros martirológios.[29] Os eventos narrados passam-se no iní-

---

[29] Texto na *Acta Sanctorum* para 7 de janeiro; mais facilmente acessível em *Ausgewählte Märtyrerakten*, O. L. von Gebhardt e R. Knopf (orgs.; terceira edição

*Sermo humilis*

cio do século III, em Cartago, durante as perseguições comandadas por Sétimo Severo. O narrador (que provavelmente não é Tertuliano) inclui em seu texto as notas escritas na prisão por dois mártires, Perpétua e Sáturo. Citamos a seguir a introdução do narrador (II) e o início dos apontamentos de Perpétua (III, IV):

II. *Apprehensi sunt adolescentes catechumeni: Revocatus et Felicitas, conserva eius, Saturninus et Secundulus; inter hos et Vibia Perpetua, honeste nata, liberaliter instituta, matronaliter nupta, habens patrem et matrem et fratres duos, alterum aeque catechumenum, et filium infantem ad ubera. Erat autem ipsa circiter annorum viginti duo. Haec ordinem totum martyrii sui iam hinc ipsa narravit, sicut conscriptum manu sua et suo senso reliquit.*

III. *Cum adhuc, inquit, cum prosecutoribus essemus et me pater verbis evertere cupiret, et deicere pro sua affectione perseveraret; "Pater", inquam, "vides, verbi gratia, vas hoc iacens, urceolum sive aliud?". Et dixit: "Video". Et ego dixi ei: "Numquid alio nomine vocari potest quam quod est?". Et ait: "Non". "Sic et ego aliud me dicere non possum nisi quod sum, Christiana."  Tunc pater motus hoc verbo mittit se in me, ut oculos mihi erueret, sed vexavit tantum, et profectus est victus cum argumentis*

---

a cargo de G. Krüger). Edição mais recente: *Passio Sanctarum Perpetuae et Felicitatis*, J. M. J. van Beek (org.). Em inglês, *Some Authentic Acts of the Early Martyrs*, E. C. E. Owen (org.), 78-92. Não examinei as traduções alemãs de Rauschen (*Bibliothek der Kirchenväter*) e de Hagemeyer. Com a descoberta de uma versão grega em 1939, muitos especialistas emitiram a opinião de que o texto grego seria o original. Parti do pressuposto de que o texto em latim é o original, ponto de vista partilhado pela maioria dos especialistas hoje em dia. Ver E. Rupprecht em *Rheinisches Museum* (1941). Um estudo abrangente com tradução francesa está em H. Leclercq, in *DACL*, verbete "Perpétue et Félicité (Saintes)".

*diaboli. Tunc paucis diebus quod caruissem patre, Domino gratias egi, et refrigeravi absentia illius. In ipso spatio paucorum dierum baptisati sumus, et mihi, Spiritus dictavit non aliud petendum ab aqua nisi sufferentiam carnis. Post paucos dies recipimur in carcerem: et expavi, quia nunquam experta eram tales tenebras. O diem asperum! Aestus validus turbarum beneficio, concussurae militum. Novissime macerabar sollicitudine infantis ibi. Tunc Tertius et Pomponius, benedicti diaconi qui nobis ministrabant, constituerunt praemio uti paucis horis emissi in meliorem locum carceris refrigeraremus. Tunc exeuntes de carceri universi sibi vacabant. Ego infantem lactabam iam inedia defectum; solicita pro eo adloquebar matrem et confortabam fratrem, commendabam filium; tabescebam ideo quod illos tabescere videram mei beneficio. Tales sollicitudines multis diebus passa sum; et usurpavi ut mecum infans in carcere maneret; et statim convaluit et relevata sum a labore et sollicitudine infantis, et factus est mihi carcer subito praetorium, ut ibi mallem esse quam alicubi.*

*IV. Tunc dixit mihi frater meus: Domina soror, iam in magna dignatione es, tanta ut postules visionem et ostendatur tibi an passio sit an commeatus. Et ego quae me sciebam fabulari cum Domino, cuius beneficia tanta experta eram, fidenter repromisi ei, dicens: Crastina die tibi renuntiabo. Et postulavi, et ostensum est mihi hoc: Video scalam aeream mirae magnitudinis pertingentem usque ad caelum...*

A tradução que segue inclui também alguns comentários; não estou certo de ter sempre encontrado a interpretação correta:

II. Foram presos os jovens catecúmenos: Revocato, Felicidade — sua companheira de escravidão — Saturnino e Secúndulo. Entre eles, também Víbia Perpétua, bem-nascida, cuidadosamente educada, legitimamente casada, com pai,

*Sermo humilis*

mãe, dois irmãos — um dos quais igualmente catecúmeno — e um filho ainda de colo. Tinha cerca de vinte e dois anos. Daqui em diante, ela mesma narrou toda a sequência de seu martírio, que deixou escrito por sua própria mão e com sua própria percepção.

III. Estávamos ainda em mãos de nossos perseguidores e, como meu pai desejava demover-me com palavras e insistia em dissuadir-me, eu lhe disse: "Pai, estás vendo, por exemplo, este vaso aqui ao lado ou aquele jarro ali?". "Estou", disse ele. Então eu lhe disse: "Por acaso pode ser chamado com outro nome que não aquele que diz o que é?". "Não", disse ele. "Assim também eu não posso dizer que sou outra coisa que não aquilo que sou, Cristã." Então, meu pai, enfurecido pelas minhas palavras, lança-se contra mim como para arrancar-me os olhos, mas apenas sacudiu-me e partiu vencido, junto com os argumentos do diabo. Então, fiquei uns poucos dias sem ver meu pai e dei graças a Deus, e descansei com a ausência dele. Neste mesmo espaço de poucos dias, fomos batizados, e o Espírito mandou-me que nada buscasse da água a não ser o sofrimento da carne. Depois de alguns dias, fomos recolhidos ao cárcere: e fiquei apavorada, porque nunca tinha experimentado tal escuridão. Que dia difícil! Era forte o calor por causa do acúmulo de gente, os maus-tratos dos guardas! Eu me afligia, preocupada com meu filho num lugar daqueles. Então, Tércio e Pompônio, benditos diáconos que nos assistiam, conseguiram, com dinheiro, que fôssemos enviados por poucas horas a um lugar melhor da prisão e nos recuperássemos. Então, saindo [da pior parte] do cárcere todos puderam ocupar-se de si mesmos. Eu dava de mamar ao bebê, já fraco de fome; preocupada por ele, falava com minha mãe, confortava meu irmão e confiava-lhes meu filho. Eu me consumia de ver que se consumiam por minha causa. Suportei tais preocupações por muitos dias e consegui que meu filho permanecesse comigo na prisão; imediatamente recobrei minhas forças e soergui-me do sofrimento e da preocupação pelo bebê e, de repente, o cárcere para mim transformou-se num palácio, onde mais do que em outro local eu queria estar.

IV. Então meu irmão me disse: "Senhora irmã, estás em estado de grande exaltação mística, tão grande que podes pedir uma visão em que se revele a ti se isto é martírio ou provação passageira". E eu, que sabia que conversava com o Senhor, de quem experimentei tantos favores, com fé prometi a meu irmão, respondendo-lhe: "Amanhã, ficarás sabendo". E eu pedi e foi-me revelado o seguinte: "Vejo uma escada de bronze de admirável grandeza, que atinge o céu...".

Não há artifício retórico algum na narrativa de Perpétua. A cuidadosa educação que recebeu exerce pouca influência em seu estilo. Seu vocabulário é limitado; a estrutura de suas frases tem pouca desenvoltura, os conectivos (uso frequente do *tunc*) nem sempre são claros. O especialista logo percebe vários vulgarismos (como *mittit se* no lugar de *ruit*) e locuções tipicamente cristãs (*refrigerare*). A linguagem é em geral quebradiça, pouco literária e um tanto acanhada, quase infantil. E, contudo, Perpétua é bastante expressiva. Descreve coisas sem correspondente na literatura antiga: o zelo obstinado com que demonstra a seu pai, ilustrando seu argumento com um jarro, que é uma cristã e não pode ser chamada de outro modo; o acesso de raiva impotente de seu pai; as primeiras horas na prisão, na escuridão sufocante, em meio aos soldados, com a criança faminta; como começa a sentir-se feliz na prisão; e talvez o mais impressionante de tudo, seu diálogo com o irmão, ambos tão jovens, radiantes de entusiasmo com tal provação: *Domina soror, iam in magna dignatione es...* [Irmã, minha senhora, estás em estado de grande exaltação mística...] E ela, cheia de confiança: "Amanhã ficarás sabendo".

A literatura antiga teve sua Antígona, mas nada de comparável a isso — nem poderia ter tido:[30] não existia um gênero literário capaz de expor tal realidade com tamanha dignidade e elevação; tampouco havia uma *gloria passionis*. Antígona encaminha-se para a morte cheia de dignidade, mas lamentando-se, não triunfando. Talvez se objete que martirológios como o de Perpétua não são documentos literários. Isso é verdade, pois não foram concebidos, a exemplo dos mimos e da sátira, como obras literárias. Destinam-se, porém, a correr mundo; centenas de milhares de pessoas ouvirão a respeito; fatos semelhantes ocorrerão em outras localidades a outras pessoas, e estes serão por sua vez relatados e em torno deles será tecido um fio narrativo. Um gênero literário começará a se desenvolver, e aqui o vemos nascer. Em seu início, ele desvenda toda a força da crua realidade: algumas pessoas, eleitas ao acaso para o martírio, celebram o triunfo de seus sofrimentos; os perseguidores, a cena do martírio, a vida numa família parcial ou totalmente pagã — tudo isso é tratado como algo costumeiro, como uma realidade sem adornos. O cotidiano humilde transforma-se e cobra uma nova *gravitas*. O pai com seus argumentos "diabólicos" é um personagem trágico; Perpétua sente isso, mas não pode ajudá-lo. Mais adiante (VI), durante o julgamento, ele tenta desesperadamente dissuadi-la de seu propósito, e apenas os açoites dos guardas do tribunal são capazes de separá-los. Sobre isso ela escreve: *et doluit mihi patris*

---

[30] É óbvio que isso se aplica apenas à questão do estilo que discutimos aqui. Tenho consciência de que muitas ideias antigas estão contidas na *Passio* de Perpétua. Cf. em especial F. J. Dölger, "Antike Parallelen zum leidenden Dinocrates in der Passio Perpetuae", in *Antike und Christentum*, II, 1-40.

*mei, quasi ego fuissem percussa; sic dolui pro senecta eius misera* [e doeram em mim (os golpes) em meu pai, como se eu tivesse sido açoitada; assim sofri por sua infeliz velhice]. No relato que segue, referindo os acontecimentos na prisão, interrompido às vezes por visões, o estilo é totalmente novo. O destino da escrava Felicitas, que tem um parto prematuro na prisão, é interpretado por meio de uma antítese triunfal: seus companheiros de prisão e ela mesma enchem-se de alegria por ela poder assim compartilhar o martírio com os demais (XVIII): *a sanguine ad sanguinem, ab obstetrice ad retiarium, lotura post partum baptismo secundo* [do sangue para o sangue, da parteira para o gladiador, ela há de se lavar por um segundo batismo após o parto]. Todos estavam familiarizados com a ideia do batismo de sangue. Quando Sáturo, o líder que converteu a todos, é retirado da arena banhado em sangue, o povo grita: *Salvum lotum, salvum lotum!* [Banho salutar, banho salutar!]. Esta era uma frase que em geral se proferia após os banhos. Mas o narrador interpreta tal aclamação cruelmente irônica como *secundi baptismatis testimonium: Plane utique salvus erat qui hoc modo laverat* [o testemunho do segundo batismo: com toda a certeza estava salvo quem tinha se lavado deste modo].

A mistura, evidenciada no martírio de Perpétua e em textos afins, de elementos que antes pareciam incompatíveis — o aspecto trágico ou sublime retratado em meio à vida cotidiana e de forma extremamente realista — tem seu modelo, na literatura como na realidade, na história da Paixão de Cristo, narrada nos Evangelhos. Dela procede também o tema da *gloria passionis*, o triunfo do sofrimento.[31]

---

[31] Ver meu "*Gloria passionis*" [texto redigido como apêndice a "*Sermo humilis*", incluído neste volume].

*Sermo humilis*

Poucos textos são comparáveis a este; mesmo as narrativas do século III raramente fazem uma descrição tão pormenorizada e penetrante de pessoas e situações. Na maioria dos casos, a dramaticidade e a vivacidade limitam-se às cenas do julgamento, e algumas vezes até mesmo em documentos autênticos há um certo pendor para a tipicidade lendária. Mais tarde, quando a época das perseguições já chegara ao fim, os martirológios tornaram-se de fato um gênero literário em que predominavam os tipos miraculosos e lendários.[32] Apesar do esquematismo, todas essas obras revelam o mesmo espírito, que afinal é intrínseco ao objeto. Trata-se sempre de um indivíduo comum que é afastado de seu cotidiano prosaico, de sua família, de sua classe social ou de seu ofício — mesmo que isso seja retratado da forma mais esquemática ou lendária possível — e chamado a prestar testemunho; a natureza sublime e sagrada do acontecimento cresce no solo do cotidiano, e a despeito das provações e tormentos infligidos ao santo permanece sempre um fundo de realismo. Foi esse realismo que pretendi assinalar tomando como base o texto sobre Perpétua. Ele se encaixa nas características previamente discutidas do *sermo humilis*: é acessível a todos, voltado para a caridade, secretamente sublime e próximo da comunidade cristã. Acredito que, em seu conjunto, pode ser compreendido mais fácil e concretamente como o fizemos aqui: como uma mistura de duas esferas, a sublime e a humilde, expressa na evolução semântica do termo *humilis*.

Esse tipo de *sermo humilis* foi empregado na literatura cristã ao longo de toda a Idade Média e mesmo depois. O maior documento desse sublime cristão é a *Divina comédia* de Dante; por

---

[32] É de interesse aqui H. Delehaye, *Les Passions des martyrs et les genres littéraires*, Bruxelas, 1921.

esse motivo, quero encerrar este ensaio com uma citação de Benvenuto da Imola, o comentador de Dante, cujo ensinamento foi o primeiro a me indicar, muitos anos atrás, a via para lidar com o problema. Referindo-se ao *Inferno* II, 56 — *e cominciommi a dir soave e piana* —, Benvenuto faz a seguinte observação: *et bene dicit, quia sermo divinus est suavis et planus, non altus et superbus sicut sermo Virgilii et poetarum* [e diz bem, porque a fala divina é suave e chã, não elevada e soberba, como a fala de Virgílio e dos poetas].[33]

---

[33] Ver meus *Neue Dantestudien*.

Apêndice

## *Gloria passionis*

O termo *páthos* (*passio* em latim) significava originariamente, em particular na tradição aristotélica, um ataque ou um acesso; conservou sempre as conotações de sofrimento e passividade, bem como sua neutralidade ética: ninguém poderia ser elogiado ou reprovado por causa de seu *páthos*. Só a partir da moral estoica as *passiones* tornaram-se "inquietação", movimento compulsivo e sem direção que destrói a tranquilidade do sábio. O termo *passio* adquire então um significado fortemente pejorativo: há que se evitar, na medida do possível, qualquer contato com a agitação do mundo; é dever do sábio manter-se *impassibilis*, conservar-se, ao menos interiormente, imperturbado pelo mundo. Por essa via retrai-se o contraste original entre *actio* e *passio*, que se torna então o oposto de *ratio*: às *passiones* agitadas opõe-se a tranquilidade da razão. Mas o movimento supõe alguma espécie de atividade, e só agora é possível verter o termo por "paixão", em parte por causa do movimento, em parte pela violência que os estoicos associavam à noção: surgem aí as imagens da tempestade e do turbilhão das paixões, bem como, várias vezes, a substituição de *passio* por *perturbatio*, claramente pejorativo. Este é o segundo estágio do desenvolvimento semântico de *páthos/passio*, em que o termo se associa a violência e atividade, ganhando ademais conotação pejorativa. Este segundo significado teve ainda mais influência que o primeiro — aristotélico —, pois ainda hoje persiste nas noções morais populares das mais diversas sociedades; ele ocorre, de um modo ou de outro, em quase todos os sistemas éticos posteriores; e há ainda uma variedade de combinações entre as duas concepções de *passio*, a aristotélica e a estoica, frequentes sobretudo na Escolástica tardia e no Renascimento.[1]

O significado estoico de *passio* ganhou ainda mais difusão ao influenciar desde o início os autores cristãos da Antiguidade tardia. Ambrósio escreve: *Caro nostra diversis agitatur et freti modo fluctuat passionibus* [Nossa carne é agitada por paixões diversas e vagueia como no mar bravio] (*De Noe et Arca* XV, 51; *PL* XIV, 385); Santo Agostinho utiliza imagem semelhante — *cur* [...] *passionum turbelis et tempestatibus agitentur* [Por que são agitadas pelas perturbações e pelas tempestades das paixões?] (*De civitate Dei* VIII, 17) —, e define *passio* como *motus animi contra rationem* [movimento da alma contra a razão], o que soa inconfundivelmente estoico. Em muitos autores cristãos as *passiones* são equiparadas às *concupiscentiae carnis* [concupiscências da carne] e várias vezes diretamente aos pecados.[2]

---

[1] Cf. meu ensaio "Passio als Leidenschaft", in *PMLA* LVI, 1941, 1.179 ss.

[2] Já na Vulgata: *Romanos* 1, 26; *Romanos* 7, 5; *I Tessalonicenses* 4, 5; ver ainda, por exemplo, Cassiano, *De institutis coenobiorum* 5, 2 e *Collationes* 5, 19-20. Um texto provençal traduz *peccata* (do *Liber scintillarum*) por *passios* — cf. Bartsch, *Chrestomathie provençale* (6ª ed., 258), e *PL* LXXXVIII, 600. Por outro lado, Santo Agostinho tem uma passagem interessante em *De nuptiis et concupiscentia* 2, 33, onde levanta uma objeção à tradução de *I Tessalonicenses* 4, 5, *en páthei epithymías* [pela paixão do desejo], por *in passione concupiscentiae*, já que *passio in lingua latina, maxime usu loquendi ecclesiastico, non ad vituperationem consuevit intelligi* [paixão em língua latina, principalmente no discurso eclesiástico, não se costuma entender como repreensão]; compare-se Christine Mohrmann, *Le Latin commun et le Latin des Chrétiens*, in *Vigiliae Christianae*, I, 1947, 5.

*Gloria passionis*

Por outro lado, Santo Agostinho distancia-se energicamente da doutrina estoica da *passio* (*De civitate Dei* IX, 4 ss.) ao admitir *bonae passiones*, tal como escrevia Ambrósio de modo quase peripatético: *omnis enim affectus qui est praeter deformis delectationis illecebram passio quidem est, sed bona passio* [pois toda a afeição que existe, afora a atração de um prazer disforme, é de fato paixão, mas uma boa paixão] (*De Noe et Arca* XXIV, 88, 402). As duas correntes se cruzavam e combinavam, como transparece nas afirmações de Santo Agostinho; mas permanece o fato de que nesta época a moral estoica estava mais próxima da cristã. Mas já então havia uma diferença de princípio entre elas. Pois os autores cristãos não opunham às *passiones* a tranquilidade do sábio, mas a submissão à injustiça — sua intenção não era a de fugir ao mundo a fim de evitar os sofrimentos e as paixões, mas sim de transcendê-lo por meio do sofrimento. A fuga cristã do mundo difere profundamente da versão estoica. A hostilidade cristã ao mundo não visa a uma existência fora deste e despida de paixões, mas pelo contrário, a uma persistência no sofrimento apaixonado no mundo e, por isso mesmo, contra este; à carne, às más *passiones* deste mundo, não opõem nem a apatia estoica nem "bons sentimentos" (*bonae passiones*) capazes de atingir o meio-termo aristotélico através de um compromisso racional, mas sim algo de inaudito até então, a *gloriosa passio* inspirada pelo ardente amor a Deus. Não é o *impassibilis* que alcança a perfeição: *perfectus in omnibus* [perfeito em tudo] é, segundo Ambrósio (*Expos. in Ev. sec. Lucam* 10, 177, *PL* XV, 1848), aquele *quem caro iam revocare non posset a gloria passionis* [a quem a carne já não pode fazer voltar da glória da paixão];[3] e enquanto

---

[3] Antes da Encarnação, Jesus Cristo era *impassibilis*; ver a respeito Bernar-

os conduziam à morte, os mártires cilitanos exclamavam (*Analecta Bollandiana,* VIII, 1887, 6): *Deo gratias et laudes, qui nos pro suo nomine ad gloriosam passionem perducere dignatus est* [Gra-

---

do de Clairvaux (*De gradibus humilitatis et superbiae* 3, 9; *PL* CLXXXII, 946): *Beatus quippe Deus, beatus Dei filius, in ea forma, qua non rapinam arbitratus est esse se aequalem Patri, procul dubio impassibilis, priusquam se exinanisset formam servi accipiens* (Filipenses 2, 6-7), *sicut miseriam vel subjectionem expertus non erat, sic misericordiam et obedientiam non noverat experimento. Sciebat quidem per naturam, non autem sciebat per experientiam. At ubi minoratus est non solum a se ipso, sed etiam paulo minus ab angelis, qui et ipsi impassibiles sunt per gratiam, non per naturam, usque ad illam formam, in qua pati et subjici posset* [...] [Pois o abençoado Deus, o abençoado Filho de Deus — na forma pela qual não considerou roubo ser ele igual ao Pai — sem dúvida livre de sofrimentos, antes que se esvaziasse a si mesmo, tomando a forma de servo, não tinha experimentado a miséria e a sujeição, assim como não conhecia por experiência própria a misericórdia e a obediência. Mas quando se fez menor, não apenas do que ele mesmo, mas menor ainda do que os anjos — que são, também eles, livres de sofrimento por uma graça, não por natureza — até chegar àquela forma em que pudesse sofrer e sujeitar-se...]. Depois da Ressurreição, ele é outra vez *impassibilis* — cf. São Boaventura, *Breviloquium,* 4, 10 (*Opera omnia, Ad Claras Aquas,* V, 1891, 251): *Post haec tertia die resurrexit a mortuis resumendo corpus* [...] *sed non tale, quale prius fuerat; quia prius fuerat passibile et mortale, postquam autem impassibile et immortale, vivens perpetuo* [Depois disso, no terceiro dia, ressurgiu dos mortos, retomando um corpo... mas não tal qual tinha sido antes, porque antes tinha sido afeito ao sofrimento e mortal, porém, depois de ressurgir, foi livre de sofrimento e imortal, vivendo eternamente]. Sobre a *impassibilitas* de Deus, cf. Isidoro, *Etymologiae* 7, 1, 24, comentado por Spitzer em sua interessante nota em *Romania* LXV, 1939, 123 ss. *Passibilis,* com este significado, é ocasionalmente substituído por *sensibilis,* ambos parecem ser sinônimos no *Stimulus Amoris* (ed. Peltier, 12, 636-7). Ver ainda o *Roman d'Eneas,* 2.883-8: *Sire* [...] *ge voil saveir, se ce puet estre* [...] *veir ce quil* [...] *aient forme corporel, passible seient et mortel* [Senhor... eu quero saber se pode ser... verdadeiro que aqueles... tenham forma corporal, sejam sensíveis e mortais]. Por outro lado, ver Dante, *Inferno,* II, 15 (*sensibilmente*).

*Gloria passionis*

ças e louvores a Deus, que em honra de seu nome se dignou conduzir-nos a uma gloriosa paixão].[4]

Quem se ativer à distinção entre os termos "sofrimento" e "fervor" não terá compreendido sua relação dialética na visão cristã — pois o amor de Deus, que O levou a tomar para Si os sofrimentos dos homens, é, ele próprio, um *motus animi* incomensurável e ilimitado.[5] Esta ideia é expressa com novo vigor na literatura tardo-medieval do segundo milênio, muito embora a era dos verdadeiros mártires já estivesse bem para trás.

Numa passagem (*Sermones in Cantica*, 61, 8; *PL* CLXXXIII, 1074) outrora famosa e citada por muitos de seus contemporâneos, Bernardo de Clairvaux fala do mártir em tom que se presta à leitura em voz alta:

> *Enimvero non sentiet sua, dum illius* [Christi] *vulnera intuebitur. Stat martyr tripudians et triumphans, toto licet lacero corpore; et rimante latera ferro, non modo fortiter, sed et alacriter sacrum e carne sua circumspicit ebullire cruorem. Ubi ergo tunc anima martyris? Nempe in tuto, nempe in petra* [trata-se de um comentário sobre *Ct.* 2, 14: *columba mea in foraminibus petrae* (Pomba minha [que se aninha] nos vãos dos rochedos)], *nempe in visceribus Jesu, vulneribus nimirum patentibus ad introeundum* [...] *Non hoc facit stupor, sed amor* [...].

---

[4] Mais exemplos no *Thesaurus linguae latinae*, VI, segunda parte, 2.103, 62-4.

[5] Ainda que não seja uma *passio*, uma vez que Deus é *impassibilis*. Um diálogo amoroso do Renascimento, *Il Raverta di G. Betusi* (nos *Trattati d'amore del Cinquecento*, ed. Zonta, 39) declara: *quello affetto suo volontario non è suggetto a passione, come il nostro, non essendo in lui difetto d'alcuna cosa.* Sobre este problema, ver Tomás de Aquino, *Summa*, Ia, XX, 1.

[Pois o mártir não sentirá suas próprias feridas enquanto contemplar as de Cristo. O mártir está em pé, tripudiando triunfante, embora com todo o corpo dilacerado; e quando o ferro lhe escava o flanco, não apenas com coragem, mas também com alegria, ele vê em torno de si jorrar de sua carne o sangue consagrado. Onde, pois, está agora a alma do mártir? Por certo num local seguro, por certo na pedra, por certo nas vísceras de Jesus, feridas sem dúvida abertas para que se entre (...) Isto não é causado pela insensibilidade, mas pelo amor (...).][6]

São as chagas de Cristo que protegem o mártir e que lhe acendem a chama do amor, a fim de que possa triunfar extaticamente sobre os sofrimentos do corpo; para o mártir, elas são testemunho do amor de Cristo: *Amavit, inquam, amavit: habes enim dilectionis pignus Spiritum, habes et testem fidelem Jesum, et hunc crucifixum* [Ele amou, eu digo, ele amou. Pois tens o Espírito como penhor do amor. Tens também Jesus como testemunha fiel e o tens crucificado] (*Epist.* 108, 8; *PL* CLXXXII, 246).

A mística cisterciense, que influenciaria fortemente as correntes semelhantes dos séculos posteriores, desenvolveu-se em torno ao comentário do *Cântico dos Cânticos*. A partir de uma interpretação predominantemente alegórica e parcialmente tipológico-figural, difícil de acompanhar hoje em dia, surge a pleni-

---

[6] Compare-se Mestre Eckhart, Sermão 107 (ed. Pfeifer, 353): *Ez wundert vil menschen, wie die lieben heiligen in sô grôzer süzikeit sô grôz lîden getragen haben. Wer des wunders wil ledic werden, der erfülle daz die heiligen mit grôzem flîze erfüllet hânt unde hânt Jêsu Kristô mit inhitziger minne nâch gevolget* [Muitos se admiram do modo como os santos suportaram sofrimentos tão grandes com tanta doçura. Não deveriam admirar-se, mas sim fazer o que fazem os santos com tanto zelo quando acompanharam Jesus Cristo com amor ardente].

tude e a doçura de um amor criador. Como diz Bernardo no livro *De diligendo Deo* (3, 7; *PL* CLXXXII, 978):

> *Facile proinde plus diligunt qui se amplius dilectos intelligunt; cui autem minus donatum est, minus diligit. Judaeus sane, sive paganus, nequaquam talibus aculeis incitatur amoris quales Ecclesia experitur, quae ait "Vulnerata caritate ego sum", et rursum: "Fulcite me floribus, stipate me malis, quia amore langueo"* [Ct. 2, 5] *[...] Cernit Unicum Patris, crucem sibi bajulantem; cernit caesum et consputum dominum majestatis; cernit auctorem vitae et gloriae confixum clavis, percussum lancea, opprobriis saturatum, tandem illam dilectam animam suam ponere pro amicis suis. Cernit haec, et suam magis ipsius animam gladius amoris transverberat, et dicit: "Fulcite me floribus, stipate me malis, quia amore langueo". Haec sunt quippe mala punica, quae in hortum introducta dilecti sponsa carpit ex ligno vitae, a coelesti pane proprium mutuata saporem, colorem a sanguine Christi. Videt deinde mortem mortuam [...] Advertit terram, quae spinas et tribulos sub antiquo maledicto produxerat, ad novae benedictionis gratiam, innovatam refloruisse. Et in his omnibus, illius recordata versiculi: "Et refloruit caro mea, et ex voluntate mea confitebor ei"* [Sl. 27, 7] *passionis malis, quae de arbore tulerat crucis, cupit vigere, et de floribus resurrectionis, quorum praesertim fragrantia sponsum ad se crebrius revisendam invitet* [...].

[Facilmente amam mais aqueles que percebem que são mais amados; mas aquele a quem é dado menos ama menos. Um judeu, certamente, ou um pagão, de modo algum é incitado pelos aguilhões do amor tais quais experimenta a Igreja, que diz: "eu fui ferida pela Caridade", e também: "sustentai-me com passas, dai-me forças com maçãs, porque adoeço de amor"... (*Ct.* 2, 5). Ela vê o filho único do pai carregando consigo a cruz; ela vê o Deus da majestade, ferido e escarrado; ela vê o autor da vida e da glória fixado com pregos, perfurado com a lança, carregado de injúrias, deixar, enfim, por seus amigos aquela sua vida querida. Ela vê tudo isso e a espada desse mesmo amor atravessa sua própria alma ainda mais, e ela diz "sustentai-me com passas, enchei-me de maçãs, porque adoeço de amor". Pois estas são romãs que a noiva, introduzida no jardim do amado, colhe da árvore da vida, e que do pão celeste tiraram seu próprio sabor, e a cor, do sangue de Cristo. Então ela vê morta a morte (...) percebe que a terra, que sob a antiga maldição produzira espinhos e abrolhos, pela graça de uma nova bênção, refloriu renovada. E em meio a tudo isto, recordou-se daquele versículo: "E refloriu minha carne, e de minha vontade agradecer-lhe-ei." (*Sl* 27, 7). Ela deseja fortalecer-se com as maçãs da paixão, que trouxera da árvore da cruz, e com as flores da Ressurreição, para que seu perfume, especialmente, convide o noivo a revisitá-la mais com mais frequência (...).]

Assim como Cristo estivera ébrio do vinho do amor (*ebrius vino charitatis*) quando se sacrificara pelos homens (*Sermones de diversis* 29: *PL* CLXXXIII, 621), assim também estará a alma que se entrega a sua *passio* e *resurrectio*. Escreve um seguidor de Bernardo:[7] *Suavissimum mihi cervical, bone Jesu, spinea illa capitis tui corona. Dulcis lectulus illud crucis tuae lignum. In hoc ego nascor et nutrior, creor et recreor, et super passionis tuae altaria memoriae mihi nidum libenter recolloco* [Para mim o mais suave travesseiro, ó bom Jesus, é aquela coroa de espinhos de tua cabeça; doce leito, aquela madeira de tua cruz. Nisto eu nasço e me nutro, me crio e me recrio, e sobre os altares de tua paixão de bom grado eu faço outra vez a morada de minha memória.]

---

[7] Gilberto de Hoyland, *PL* CLXXXIV, 21, sobre *Cântico dos Cânticos* 3, 1.

*Gloria passionis*

Uma outra passagem do *Cântico dos Cânticos* que serviu de ponto de partida para a mística cisterciense da Paixão é o versículo 1, 13: *Fasciculus myrrhae dilectus meus mihi, inter ubera mea commorabitur* [Um ramalhete de mirra é para mim o meu amado]. À luz, por um lado, do vinho com mirra que se oferece a Jesus antes da Crucificação (*Marcos* 15, 23) e, por outro, da história de José de Arimateia e Nicodemo, que recolhem o cadáver de Jesus da Cruz e o envolvem num pano perfumado com aloé e mirra, interpreta-se o *fasciculus myrrhae* como figura do corpo crucificado — e, logo, da Paixão, amarga e saudável como a mirra. Ela deve permanecer para sempre entre os seios, isto é, junto ao coração da amada; em outras palavras, a Igreja e a alma devem refletir incessantemente sobre a Paixão.[8] Do mesmo modo, as uvas de Chipre do versículo seguinte (*Ct.* 1, 14: *botrus Cypri dilectus meus mihi...* [um cacho de uvas de Chipre meu amado é para mim]) são interpretadas, por causa de sua doçura, como figura da Ressurreição. O comentário de Bernardo a estes versículos — contendo uma variante, uma vez que ele interpreta o vinho com mirra como Paixão e o embalsamamento já como indestrutibilidade do corpo — deve assim ter produzido uma forte impressão; a passagem central é citada por São Boaventura e Suso:

> *Et ego, fratres, ab ineunte mea conversione, pro acervo meritorum, quae mihi deesse sciebam, hunc mihi fasciculum colligare, et inter ubera mea collocare curavi, collectum ex omnibus anxietatibus et amaritudinibus Domini mei* [...]. *Ubi sane inter tot odoriferae myrrhae huius ramusculos minime praetermittendam*

---

[8] Sobre esta tradição, ver, por exemplo, Beda, *In Cântica Canticorum allegorica expositio*, 2, 1, 4; *PL* XCI, 1.097.

*putavi etiam illam myrrham, qua in cruce potatus est; sed neque illam qua unctus est in sepultura. Quarum in prima applicuit sibi meorum amaritudinem peccatorum; in secunda futuram incorruptionem mei corporis dedicavit. Memoriam abundantiae suavitatis horum eructabo, quoad vixero; in aeternum non obliviscar miserationes istas, quia in ipsis vivificatus sum.* (*Sermones in Cantica* 43; *PL* CLXXXIII, 994)

[E eu, irmãos, ao iniciar-se minha conversão, para o acúmulo de méritos que eu sabia me faltarem, cuidei de juntar para mim e em meu peito colocar este pequeno feixe, colhido de todas as inquietações e amarguras de meu Senhor... E, de fato, entre tantos raminhos desta mirra cheirosa julguei que não devia negligenciar também aquela mirra de que lhe deram de beber na cruz nem aquela de que foi ungido na sepultura. Com a primeira delas, assumiu em si mesmo a amargura de meus pecados; com a segunda, declarou a futura incorruptibilidade de meu corpo. Vou proclamar a memória da imensa suavidade delas, enquanto eu viver. Em toda eternidade não hei de esquecer-me destas comiserações, porque por meio delas mesmas me foi dado viver.]

A partir das passagens citadas — que não são mais que simples amostras — é fácil perceber como se aproximam os sentidos de "sofrimento" e "paixão amorosa, extática e criadora"; uma investigação específica seria necessária para comentar detidamente motivos recorrentes como *ebrietas spiritus* [embriaguez do espírito], *suave vulnus charitatis* [doce ferida da caridade], *gladius amoris* [espada do amor], *pax in Christi sanguine* [paz no sangue de Cristo], *surgere ad passionem* [levantar-se para a paixão], *calix quem bibisti amabilis* [amável cálice que bebeste] etc. A inclinação à mística da Paixão tornou-se ainda mais forte nos séculos posteriores. Na mística de Bernardo, que podemos tomar

*Gloria passionis*

como clássica, a Paixão aparece sempre ligada a outros motivos amorosos, variáveis conforme a ocasião e o contexto: pode ser a vida pregressa de Cristo, a Ressurreição ou a força do Espírito Santo como testemunho do amor de Cristo. Há sempre uma certa contenção quando se trata de descrever ou tornar fisicamente visíveis os passos da Paixão e os estados extáticos correspondentes.[9] A Paixão e a mística da Paixão ganharam força e linhas mais concretas na época imediatamente seguinte. Nisso parece ter tido forte influência o milagre da estigmatização de São Francisco de Assis, e os franciscanos fizeram-se representantes da tendência: um texto famoso e revelador é o *Stabat Mater* de Iacopone da Todi, em especial os versos 25 ss. Esse influxo pode ser claramente notado até mesmo numa personalidade tão moderada como a de São Boaventura. Os exemplos são tão frequentes e disseminados em sua obra que não posso sequer indicá-los todos, mas apenas apontar os mais importantes: *Breviloquium*, parte 4, capítulo 9; o sétimo capítulo do *Itinerarium* (*De excessu mentali et mystico*); o prefácio ao escrito *Lignum vitae*; o sexto capítulo do escrito *De perfectione vitae*; dentre os escritos que antigamente lhe eram atribuídos, a *Diaeta Salutis*, 7, 7, o prefácio e a *sexta feria* das *Meditationes Vitae Christi* e as primeiras pági-

---

[9] Como exemplos notáveis da mudança do sentido de *passio* da passividade à atividade, Lerch cita (em seu ensaio "Passion und Gefühl", *Archivum Romanicum* XXII, 320 ss.) alguns textos do século XVIII (Bonnet, Wieland, Choderlos de Laclos) que falam de *passions actives*. Nas *Liaisons dangereuses*, Valmont recomenda as *passions actives* como única via para a felicidade. Mas já Bernardo de Clairvaux dizia num sermão da Paixão (*In feria quarta Hebdomadae Sanctae* II, *PL* CLXXXIII, 268) a respeito de Jesus: *Et in vita passivam habuit actionem, et in morte passionem activam sustinuit, dum salutem operaretur in medio terrae* [E em vida, teve ação passiva, e na morte manteve paixão ativa, enquanto praticava a salvação no meio da terra].

nas do *Stimulus Amoris*; muitos outros exemplos provavelmente me fogem.[10]

Em todos estes exemplos não escapará ao leitor o amplo desenvolvimento da ideia de Paixão e a conexão íntima entre "sofrimento" e "fervor", *passio* e *fervor*:

> *Christus homo hunc* (ignem charitatis) *accendit in fervore suae ardentissimae passionis — devotionis fervor per frequentem passionis Christi memoriam nutritur — transfige, dulcissime Domine Jesu, medullas animae meae suavissimo ac saluberrimo vulnere amoris tui —* animam (Mariae) *passionis gladius pertransivit — in passione et cruce Domini gloriari desidero — curre, curre, Domine Jesu, curre et me vulnera.*

> [Cristo homem acendeu este (fogo de caridade) no fervor de sua ardentíssima paixão — o fervor da devoção é alimentado pela frequente memória da paixão de Cristo — transpassa, dulcíssimo senhor Jesus, o íntimo de minha alma com a suavíssima e saudabilíssima ferida de teu amor — a espada da paixão trespassou a alma de Maria — na paixão e na cruz do Senhor desejo obter glória — corre, corre, Senhor Jesus, e me fere.]

Estas são apenas algumas frases destacadas; há muitas outras igualmente relevantes, que não podem ser citadas porque seriam ininteligíveis fora de seus contextos. *Passio* é muitas vezes substituída por *crux, vulnera, gladius* etc., bem como por algu-

---

[10] No *Ottimo Commento della Divina Commedia* encontro, a propósito de *Paradiso* XI, 118, a seguinte afirmação sobre São Francisco: *Da quella ora innanzi* [depois que Cristo se revela pessoalmente em San Damiano] *l'anima sua fu tutta liquefatta* [Cântico 5, 6], *e la passione del Crucifissu nel suo cuore fu mirabilmente fitta.*

*Gloria passionis*

mas das incontáveis imagens que a interpretação figural ou alegórica da Bíblia punha à disposição do teólogo medieval, enquanto *fervor* é substituído por *ardor, amor, ebrietas* [embriaguez], *dulcedo* [doçura], *suavitas* [suavidade], *excessus* [excesso] etc. Gostaria de dar mais um exemplo da imagética derivada da interpretação da Bíblia, desta vez do capítulo sexto de *De perfectione vitae ad sorores*; dirigindo-se a uma freira, São Boaventura parafraseia *Isaías* 12, 3 (*Haurietis aquas in gaudio de fontibus salvatoris* [Com alegria tirareis água das fontes do Salvador]):

> *Quicumque desiderat a Deo aquas gratiarum, aquas devotionis, aquas lacrymarum, ille hauriat de fontibus Salvatoris, id est de quinque vulneribus Jesu Christi. Accede ergo tu, o famula, pedibus affectionum tuarum ad Jesum vulneratum, ad Jesum spinis coronatum, ad Jesum patibulo crucis affixum, et cum beato Thoma apostolo non solum intuere in manibus eius fixuram clavorum, non solum mitte digitum tuum in locum clavorum, non solum mitte manum tuam in latus eius, sed totaliter per ostium lateris ingredere usque ad cor ipsius Jesu, ibique ardentissimo Crucifixi amore in Christum transformata, clavis divini timoris confixa, lancea praecordialis dilectionis transfixa, gladio intimae compassionis transverberata, nihil aliud quaeras, nihil aliud desideres, et nullo alio velis consolari, quam ut cum Christo tu possis mori in cruce; et tunc cum Paulo Apostolo* [Gálatas 2, 19-20] *exclames et dicas: "Christo confixus sum cruci: vivo [...] iam non ego, vivit vero in me Christus".*

[Todo aquele que deseja de Deus as águas da graça, as águas da devoção, as águas das lágrimas, que as tire das fontes do Salvador, isto é, das cinco feridas de Jesus Cristo. Então, serva, com os pés de tua afeição aproxima-te de Jesus ferido, de Jesus coroado de espinhos, de Jesus pregado no patíbulo da cruz, e com o santo Apóstolo Tomás, não apenas olhes a marca dos cravos em suas mãos, não apenas ponhas tua mão em seu flanco (*João* 20, 25 e 27), mas entra inteiramente pela passagem em seu flanco até o coração do próprio Jesus e lá, transformada em Cristo pelo ardentíssimo amor do Crucificado, pregada com os cravos do temor divino, trespassada pela lança do amor de coração, atravessada pela espada da mais profunda compaixão, nada mais busques, nada mais desejes, com nada mais te consoles do que com a possibilidade de morrer na cruz com Cristo. E então, com Paulo Apóstolo (*Gl.* 2, 19 ss.), que tu exclames e digas: "Com Cristo estou pregado na cruz. Vivo... não mais eu; mas Cristo vive em mim".][11]

---

[11] Quem quer que conheça a inclinação aos paradoxos antitéticos (algo como: *Pace non trovo, e non ho da far guerra*) na lírica amorosa europeia, dos provençais ao Renascimento, passando por Petrarca, não poderá evitar a impressão, ao ler esses textos místicos medievais, de que os grandes paradoxos da Paixão proveram o solo fértil sobre o qual viriam a se desenvolver estas formas posteriores. Muito embora o texto seguinte seja comparativamente tardio (ele provém do *Stimulus Amoris*, segunda metade do século XIII, portanto contemporâneo da ascensão do *stil nuovo*), motivos semelhantes são encontráveis muito antes: *Si ergo, anima, carnem diligis, nullam carnem, nisi carnem Christi ames. Haec enim pro tua, et totius humani generis salute, est super aram crucis oblata, cujus passionem in corde rumines quotidie. Hujus enim passionis Christi meditatio continua mentem elevabit.* [...] *O passio desiderabilis! O mors admirabilis! Quid mirabilius, quam quod mors vivificet, vulnera sanent, sanguis album faciat, et mundet intima, nimius dolor nimium dulcorem inducat, apertio lateris cor cordi conjugat? Sed adhuc mirari non cesses, quia sol obscuratus plus solito illuminat, ignis extinctus magis inflammat, passio ignominiosa glorificat. Sed vere mirabile est, quod Christus in cruce sitiens inebriat, nudus existens virtutum vestimentis ornat, sed et ejus manus ligno conclavatae nos solvunt, pedes confossi nos currere faciunt* [Se então, ó alma, amas a carne, nenhuma carne amarás a não ser a carne de Cristo. Pois pela tua salvação e a de todo o gênero humano, ela foi sacrificada sobre o altar da cruz, para que medites sobre este sofrimento todo dia. Pois a meditação contínua sobre esta paixão de

*Gloria passionis*

Não é apenas a aproximação de "sofrimento" e "fervor", de *passio* e *fervor* que nos parece significativa nesses textos, mas justamente a busca simultânea de ambos, *desiderium et gloria passionis*.[12] Em contraste com todas as noções antigas, em especial com a estoica, a *passio* é louvada e procurada. A vida e a estigmatização de São Francisco de Assis realizam de forma concreta a união de "sofrimento" e "fervor", a passagem mística de uma para a outra. Este amor apaixonado leva, através do sofrimento, ao *excessus mentis* [arrebatamento do espírito] e à união com Cristo: quem não vive a *passio* não pode alcançar a Graça, quem não se abandona compassivamente à Paixão do Salvador vive no "endurecimento do coração" [*obduratio cordis*], e são frequentes nos tratados místicos as indicações para os que desejam superar esse estado. Assim, por importante e decisivo que seja o critério de Lerch[13] — a ativação da *passio* —, ele não deveria ser utilizado indiscriminadamente. A atitude da alma é antes dinâ-

---

Cristo elevará a mente. (...) Ó sofrimento desejável!, ó morte admirável! O que há de mais admirável do que a morte trazer vida, as feridas curarem, o sangue tornar branco e limpar internamente, a dor excessiva trazer doçura excessiva, a abertura do flanco unir coração ao coração? Mas não deixes de te admirar ainda, pois o sol encoberto ilumina mais que de costume, o fogo apagado mais se inflama, a paixão vergonhosa traz a glória. É verdadeiramente admirável que Cristo na cruz sedento nos embriague, que estando nu nos adorne com as vestes das virtudes e ainda que suas mãos pregadas na madeira nos libertem e que seus pés trespassados nos façam correr].

[12] A respeito, ver ainda o décimo-quarto capítulo do *Horologium sapientiae* de Suso (J. Strange, org.). Há que ter em mente que, neste texto, a rosa é símbolo da felicidade celestial — cf. M. Gorce (org.), *Le Roman de la Rose*, pp. 29-36. A mística da Paixão também é altamente desenvolvida entre as místicas alemãs como Mechthild de Magdeburg e Margaretha Ebner.

[13] Em seu estudo já citado; ver nota 9.

mico-potencial, antes predisposta à recepção e ao anseio do que propriamente ativa — sua atitude é a de uma noiva. Por tempestuoso que seja o anseio amoroso, por ardente que seja o autoabandono da alma, é sempre Cristo — ou a Graça divina — que age, que arrebata violentamente a alma e do qual parte, portanto, a atividade. As feridas do amor, o *fervor spiritus* [fervor do espírito], a *unio passionalis* [unidade passional] são sempre uma dádiva da Graça divina; podemos preparar-nos para ela, podemos desejá-la e orar por ela, podemos chegar a um anseio tão violento que sua consumação se torne forçosa — tal como Jacó vencera o anjo —, mas isto só mostra que a Graça já estava presente no fiel:

> *Regnum coelorum violenza pate*
> *Da caldo amore e da viva speranza*
> *Che vince la divina volontate;*
>
> *Non a guisa che l'uom all'uom sobranza*
> *Ma vince lei perchè vuol esser vinta,*
> *E vinta vince con sua beninanza.*

> *Regnum coelorum* só se deixa dobrar
> Pelo amor ardente e pela viva esperança
> Que vence a vontade divina;
>
> Não como um homem é vencido por outro,
> Ela vence porque quer ser vencida,
> E, vencida, vence por sua benevolência.

(Dante, *Paraíso* XX, vv. 94 ss.)

Neste sentido, as *passiones* são e permanecem algo que se impõe e a assedia — de modo fiel à etimologia e à tradição aristotélica. O aspecto novo e de certa maneira ativo da noção cristã consiste na espontaneidade e no amor criador que a *passio* inflama (o que, afinal, é também aristotélico); mesmo assim, ela provém sempre dos poderes sobre-humanos — das profundezas como das alturas —, ela é sempre recebida e suportada como uma dádiva magnífica ou terrível.

O alcance do juízo "positivo" sobre a *passio* no êxtase místico-amoroso deve igualmente ser tomado com prudência. Todo o pensamento cristão — e especialmente as ideias místicas — é submetido a uma polaridade contraditória: o amor divino é também um tormento amoroso, pois Deus é poderoso demais para a alma; nas palavras de Rilke, *nähme er sie ans Herz, sie verginge von seinem stärkeren Dasein* [e mesmo que (o anjo) a acolhesse em seu coração, ela sucumbiria à sua existência mais forte] — ela morreria de amor, em tormento e enlevo simultâneos. Como ilustração, cito alguns versos de Iacopone da Todi, de seu *Cantico dell'amor superardente*:[14]

> *Amor de caritate — perchè m'hai sì ferito?*
> *Lo cor tutt'hò partito — ed arde per amore.*
> *Arde ed incende, nullo trova loco*
> *non può fugir però ched è legato;*
> *sì se consuma como cera a foco*
> *vivendo mor, languisce stemperato;*
> *demanda de poter fugire un poco,*
> *ed in fornace tròvase locato.*
> *Oimè, do' so menato? — a sì forte languire?*
> *Vivendo sì, è morire — tanto monte l'ardore!*
> *'Nante che el provasse, demandava*
> *Amare Cristo, credendo dolzura:*
> *en pace de dolceza star pensava,*

---

[14] *Bari*, ed. G. Ferri, 1930.

*for d'ogni pena possedendo altura;*
*provo tormento qual non me cuitava,*
*che'l cor se me fendesse per calura:*
*non posso dar figura — de que veggio sembianza,*
*chè moio en delettanza, e vivo senza core.*

> Amor de caridade — por que me feriste assim?
> O coração tenho todo partido — ardendo por amor.
> Ardendo e queimando, sem encontrar refúgio
> não pode fugir porque está atado;
> consumindo-se como cera ao fogo
> se vive mais, sofre destemperado;
> clama por fugir um pouco,
> mas na fornalha se acha preso.
> Ai de mim, aonde sou levado por tão forte sofrer?
> Viver assim é morrer — tão grande é o ardor!
> Antes de prová-lo, eu almejava
> Amar a Cristo, à espera de doçura:
> em doce paz pensava estar,
> livre de toda dor, ganhando altura;
> provo tormento, sem suspeitar
> que o coração se me partisse de calor:
> não tenho imagem que se assemelhe ao que vejo,
> pois morro de enlevo, e vivo sem coração.

Sabe-se muito bem que todos estes motivos também podem ser encontrados na lírica amorosa profana — por vezes com tal intensidade que se pode duvidar do caráter profano do poema: não amar é indigno de um coração nobre; o amor é a via para o conhecimento e as virtudes; o amor é tanto encantamento quanto tormento; "sofrimento" e "fervor" são uma coisa só; não é apenas o anseio que faz sofrer o amante, mas também a proximidade do amado, sua saudação e suas palavras abalam de tal forma o amante que este pensa estar à morte. Todos estes são motivos conhecidos da lírica amorosa; ainda que mais e mais secularizados e superficiais, eles se conservaram desde os provençais, passando por Petrarca e Dante, estendendo-se até os tempos modernos, ressurgindo sempre que um forte movimento místico se faz ouvir. Mesmo quando de origem anterior, a linguagem figurativa da mística cristã, as imagens de incêndio, ferimento, perfuração, ebriedade, prisão, martírio etc. retêm em qualquer contexto um tom especificamente místico: Fra Francesco Tresatti da Lugnano, que editou os poemas de Iacopone da Todi no começo do século XVII, cita passagens paralelas aos versos de seu autor nos poetas profanos posteriores (Petrarca, Bembo etc.).

Creio portanto — e o leitor a esta altura já terá percebido — que a mística da Paixão, com sua aproximação de *passio* e êxtase, acabou por ter influência também sobre o desenvolvimento da noção moderna de "paixão"; ela tornou a *passio* mais próxima do nosso conceito, dando-lhe assim vantagem sobre a expressão concorrente, *affectus*. A partir da mística da Paixão, o conceito moderno pôde aprofundar o conceito de "sofrimento", que agora deve igualmente abranger o encantamento e o enlevo — em suma, o que Eckhart denominava *inhitzige minne*, amor ardente.

## Dante e Virgílio

> "forse cui Guido vostro ebbe a disdegno."
>
> *Inferno* X, 63

Ninguém afirmaria hoje que a tradição antiga entrou em decadência com as migrações bárbaras e só se reergueu por obra dos humanistas: a latinidade clássica do final da República e da era de Augusto já não esgota para nós a Antiguidade, e esforçamo-nos por encontrar outros traços de sua sobrevivência além do latim ciceroniano e do ecletismo filosófico. Ao contrário, a história e a vida espiritual da primeira Idade Média parecem confirmar a influência muitas vezes difusa, mas por fim vitoriosa, de ideias e instituições antigas, sua reelaboração muitas vezes disparatada, mas por isso mesmo profundamente histórica e orgânica. Quanto mais nos damos conta de que a história das línguas românicas constitui a verdadeira história do latim, de que o latim clássico é uma construção artificiosa e de que sua imitação é uma empresa estética e historicista, à medida que vemos claramente a arte medieval como continuação, reelaboração e transformação incessantes da tradição antiga e mediterrânea, maior é a tendência em todos os campos da medievalística a interpretar esses fenômenos como signos de uma tradição antiga ininterrupta, ora tênue, ora desfigurada, mas afinal de contas dominante, isto é, de uma espécie de Antiguidade vulgar, se o termo for aceitável. Tal como a noção polêmica de latim vulgar, o termo não tem qualquer conotação sociologicamente pejorativa e não se refere apenas à tradição ou ao latim da gente mais pobre, mas meramente ao elemento inconsciente, histórico e orgânico, em contraste com o consciente, historicista e erudito.

É evidente que, na Antiguidade vulgar, os autores clássicos e seus textos são de significado menor, uma vez que essa sobrevivência do antigo não se dá por meio da leitura e do estudo, mas sim de instituições, de hábitos e da tradição oral; sua característica decisiva, ao contrário da fidelidade textual e da rememoração historicista, é a reelaboração incessante do material herdado e o esquecimento de suas origens. O que de fato se interrompeu foi a educação e erudição letrada; dos grandes autores antigos conservou-se, quando muito, uma imagem incoerente e cada vez mais pálida. Virgílio constitui a única exceção; é bem verdade que as informações sobre sua vida e sua obra são confusas e imprecisas, e ambas sofrem reelaborações estranhas e inesperadas, como de resto acontece com toda a massa da tradição antiga; mas alguns de seus elementos essenciais permanecem vivos: Virgílio converte-se num personagem de lendas populares que, apesar de toda a distância, jamais se desliga totalmente da figura original e que finalmente, nas feições que adquire na obra de Dante, reaparece com uma verdade mais profunda e uma fidelidade mais integral do que a pesquisa erudita e minuciosa teria logrado alcançar. Esse destino excepcional, incomparável ao de qualquer outro autor antigo, logo despertou o interesse da investigação moderna; já na década de 1830, isto é, quando ninguém pensava em se ocupar com a sobrevivência da Antiguidade no período medieval, surgiu um bom número de escritos a respeito, que Domenico Comparetti resumiu em seu livro *Virgilio nel Medio Evo*, publicado em 1872 e ainda hoje muito lido e citado; sua erudição e conhecimento do material é, contudo, prejudicada por preconceitos políticos, bem como pela falta de distinções internas e externas na portentosa noção de "Idade Média".

Essa situação quase paradoxal de Virgílio — um poeta culto, erudito, de posição social elevada e nem de longe popular, no sentido costumeiro do termo, que se converteu em poeta popular e, finalmente, em personagem lendário — tinha causas externas. Virgílio fora o poeta do Império Romano; substituíra o velho sentimento patriótico romano, preso aos limites da cidade-Estado e às virtudes do camponês itálico, pela ideologia da missão universal de Roma; consumara a ligação do presente político com os primórdios mitológicos do mundo antigo e criara o mito de um curso da história ordenado pela providência divina e culminando na *pax romana*, a paz universal sob domínio cesarista. Esse seu significado garantiu-lhe lugar e destaque no ensino elementar, ao menos enquanto se sustentou o Império do Ocidente. Nesse ínterim, Virgílio alcançou também uma espécie de popularidade mecânica, uma vez que o ensino da gramática apoiava-se muitas vezes em exemplos tirados de seus textos ou no comentário de suas obras. A prática escolar manteve-o vivo mesmo na época — é verdade que não muito prolongada — em que o conteúdo efetivo de sua poesia parecia despido de significado. Essa época foi breve, e é bem possível que em muitas regiões italianas — em Nápoles com certeza — esse conteúdo jamais tenha se perdido. O sonho de um império romano foi logo retomado pelos povos bárbaros, e sua conjunção com planos políticos e visões apocalípticas durante toda a Idade Média tem sido bastante pesquisada ultimamente. Essa conjunção deriva da dupla posição de Roma como detentora tradicional do poder terreno e sé dos sucessores de Pedro. Mais uma vez, Virgílio parecia legitimar a ideia do *sacrum imperium* e demonstrar a continuidade providencial da história mundial. A interpretação alegórica, tão importante para o espiritualismo da Antiguidade tardia e de toda a Idade Média, apossara-se de sua obra e já desde o século IV encontrava uma profecia do retorno de Cristo nos versos da quarta écloga que anunciam o raiar de uma nova e bem-aventurada idade do mundo. Aos poucos, e à maneira da Sibila, Virgílio tornou-se um profeta pagão, um cristão velado ou, ao menos, um anunciador inconsciente e inspirado da verdade divina. Sua fama de poeta a quem foi revelada uma sabedoria profunda e secreta preparou e reforçou esse engano piedoso; a descida ao mundo ínfero, no sexto livro da *Eneida*, bem como os mitos escatológicos entremeados em toda sua poesia envolveram sua pessoa com o nimbo do mago, servido pelos espíritos de cima e de baixo; na tradição napolitana (cujos traços viriam a se disseminar), ele se tornou uma espécie de santo ou espírito protetor da cidade, um autêntico feiticeiro, cuja magia grandiosa e benfazeja servia a fins puramente práticos. Em toda parte era tido como visionário e profeta de Cristo, crença que explica a influência que exerceu sobre a especulação histórica da Idade Média tardia. O poeta do Império Romano e anunciador da ressurreição de Cristo parecia ser uma testemunha do fim dos tempos; o Salvador surgira quando o tempo se consumara, quando o mundo encontrara a paz sob o domínio de César; e o mundo terreno estaria purificado e pronto para a volta de Cristo quando tornasse a viver em paz, novamente unificado sob domínio imperial. Assim reza, de modo geral, essa doutrina, ardorosamente defendida mesmo à época do declínio definitivo do Sacro Império Romano Germânico. Entre os escritos polêmicos que a postularam, a *Monarquia*, de Dante, é o mais famoso e importante, e uma das várias vertentes da *Comédia* é a defesa do império mundial virgiliano.

Nesse meio-tempo, um outro aspecto de Virgílio, agora propriamente artístico, tornara-se perceptível e acessível. É significativo e revelador que a poesia dos trovadores não tivesse qualquer débito direto para com os poetas antigos então conhecidos, que mesmo Ovídio só lhe fornecesse temas — mas que seu encontro com Virgílio criasse a poesia da *Divina comédia* e, com isso, o acontecimento mais decisivo na história da poesia desde a Antiguidade. "*Tu se'solo*", diz Dante a Virgílio, "*colui da cu'io tolsi/ lo bello stilo che m'ha fatto onore*" [Foi de ti apenas que tirei/ o belo estilo que me trouxe honra]. Completa-se assim o círculo da fortuna virgiliana. Era filho de camponeses de um lugarejo nas proximidades de Mântua; os primeiros temas de sua poesia são rurais; a simplicidade pura e rematada da terra itálica e os hábitos de vida comedidos acompanharam-no mesmo quando chegou ao ápice da ascensão social, e esse espírito está presente na profundidade erudita e mítica de suas obras. Sua poesia refinada e embebida de doutrinas secretas dos povos mediterrâneos foi tão ao encontro do gosto geral que por muitos séculos serviu de norma da língua materna para as crianças e ainda inflamava a imaginação humana mil anos após a morte de seu autor. E quando os povos modernos criaram sua própria poesia, foi a força da forma virgiliana que ligou as novas energias entre si e à tradição europeia. Para demonstrá-lo, é necessário esclarecer a essência da educação poética que Virgílio representou para Dante. Dante provém de uma corrente da poesia italiana que ele mesmo batizou *dolce stil nuovo* e que encantou seus contemporâneos ao surgir repentinamente, com um grau de refinamento que não tem paralelo na história da poesia. A Itália permanecera alheia à floração da poesia medieval em solo francês, alemão e espanhol no primeiro quarto do século XII: não houve ali, exceção feita a imitações tardias e insignificantes, nem epopeia popular, nem romance cortesão, nem poesia trovadoresca. Apenas no século XIII surgiu, na Itália central e sob influxo franciscano, uma forma local de poesia devocional popular, as louvações. E também na segunda metade do século XIII surge a poesia amorosa e aristocrática do *stil nuovo*, à qual pertence a poesia juvenil de Dante e da qual igualmente provém a *Comédia*. As fontes do novo estilo, que é uma variante da poesia trovadoresca, estão na lírica provençal, sobretudo em seus últimos poetas, que se dedicaram a uma complicada dialética do sentimento em imagens obscuras e estranhas, ao contrário do frescor comparativamente ingênuo e aparentemente espontâneo de seus predecessores. Também a poesia do *stil nuovo* italiano é obscura; sua obscuridade parece menos caprichosa, mais sistemática e mais presa aos métodos da filosofia escolástica de sua época — sem prejuízo do fato de que a maioria e sobretudo os mais belos desses poemas são tão difíceis de interpretar que muitos estudiosos inclinaram-se a supor que houvesse ali alguma linguagem secreta ainda por ser decifrada e destinada a ocultar ideias perigosas para os poderes eclesiásticos e seculares. Os poemas juvenis de Dante também são difíceis de entender, e mesmo alguns dos mais famosos, que quase todos conhecem e entendem de modo puramente intuitivo, parecem mais difíceis de interpretar quando são cotejados com poemas de outros autores, que exprimem ideias semelhantes de modo estranhíssimo. Mas mesmo aí Dante destaca-se fortemente de seus companheiros. Mesmo quando visa um sentido alegórico ou vários níveis de sentido alegórico, Dante não desdenha o sentido literal e a intuição sensível de modo tão absurdo quanto eles; o sentido literal propicia quase sempre uma visão poética, e os elementos obscuros parecem menos deliberadamente ocultos que latentes, de modo que nós os captamos já no nível literal e sentimos seu efeito antes mesmo de interpretá-los com precisão. Revela-se aí a força poética do gênio dantesco, e eu não gostaria de atribuir à influência de Virgílio o que se deve ao talento natural de Dante. Mas esse talento fantástico, muito superior ao de todos os contemporâneos, mostra-se também no modo como ele absorve e utiliza o legado imaginativo do passado. A Antiguidade não significa nada para os outros poetas do *stil nuovo*, e para os eruditos da época ela não é mais que matéria de estudo, lacunar e obscura. Este último ponto também vale para Dante, que, dos companheiros de *stil nuovo*, foi o que mais pôs empenho e método em se transformar num erudito; mas sua erudição traz todas as marcas da época: uma tradição textual obscura e acidentada, que se aceita sem provas de valor e autenticidade; incapacidade de indagar condições e pressupostos históricos da Antiguidade; métodos medievais de interpretação alegórica. Em que pese tudo isso, os autores antigos, e sobretudo Virgílio, significavam algo mais para Dante e apenas para ele: a saber, uma doutrina artística. Pela primeira vez em muito tempo, uma leitura incessante fez que a voz poética de Virgílio ressoasse a um espírito como o de Dante, receptivo como poucos às nuanças da linguagem e do verso; para ele, tornou-se impossível escrever poesia sem ouvir aquela voz. Ela lhe deu algo que o *stil nuovo* não tinha e que muito lhe fazia falta: a simplicidade. A pureza ingênua da expressão já se perdera no trovadorismo provençal, que se transformara numa poesia erudita, sobrecarregada de tradição, que apresentava situações e sentimentos sutis numa terminologia muito artificiosa e inteiramente regrada por convenções. No *stil nuovo* italiano, a tendência ao artifício e ao hermetismo ganhara ainda mais ímpeto; a sensibilidade aristocrática dos poetas italianos, devida, em parte, a sua origem social — quase todos provinham dos círculos dirigentes da respectiva cidade natal —, em parte, a sua espiritualidade pouco acessível, manifesta-se em suas formulações antitéticas e extremas, no amor à imagem obscura e no esforço de definição quase escolástica das noções centrais da servidão amorosa. Dante aprendeu com Virgílio a arte da expressão genuinamente poética do pensamento, na qual a ideia, a exposição didática não constitui um corpo estranho, que estorva e tolhe a poesia, mas se funde ao teor mitopoético e penetra a própria substância poética. Ao contrário de certa opinião moderna, muito difundida e talvez não tão moderna assim, que preferiria descartar o elemento didático da *Comédia* como não poético, isolar as passagens genuinamente poéticas e desfrutá-las como tais, deve-se sublinhar com toda ênfase que não há, na *Comédia*, nenhuma passagem exclusivamente poética no sentido moderno do termo; que, para Dante, a beleza poética coincide com a visão da verdade divina e que, portanto, o saber legítimo é tão belo quanto é verdadeira a beleza legítima; e cada verso de seu grande poema é regido por essa estética. Nessa sua versão particular, ela deriva da alta escolástica, mas é a Virgílio que Dante deve a sua aplicação prática, a fusão efetiva de saber e forma poética. Para ele, Virgílio foi tanto sábio como poeta, e pouco importa saber em que medida ele se enganava a respeito; se Dante volta e meia comete equívocos de detalhe, o conjunto de sua visão é bem mais correto do que nos acostumamos a pensar. A doutrina contida na obra de Virgílio — o vínculo entre as origens e os fins da história mundial regida pela providência, a missão terrena de Roma, a profecia da vinda de Cristo — não era exposta de maneira dogmática ou alegórica, mas perpassava a visão dos episódios narrados; a sabedoria dos deuses penetrava as imagens da vida e não exigia nenhum esforço dogmático para ganhar contornos nítidos; e a sublime arte verbal, por mais que obedecesse às regras fixas da tradição, era de efeito simples, despida de enigmas, e se oferecia tanto à meditação mais profunda como ao entendimento inculto e mesmo infantil — certamente de modo diverso, mas não por isso menos integral, em seus próprios termos. A simplicidade na expressão do sublime, a ausência de gravidade meramente artificiosa, a perfeita absorção da doutrina no episódio significativo afirmaram-se para Dante como exemplo do estilo nobre a que ele aspirava; sob o influxo de Virgílio, ele livrou a poética do *stil nuovo* de todo seu hermetismo pedante e esnobe; se a *Comédia*, a despeito das dificuldades de interpretação do conteúdo e do significado, raras vezes sofre de obscuridade formal, se suas orações e articulações parecem firmes e unívocas, se suas metáforas são quase sempre concretas e visuais, tudo isso se deve ao olho e à mão de Dante — mas que esse talento tenha encontrado seu caminho sem se perder no abstrato, no caprichoso e no fragmentário, como aconteceu a seu genial amigo Guido Cavalcanti, é mérito da voz de Virgílio. O tema e o temperamento de Dante não lhe permitiram alcançar a pureza leve e límpida de seu mestre, que ele entretanto supera de longe em altivez apaixonada; mas os dois homens têm em comum o vínculo genuíno com o real e o senso natural de ordem, que confere às orações a marca do necessário, do imutável e do lapidar.

Havia ainda um aspecto da obra de Virgílio que servia de fundamento a uma afinidade natural com a poesia trovadoresca e, em especial, com suas formas tardias, mais fortemente reflexivas: o romance de Dido. A Antiguidade não conheceu a noção de amor sentimental e quase transcendente que a poesia trovadoresca criou; de modo mais natural, impessoal e frio, ela o representa como o mais poderoso dos instintos, mas não mais que um instinto — nem mesmo o desvario amoroso ganha feições sentimentais. A história de Dido na *Eneida* é uma exceção ou, melhor, prepara a transformação futura. O elemento pessoal, sentimental e romanesco de sua tragédia amorosa estava mais próximo da *hohe Minne*[1] que, por exemplo, a poesia amorosa de Ovídio; ao mesmo tempo que a história de Dido reaproximava a poesia trovadoresca do concreto e do pessoal. No *stil nuovo*, o tema central — o amor — mal conservara alguma coisa de real, ocultava-se por completo sob abstrações e fora sublimado a tal

---

[1] Literalmente, o "amor elevado", característico da lírica amorosa praticada nas cortes medievais alemãs. [N. T.]

ponto que sua substância se esvaíra; o episódio de Francesca da Rimini só podia ser obra de um poeta que tivesse encontrado a chave para tal arte no livro quarto da *Eneida*.

Mas Virgílio não é apenas professor e mestre de Dante em matéria de poesia, ele é também seu guia no mundo ínfero e na Montanha do Purgatório e, portanto, uma das três personagens principais do grande poema. É ele que aparece a um Dante perdido e aflito, para guiá-lo de volta à luz; Beatriz o convocou do Limbo, lugar dos sábios e heróis pagãos, para essa missão de resgate. Que ideia estranha para nossa sensibilidade! Para trazer um cristão extraviado de volta ao bom caminho, levá-lo à bem-aventurança eterna e prepará-lo para a visão de Deus, as dispensadoras da graça celeste enviam um poeta pagão: essa missão evidencia o lugar único que Virgílio ocupou na Idade Média, conforme discutimos mais acima, e o papel que Dante lhe atribui na *Comédia* significa uma síntese e um amálgama de todas as lendas e tradições com que treze séculos haviam cercado e, ao mesmo tempo, encoberto sua pessoa; a própria pessoa torna-se novamente uma unidade concreta, inegavelmente muito diversa da figura histórica original, mas ainda assim uma transformação histórica derivada daquela figura, que permanece claramente discernível.

Na *Comédia*, Virgílio é sobretudo um sábio; conservou até mesmo o nimbo do mago das crenças populares, pois conhece os caminhos do mundo ínfero, conhece os espíritos dos abismos e tem poder sobre eles. Mas tal poder só lhe vem do Deus cristão, a fim de que possa cumprir a missão cristã de preparar uma alma para a salvação. Os conhecimentos ocultos que a Sibila transmite ao herói de Virgílio no sexto livro da *Eneida*, do qual Dante tomou vários motivos míticos, são agora parte da ordem divina; muito embora não participe da Redenção, pois não teve fé quando em vida, Virgílio é considerado digno da grande tarefa que lhe atribuem; na verdade, ele é predestinado a cumpri-la: foi o único pagão a vincular a visão da boa ordem terrena ao prenúncio do renascimento do mundo pela vinda de Cristo, permanecendo ele mesmo em meio às trevas, mas iluminando os pósteros. Por isso Virgílio representa, melhor e mais cabalmente, a eterna sabedoria de Deus, tal como se manifesta no curso da história do mundo. Na doutrina de Dante, como já vimos, Roma fora desde sempre eleita *caput mundi* e o Imperador, soberano de todo o mundo; Cristo surgira quando o império mundial de Roma assentara-se com toda firmeza; essa forma política, a monarquia mundial romana, encarna a justiça terrena, a paz na terra, e por essa via é premissa e condição do reino celeste. Nela se realiza tudo o que podem a sabedoria e a justiça terrenas; tão logo entram em cena a fé no Salvador, o amor cristão e a esperança na bem-aventurança eterna, tais como se mostram aos homens na revelação e na encarnação de Cristo, o mundo terreno chega a seu estado ideal e os homens passam a viver sob uma ordem verdadeira, conforme à vontade divina, que prepara a salvação eterna — ao passo que a desagregação do mundo unido e pacificado pelo império força os homens a viver em delito e injustiça, perturba a ordem em todas as classes e esferas da vida e assim ameaça a salvação dos indivíduos. Nessa doutrina política, que se explica pela situação contemporânea e que volta suas armas contra as pretensões de domínio universal do papado na mesma medida em que se opõe ao particularismo dos príncipes e das cidades, Virgílio ocupa um lugar importante; como poeta do império e da missão romana, como profeta da renovação do mundo pelas mãos de Cristo, ele é o símbolo da sabedoria como vislumbre da boa ordem terrena e prenúncio da ordem celestial — e por isso pode guiar o poeta em seu caminho de ascensão e preparação até o limiar do reino dos céus, que só a revelação e a fé podem desvelar.

Com isso circunscrevemos, no essencial, o papel de Virgílio na *Comédia*, sem, todavia, sequer comentar o sistema de múltiplos significados entrelaçados, o que exigiria interpretações mais minuciosas e nos levaria rapidamente ao coração da polêmica especializada. Mas Virgílio não é apenas o portador de um significado, o símbolo de uma ideia sublime e universal: na *Comédia*, ele é um vivente, por mais que, *de jure*, seja a sombra de um morto; seu perfil pessoal, assim como apareceu a Dante, é visível em toda parte.

Dante era dono de um senso aguçado de gratidão; mais que isso, tinha necessidade de ser grato — em especial para com aqueles a quem devia algo de espiritual, numa variante da reverência romana à tradição, da *pietas* virgiliana. Prova disso, na *Comédia*, são a cena com Brunetto Latini e o encontro com os poetas Guido Guinizelli e Arnaut Daniel, entre muitas outras passagens — e sobretudo, no começo do poema, as palavras de saudação a Virgílio, o salvador. Mas talvez o mais belo e terno seja o amor com que Dante procura reconstruir, das trevas dos séculos, o objeto de sua gratidão. *O anima cortese mantovana* — assim Beatriz se dirige a ele, e essa *cortesia*, a grande virtude dos correligionários do *stil nuovo*, ganha na pessoa de Virgílio um âmbito bem mais amplo que na terminologia daqueles poetas líricos. Ela significa a dignidade interior, sempre disposta ao bem, por mais que lhe seja interdito gozar de seus frutos — pois Virgílio está excluído do reino de Deus. O que ele faz para Dante e, portanto, para o reino de Deus, ele o faz por uma *cortesia* nutrida pelo entendimento e pela modéstia, por uma grandeza de ânimo altruísta e autônoma, que não espera mais proveito que a própria consciência e a aprovação dos bons homens. Mais do que todos os outros personagens da *Comédia*, Virgílio deve a si mesmo a sabedoria e a virtude que tem; coragem e brandura, moderação e juízo firme, sabedoria soberana e ao mesmo tempo humilde configuram nele uma humanidade paternal que se revela em cada palavra e em cada gesto; Dante conferiu à imagem de Virgílio a simplicidade de um homem que atingiu o grau máximo do refinamento humano, a mesma simplicidade que nos fascina na obra virgiliana e, por isso, a despeito de todos os equívocos de raiz medieval, essa imagem é verdadeira. Mas Dante não se deu por satisfeito com expressar explicitamente, em várias passagens, o amor mútuo que o unia a seu mestre: criou ainda um personagem em posição análoga à sua e cujo encontro com Virgílio reflete, como num espelho, o caráter dos personagens e as relações em pauta. O personagem é Estácio, o poeta da *Tebaida*, que viveu na segunda metade do primeiro século cristão. Ele vem ao encontro dos dois viajantes no quinto círculo do Purgatório; não os conhece e, portanto, não sabe que está diante da sombra de Virgílio. Questionado sobre seu destino, responde com um elogio de Virgílio, a quem ele deve sua fama poética e sua conversão secreta (inventada por Dante) ao cristianismo. Virgílio faz sinal para que Dante se cale; mas um gesto involuntário de Dante já revelou a verdade a Estácio, que se põe de joelhos diante de Virgílio. "Irmão", diz Virgílio, "não faças isso; tu és uma sombra, e é uma sombra o que vês." Enquanto se levanta, Estácio responde: "Tens agora a medida de meu amor por ti, pois esqueço que não somos nada e me ajoelho diante de uma sombra como diante de um homem vivo".[2]

---

[2] Auerbach traduz livremente os versos de *Purgatório* XXI, 131-6: "'*Frate,/ non far, ché tu se' ombra e ombra vedi'./ Ed ei surgendo: 'Or puoi la quantitate/ comprender de l'amor ch'a te mi scalda,/ quand'io dismento nostra vanitate,/ trattando l'ombre come cosa salda'*". [N. T.]

## Os apelos ao leitor em Dante

*a Rudolf Bultmann, septuagenário*

Há cerca de vinte passagens na *Comédia*[1] nas quais Dante, interrompendo a narrativa, dirige-se ao leitor, instando-o a compartilhar as experiências e os sentimentos do poeta, a testemunhar algum evento milagroso, a notar alguma peculiaridade de conteúdo ou estilo, a intensificar sua atenção para o verdadeiro sentido, ou mesmo a interromper a leitura caso não esteja devidamente preparado para prosseguir. A maioria das passagens em questão é altamente dramática, manifestando, em relação ao leitor, ao mesmo tempo a intimidade de um irmão e a superioridade de um profeta doutrinador. O professor Hermann Gmelin, que as arrolou e discutiu em artigo recente,[2] está correto ao afirmar que tais apelos ao leitor são um dos traços estilísticos mais significativos em Dante e que revelam uma nova relação entre o leitor e o poeta.

---

[1] No *Inferno*: VIII, 94-6; IX, 61-3; XVI, 137-42; XX, 19-24; XXII, 118; XXV, 46-8; XXXIV, 22-7. No *Purgatório*: VIII, 19-22; IX, 70-2; X, 106-11; XVII, 1-19; XIX, 98-103; XXXI, 124-6; XXXIII, 136-9. No *Paraíso*: II, 1-18; V, 109-14; X, 7-27; XXII, 106-11. Gmelin acrescenta *Paraíso*: IX, 10-2 e XIII, 1-12.

[2] *Deutsches Dante-Jahrbuch* XXIX-XXX, Weimar, 1951, pp. 130-40.

Com efeito, é difícil encontrar algo semelhante na literatura europeia anterior. Apelos formais ao leitor jamais eram usados na poesia épica antiga, como a de Virgílio ou de Lucano. Não eram ignorados em outros gêneros poéticos, mas jamais alcançavam o nível de dignidade e intensidade que se vê em Dante. Ovídio dirige-se ao leitor com razoável frequência, sobretudo nos *Tristia* [Cantos tristes],[3] desculpando-se, clamando por piedade ou agradecendo o favor dos leitores, que garantirá glória eterna ao poeta. Apelos assim são ainda mais frequentes nos *Epigramas* de Marcial,[4] que sabe criar uma atmosfera de intimidade espirituosa e polida com seu público. Há mesmo algumas passagens sobre sua fama literária de tom um pouco mais sério e solene;[5] mas ele sempre toma seu leitor por patrono, e sua atitude é a de um homem cujo objetivo principal é conquistar o favor dos leitores. Ocorrem alguns apelos casuais nas *Metamorfoses* de Apuleio[6] e em *Fedro*.[7] Isso é tudo, tanto quanto sei. Talvez possamos incluir aqui algumas inscrições funerárias, como o famoso epitáfio de uma dona de casa: *hospes quod deico, paullum est, asta*

---

[3] Exemplos: I, 7, 32; I, 11, 35; IV, 1, 2; IV, 10, 131; V, 1, 66.

[4] Exemplos: I, 1; I, 113; II, 1; IV, 55, 27; IX, prólogo e 5; X, 2; XI, 16; XI, 108.

[5] Exemplo: X, 2.

[6] Exemplos: I, 1, 16; X, 2, 12; XI, 23, 19.

[7] Livro II, prólogo; IV, 7, 21. O *favete linguis* [fazei silêncio] de Horácio será mencionado mais adiante. W. Ehlers, da equipe editorial do *Thesaurus Linguae Latinae*, gentilmente respondeu a uma consulta minha com uma lista de passagens nas quais *lector* é usado como vocativo. Deixando de lado as passagens mencionadas acima, figuram aí Avienus (*Orbis terrarum* 257ss), Ausônio (118, 15, pp. 421 e 159, 15, p. 29, ed. Peiper), Rutílio Numaciano (I, 1), várias inscrições e *carmina epigraphica*, e ainda autores cristãos (ver nota 12 adiante).

*et pellege...* [forasteiro, o que digo é pouco: detém-te e lê até o fim].[8] Todos esses exemplos têm pouco em comum com o estilo de Dante.

Na Idade Média, os apelos ao leitor ou ao ouvinte eram bastante frequentes na poesia latina e vernácula. Mas mesmo então a forma era geralmente usada de modo casual e sem muita ênfase: pedia-se atenção, anunciava-se o conteúdo, rogava-se perdão por deficiências, pregava-se alguma moral ou imploravase ao leitor que rezasse pelo autor. Podem-se encontrar exemplos dessa poesia latina medieval em antologias ou na *História da poesia latina secular na Idade Média*, de Raby.[9] No caso da poesia vernácula, Gmelin citou algumas passagens introdutórias do

---

[8] *Corpus Inscriptionum Latinarum* I, 1.007 e VI, 15.346; também em muitas antologias, como W. M. Lindsay, *Handbook of Latin Inscriptions*, p. 79, ou Diehl, *Altlateinische Inschriften* (2ª ed.), nº 494.

[9] Citarei alguns textos. Nigel Wireker, no começo de uma antologia de seus poemas (citado em Raby, *op. cit.*, II, p. 99; ver J. H. Mozley in *Speculum* VII, pp. 398 ss.):

> *In quascunque manus pervenerit iste libellus*
> *dicat, in eterna requiescat pace Nigellus.*
> *Si quid in hoc modico quod te iuvet esse libello*
> *contigerit, dicas: sit lux eterna Nigello.*
> *Huius quisquis eris conspector forte libelli,*
> *dic ita: Christe Ihesu, miseri miserere Nigelli.*
> *Factoris memor esto tui: sic parve libelle*
> *sepius et dicas: vivas sine fine Nigelle.*

> Em quaisquer mãos que chegar este livrinho,
> que ele diga: "Nigelo repouse em eterna paz".
> Se neste módico livrinho algo houver que te agrade,
> que digas tu: "Nigelo tenha luz eterna".
> Quem quer que sejas, leitor fortuito deste livrinho,
> dize: "Jesus Cristo, comisera-te do mísero Nigelo".

*Cligès* e do *Yvain* de Chrétien de Troyes, bem como da *Chanson d'Aspremont* (*Plaist vos oïr bone cançun vallant...* [Que vos agrade ouvir uma canção boa e audaz]). Tais apelos são muito frequentes nas *Chansons de geste*,[10] como o são na antiga poesia

> Lembra-te de teu autor: assim, pequeno livrinho,
> muito amiúde também digas: "vivas sem ter fim, Nigelo".

Gottfried de Viterbo, *Pantheon* (citado por Raby, *op. cit.*, II, p. 165; ver *Monumenta Germaniae Historiae, Scriptores*, XXII, p. 135):

> *O vos qui me legitis, viri literati,*
> *super hoc volumine iudices vocati,*
> *si non satis fuerint versus elimati,*
> *indulgeri competit mee parvitati.*

> Ó vós que me ledes, homens letrados,
> sobre este volume, juízes convocados:
> se os versos não estiverem bastante burilados,
> à minha pequenez convém ser perdoado.

Note-se ainda um exemplo divertido ao final de um poema do começo do século XIII contra o celibato sacerdotal (citado por Raby, *op. cit.*, II, p. 225; ver T. Wright, *Poems Attributed to Walter Mapes*, pp. 171-3):

> *ecce iam pro clericis multum allegavi,*
> *necnon pro presbyteris multa comprobavi;*
> *paternoster nunc pro me, quoniam peccavi,*
> *dicat quisque presbyter cum sua suavi.*

> eis: em prol de clérigos já muito aleguei
> bem como em prol de padres muitas coisas comprovei;
> "pai nosso" agora em prol de mim, porque pequei,
> diga algum padre, junto com sua pequena.

[10] O exemplo italiano mais antigo que conheço está no começo do *Ritmo Cassinese*: *Eo, sinuri, s'eo fabello, lo bostro audire compello* [Eu, senhores, quando falo, o vosso ouvir incito] (*apud* E. Monaci, *Crestomazia italiana dei primi secoli*,

germânica. Pode-se acrescentar o início da *Passion* de Clermont-Ferrand ou de *Aucassin et Nicolette*. Neste último poema, há também a fórmula recorrente *si com vos avés oï et entendu* [Assim como vocês ouviram e entenderam]. Observe-se finalmente que Villehardouin, o primeiro cronista em prosa vernácula, está sempre a dirigir sua narrativa para o leitor, usando fórmulas como: *Or oiez...* [Ouvi agora] ou *Lor veïssiez...* [Ali vereis]. A maioria dessas fórmulas não é muito enfática; ajudam a conferir à prosa de Villehardouin aquele ar de narrativa solene que é um de seus encantos. Essa tradição seguiu adiante com os cronistas vernáculos posteriores, e talvez tenha alguma importância para nosso problema, pois Villehardouin, como Dante, ocupa-se em contar a história de uma viagem para aqueles que ficaram em casa.[11]

Surge na Idade Média um outro tipo de apelo ao leitor, menos casual e mais premente: o apelo religioso. É óbvio que esse tipo está mais próximo do estilo de Dante do que qualquer dos outros tipos que arrolamos. Pois se o sublime dantesco é virgiliano, sua premência é agostiniana.[12] A maior parte dos exem-

---

p. 17). Para a Espanha, ver R. Menéndez Pidal, *La España del Cid* (2ª ed., Buenos Aires, Espasa-Calpe, 1943). Meu colega Stephen Reckert chamou gentilmente minha atenção para o grande número de apelos análogos nos poemas de Berceo. Ver ainda W. Hövelmann, *Die Eingangsformel in germanischer Dichtung* (tese de doutorado, Bonn, 1936).

[11] Da mesma maneira, a história árabe da jornada de Maomé ao além (*al Mi'ray*) é dirigida diretamente ao leitor. Ver *La Escala de Mahoma*, ed. J. Muñoz Sendino (Madri, 1949, p. 37), pp. 265 ss. Ver também M. Asín Palacios, *La escatología musulmana en la Divina Comedia* (2ª ed., Madri/Granada, 1943, p. 37). Devo esta informação à dra. María Rosa Lida de Malkiel.

[12] Santo Agostinho, *De Trinitate*, VIII, 3: *vide si potes* [vê, se és capaz] (comentado por mim em "*Sermo humilis*" [incluído neste volume]). Outros exemplos patrísticos de apelos ao leitor: São Jerônimo, *In Matth.* 10, 29 (Migne XXVI,

plos medievais não se dirige ao leitor enquanto tal, mas à humanidade em geral ou aos ouvintes de um sermão. São muitos os exemplos, dentre eles, são típicos os que se encontram em *De contemptu mundi*, de Bernard de Morlaix, ou em *De vita monachorum*, de Alexander Neckham. Formas semelhantes ocorrem também em língua vernácula. Pode-se mencionar aqui o começo da canção de cruzada de Marcabru, que basicamente não vai além do pedido costumeiro de atenção; o conteúdo, porém, confere intensidade bem maior à fórmula:

> *Pax in nomine Domini!*
> *Fetz Marcabrus lo vers e'l so.*
> *Auiatz que di!*
>
> Paz em nome do Senhor!
> Marcabru fez verso e música.
> Ouvi o que ele diz!

Antes de concluir este rápido inventário, algumas palavras sobre as teorias retóricas antigas e medievais. Os teóricos jamais listaram ou descreveram o apelo ao leitor como uma figura de linguagem específica, o que é compreensível. Uma vez que o orador antigo dirige-se sempre a um público determinado — seja

---

66): *Prudens lector, cave semper superstitiosam intelligentiam, ut non tuo sensui attemperes Scripturas, sed Scripturis iungas sensum tuum* [Prudente leitor: acautela-te de uma inteligência supersticiosa, para não acomodares ao teu sentido as Escrituras, mas às Escrituras unires teu sentido]; Prudêncio, *Hamartigenia* 624, com um movimento de interrupção: *Sanctum lector percense volumen* [Leitor, examina o santo livro por inteiro]; Verecundus, *In Cant. Ionae* 8, 14 (Pitra, *Spicilegium Solesmense*, IV): *Excita, lector, auditum; rimare secreta prudentissimi regis; et ultro reperies quod debes admirari* [Aguça, leitor, o ouvido; explora os segredos de um rei sapientíssimo e adiante encontrarás o que deves admirar].

um corpo político, sejam os juízes de um processo —, o problema só se apresenta em casos especiais, como quando o orador, num movimento retórico extraordinário, dirige-se a alguém mais — *a persona iudicis aversus* [afastado da pessoa do juiz], como diz Quintiliano. Ele pode, em tal momento, dirigir-se a um presente, como seu oponente — como fez Demóstenes com Ésquines ou Cícero com Catilina —, ou a um ausente, como um deus, uma pessoa viva ou morta, ou mesmo um objeto, uma personificação alegórica — qualquer coisa capaz de causar impacto emocional. Essa figura retórica, a apóstrofe,[13] muita vezes tem o caráter de uma invocação solene e dramática,[14] que interrompe uma exposição factual comparativamente mais calma. A apóstrofe clássica sem dúvida exerceu profunda influência sobre o estilo de Dante, e estava presente em sua mente e seus ouvidos. Mas ela não se confunde com o apelo ao leitor, que constitui um desenvolvimento singular e independente da apóstrofe.

Tampouco os teóricos medievais mencionaram o apelo ao leitor como figura de linguagem específica, uma vez que não fizeram mais que imitar ou adaptar seus precursores na Antiguidade de acordo com suas necessidades e seus horizontes. É claro que descrevem a apóstrofe; Geoffroi de Vinsauf, um dos teóri-

---

[13] Quintiliano, *Inst. orat.* IV, 1, 63; IX, 2, 38 e 3, 24; ver ainda a figura chamada de *communicatio Institutiones oratoriae, ibid.* IX, 2, 20-22; e o autor de *Do Sublime*, XXVI, sobre a figura chamada de *tón prosópon antimetáthesis* [mudança de pessoas gramaticais].

[14] Demóstenes: *mà toùs Marathôni prokindyneúsantas* [por aqueles que enfrentaram perigos em Maratona]; Cícero: *Quousque tandem, Catilina* [Até quando enfim, Catilina] ou *O leges Porciae legesque Semproniae* [Ó leis pórcias, ó leis semprônias] (*Verr.* V, LXIII, 163); Horácio: *O quae fontibus integris gaudes* [Ó tu (musa) que te regozijas com fontes não tocadas] (*Carm.* I, 26).

cos mais importantes, devotou cerca de duzentos versos a uma tal descrição.[15] Ele considera a apóstrofe como meio de amplificação e utiliza-a para propósitos morais: seus exemplos visam servir de admoestação contra o orgulho e a insolência, de incentivo em meio à adversidade, de advertência sobre a instabilidade da fortuna etc. São todos alta e pedantemente retóricos; o propósito de "amplificação" está sempre em evidência incômoda. Eles estão todos na segunda pessoa, e portanto dirigem-se diretamente àqueles indivíduos, grupos ou países que supostamente necessitam de crítica ou admoestação (Geoffroi usa o termo *castigare*). Sob este aspecto, assemelham-se de perto a "apelos ao leitor."

O apelo de Dante ao leitor é uma criação nova, ainda que alguns de seus traços ocorram em textos anteriores. Por seu nível estilístico, isto é, por sua dignidade e intensidade, é próximo da apóstrofe dos antigos — que, porém, raramente dirigia-se ao leitor. O esquema compositivo dos apelos de Dante faz pensar na apóstrofe clássica, especialmente na apóstrofe de prece ou invocação (*Musa, mihi causas memora...* [Musa, recorda-me as causas...]). Nos dois casos, os elementos básicos são um vocativo e um imperativo (*Ricorditi, lettor...* [Recorda-te, leitor] ou *Aguzza qui, lettor...* [Aguça aqui]). Ambos podem ser parafraseados e, em alguns casos, substituídos por outras formas. A paráfrase mais frequente do vocativo é a invocação solene da poesia clássica — *O voi che...* [Ó vós que...] — ou sua variante mais humilde, a oração subordinada — (*Immagini, chi bene intender cupe...* [Imagine, quem quiser bem entender...] —, semelhante à introdução comum no francês antigo — *Qui vorroit bons vers oïr...* [Quem

---

[15] *Poetria nova*, obra redigida nas primeiras décadas do século XIII; ver Edmond Faral, *Les arts poétiques*, pp. 205 ss.

quiser bons versos ouvir...]. O vocativo é um elemento essencial tanto no apelo ao leitor quanto na apóstrofe em geral; o imperativo não é essencial. A apóstrofe de invocação antiga pode se perfazer sem nenhuma adição verbal (*mà toùs Marathôni prokindyneúsantas* [por aqueles que enfrentaram perigos em Maratona]). O apelo ao leitor pode ser introduzido em qualquer discurso ou afirmação. Há passagens em Dante nas quais o imperativo é parafraseado por meio de uma pergunta retórica ou por alguma outra expressão das intenções do poeta, como nos seguintes versos da *Vita nuova*:

> *Donne ch'avete intelletto d'amore,*
> *i' vo' con voi de la ma donna dire...*

> Senhoras que compreendeis o amor,
> eu quero convosco falar de minha senhora...

Outros apelos nem sequer têm intenção imperativa (*Inf.* XXV, 46: *Se tu se' or, lettore, a creder lento...* [Se a acreditar, leitor, tu serás lento...]; *Purg.* XXXIII, 136: *S'io avessi, lettor, più lungo spazio...* [Se eu tivesse, leitor, mais longo espaço...]; *Par.* XXII, 106 ss.: *S'io torni mai, lettore...* [Se eu não voltar mais, leitor...]). Mas também essas passagens possuem a mesma intensidade característica dos apelos de Dante.

Há duas passagens na *Comédia* nas quais Dante vale-se da construção mais nobre e sugestiva, a forma com *O voi che* acompanhada de imperativo: uma vez em *Inf.* IX, 61 (*O voi ch'avete li, intelletti sani* [Ó vós que possuís inteligências sãs...], outra vez em *Par.* II, 1 e 10 (*O voi che siete in piccioletta barca...* [Ó vós que estais em pequenina barca...] e *Voi, altri pochi che drizzaste il collo...* [Vós que vos preparais...]). A construção é claramente clássica; Dante conhecia muitas passagens (apóstrofes, não apelos) de poetas latinos clássicos que podem tê-lo inspirado. Há também exemplos frequentes na poesia latina medieval anterior a Dante (ver nota 9), mas os versos italianos de Dante têm muito mais sabor antigo e "sublime" (segundo o conceito da época) do que qualquer passagem latina medieval que eu conheça. Dante começou a usar essa forma bem antes da *Comédia*, no período de sua poesia juvenil florentina. O segundo soneto da *Vita nuova* parece ser o primeiro exemplo. Não é dirigido ao leitor, até porque a *Vita nuova* não menciona leitores: os apelos correspondentes dirigem-se às *donne amorose* ou genericamente aos *fedeli d'Amore* e, numa única ocasião, aos peregrinos que passam por Florença. Esse segundo soneto começa assim:

> *O voi che per la via d'Amor passate,*
> *attendete e guardate*
> *s'elli è dolore alcun, quanto'l mio, grave.*

> Ó vós que andais pelo caminho do Amor,
> esperai e vede
> se há sofrimento tão grave quanto o meu.

É óbvio que esta não é uma reminiscência clássica, mas antes uma paráfrase ou mesmo uma tradução de uma passagem das *Lamentações de Jeremias* (I, 12): *O vos omnes qui transitis per viam, attendite et videte, si est dolor sicut dolor meus* [Ó todos vós que passais pela estrada; olhai e vede se existe dor como a minha dor]. Mas Dante deu à passagem um sentido diverso da intenção original do profeta; não se dirige a quaisquer transeuntes, mas somente àqueles que transitam pelo caminho esotérico do amor, os *fedeli d'Amore*. Um pouco adiante, nos capítulos posteriores à morte de Beatriz (XXIX ss.), quando cita novamente as *Lamentações* (*Quomodo sedet sola civitas...* [Como está solitária a cidade]), o desenvolvimento conduz a um novo apelo e apóstrofe, desta feita dirigido a um grupo bem mais amplo de pessoas: *Deh peregrini che pensosi andate* [Ah, peregrinos que andais pensativos] (soneto 24, capítulo XLI). Muitos anos e mesmo décadas mais tarde, Dante retorna amiúde aos motivos do primeiro capítulo das *Lamentações*: na apóstrofe à Itália, *Purg.* VI, 78 ss. (*non donna di province, ma bordello!* [não senhora de províncias, mas bordel!]), e na *Epistola* latina de número VIII, redigida em 1314 e dirigida aos cardeais italianos. Nesse ínterim, seu horizonte se ampliara, e havia muito que ele deixara de dirigir seus versos a uma minoria esotérica. O âmbito de suas ideias estendia-se agora a todo o mundo físico, moral e político, e Dante dirigia-se a todos os cristãos. O *lettore* da *Comédia* é todo cristão que venha a ler o poema, assim como a passagem das *Lamentações* dirigia-se a todos que passassem pelas ruas de Jerusalém. Dante chegara a um ponto no qual julgava-se antes um *vas d'elezione*, um "vaso escolhido", do que um escritor solicitando o favor de um público letrado. Na verdade, ele jamais aceitara a situação de escritor. Por mais que tenha esperanças de glória e imortalidade, ele não se esforça para alcançá-las bajulando o leitor; tem demasiada certeza de sua própria força poética e das revelações incorporadas a sua mensagem. Já na *Vita nuova*, seu encanto tem algo de coerção mágica; ainda que boa parte de sua obra seja expressão de pesar e lamentação, sua voz muitas vezes soa mais imperiosa que suplicante: ela conclama aqueles que têm *intelletto d'amore* a ingressar no círculo mágico de seus versos (vale lembrar também o episódio de Casella em *Purg.* II).

Mas é apenas na *Comédia* que o tom de autoridade, liderança e premência alcança força total — quando então se liga à expressão da solidariedade fraternal com o leitor. O *favete linguis* [fazei silêncio] de Horácio, o *musarum sacerdos* [sacerdote das musas] (*Carm.* II, 3), é comparável aos apelos de Dante por seu tom sublime — e contudo difere inteiramente destes. Falta-lhe a premência real de Dante, que aproxima-se bem mais do leitor;

seu apelo é o de um irmão que urge seu outro irmão, o leitor, a se esforçar para participar da experiência do poeta e para *prender frutto* de seu ensinamento. *O voi ch'avete li intelletti sani,/ mirate*... [Ó vós, que tendes a mente clara,/ vede...] — isto é tão sublime quanto qualquer apóstrofe antiga, mas sua função é marcadamente mais ativa: é incisivo, direto, ocasionalmente quase violento, mas sempre inspirado pela caridade; seu fito é a mobilização das forças do leitor. É verdade que o imperativo ecoa apóstrofes virgilianas, mas estas não se dirigem ao leitor: ao contrário de Dante, Virgílio não interrompia uma situação extremamente tensa para intercalar uma injunção, cujo conteúdo é sempre de teor didático, a despeito de sua premência. Emocionar e ensinar eram fins separados na teoria antiga, e muito raramente combinavam-se na prática.[16] O *mirate* de Dante pressupõe o *vigilate* cristão, pressupõe uma doutrina voltada para a rememoração e na espera de acontecimentos: ele ocorre num momento de perigo iminente, imediatamente antes da intervenção da Graça — como acontece em uma outra passagem, comparável sob vários aspectos, ainda que lhe falte a construção com *O voi*: *Aguzza qui, lettor, ben li occhi al vero* [Ó leitor, aguça aqui os olhos para a verdade] (*Purg.* VIII, 19).[17]

Outros apelos ao leitor são menos dramáticos, mas quase todos contêm um apelo à ação. Muitas vezes, o imperativo é *pensa* (*pensa per te stesso* [pensa por ti mesmo]; *pensa oggimai per*

---

[16] Vale lembrar que Lucrécio usa o *tu* com frequência — se não para o leitor em geral, ao menos para C. Memmius.

[17] Dante gostava da imagem *acuere oculos*; ver seu *aguzzavan le ciglia* [aguçavam os olhos] (*Inf.* XV, 20). A despeito do sentido de *acies (oculorum)*, não há exemplos da imagem de Dante no *Thesaurus Linguae Latinae*.

*te, s'hai fior d'ingegno* [pensa agora por ti mesmo, se tens entendimento]);[18] em outras passagens, usa-se *ricorditi, leggi, immagini chi bene intender cupe, per te ti ciba* e assim por diante. A premência pedagógica é por vezes muito forte, como em uma passagem há pouco mencionada (*Inf.* XX, 19 ss.):

> *Se Dio ti lasci, lettor, prender frutto*
> *di tua lezione, or pensa per te stesso...*

> Se Deus te permitir, leitor
> tirar proveito de tua leitura, agora pensa por ti mesmo...

O mesmo acontece no seguinte incentivo ao leitor confrontado com um exemplo de castigo severíssimo e prolongado (*Purg.* X, 106 ss.):

> *Non vo' però, lettor, che tu ti smaghi*
> *di buon proponimento, per udire*
> *come Dio vuol che'l debito si paghi.*
>
> *Non attender la forma del martíre:*
> *pensa la succession; pensa ch'al peggio,*
> *oltre la gran sentenza non può ire.*

> Mas não quero, leitor, que te desvies
> do bom propósito por saberes
> como Deus quer que se pague a dívida.
>
> Não atentes à forma do martírio:
> pensa no que vem depois; pensa que, no pior dos casos,
> o martírio não vai além do Juízo Final.

---

[18] *Inf.*: VIII, 94; XX, 20; XXXIV, 26. *Purg.*: X, 110; XXXI, 124. *Par.*: V, 109.

O exemplo mais revelador dessa atitude pedagógica é provavelmente a passagem sobre o movimento das esferas celestes (*Par.* X, 7 ss.):

> *Leva dunque, lettore, a l'alte rote*
> *meco la vista...*[19]

> Ergue, pois, leitor, às altas esferas
> comigo a vista...

O trecho continua assim:

> *Or ti riman, lettor, sovra'l tuo banco,*
> *dietro pensando a ciò che si preliba,*
> *s'esser vuoi lieto assai prima che stanco.*
> *Messo t'ho innanzi: omai per te ti ciba...*

> Continua, leitor, à mesa,
> meditando sobre aquilo que se preliba aqui,
> se queres estar contente ou cansado
> Eu servi a mesa: agora serve-te sozinho...

É claro que há grande variedade estilística nos apelos. Encontram-se neles o sublime terrível, o humor soturno (*Inf.* XXII, 118: *O tu che leggi, udirai nuovo ludo* [Agora tu que lês ouvirás um novo jogo]), a invocação (*Inf.* XVI, 127 ss.; *Par.* XXII, 106 ss.), o conselho amigável e várias outras entonações. Merece atenção uma passagem que está entre as mais encantadoras, com um possível laivo de humor jocoso (ainda que eu conserve minhas dúvidas: a ironia amigável é um fenômeno bastante infrequente

---

[19] O movimento *Leva* pode ter-se inspirado em passagens bíblicas ou litúrgicas, como o *ciba* dos versos seguintes.

em Dante). Ela ocorre em *Par.* V, 100 ss., quando, no céu de Mercúrio, as almas reúnem-se ao redor de Beatriz e Dante — como peixes nadando em água calma e límpida reúnem-se em torno de algo com aparência de comida —, exclamando *"Ecco chi crescerà li nostri amori"* [Eis o que fará crescer os nossos amores]. Nesse momento, Dante intervém:

> *Pensa, lettor, se quel che qui s'inizia*
> *non procedesse, come tu avresti*
> *di più savere angosciosa carizia;*
>
> *e per te vederai...*

> Pensa, leitor, se isto que aqui começa
> não seguisse adiante, como terias
> necessidade premente de saber mais;
>
> e por ti verás...

É fácil ver que a originalidade dos apelos dantescos é sintoma de uma nova relação entre leitor e autor, que por sua vez tem raízes na concepção que Dante faz de seu próprio papel e função como poeta. Com máxima clareza e consistência, ele conserva a atitude de um homem que, por graça especial, foi admitido à visão do além, como Eneias e Paulo antes dele, e a quem foi confiada uma missão de igual importância: revelar à humanidade a ordem eterna instituída por Deus e, por essa via, ensinar a seus semelhantes o que há de errado com a conformação da vida humana naquele momento específico de sua história. O poder imperial, consagrado à união e ao governo da sociedade humana, vê-se desprezado e quase destruído; o papado esqueceu-se de sua missão espiritual ao transgredir seus limites, ao cultivar a ambição e a avareza mundanas, e com isso arruinou a si próprio e corrompeu a família humana. Dante chega mesmo a descrever essa desordem como uma segunda Queda do homem.

É verdade que tais ideias não eram inauditas: motivos semelhantes vinham ocorrendo ao menos desde o tempo da Querela das Investiduras.[20] Mas um grande poema em língua vernácula com esse conteúdo e com esse tom — isso era algo de inteiramente novo. Um poema assim pressupunha e mesmo exigia uma relação entre poeta e leitor semelhante à relação entre um profeta e seus ouvintes: imperiosa, premente e, ao mesmo tempo, inspirada pela caridade cristã, sempre voltada a manter a atenção do leitor e fazê-lo participar, tão concreta e intensamente quanto possível, da experiência narrada no poema. A forma dos apelos é muitas vezes semelhante à das apóstrofes antigas, mas Dante sempre se encarrega de cristianizar a forma clássica.

Mas há um limite para esse esforço de Dante por conduzir o leitor ao longo de toda a jornada: o leitor do poema jamais se torna um verdadeiro viajante. Apenas Dante, entre todos os viventes, esteve no Inferno, no Purgatório e no Paraíso. Uma passagem — um apelo ao leitor — pode lançar dúvida sobre sua prerrogativa, o começo de *Par.* II, 1-15: *O voi che siete in piccioletta barca* [Ó vós que estais em pequenina barca]. É muitíssimo tentador interpretar essa apóstrofe como um apelo não aos leitores de um livro, mas a verdadeiros acólitos numa viagem. Não seria difícil manter essa interpretação se isolássemos esses quinze versos do restante do poema. Seria necessário explicar o *qui* (versos 11-12: *al pan de li angeli, del quale/ vivesi qui ma non sen vien satollo* [o pão dos anjos, do qual/ se vive aqui, sem que nin-

---

[20] Ver, por exemplo, a carta de Anselmo de Lucca ao bispo Hermann de Metz, escrita provavelmente em 1085, in *Briefsammlungen der Zeit Heinrichs IV*, C. Erdmann e N. Fickermann (orgs.), incluído em *Monumenta Germaniae Historiae, Die Briefe der deutschen Kaiserzeit*, V (Weimar, 1950), pp. 50 ss. Ver C. Erdmann, *Die Entstehung des Kreuzzugsgedankens* (Stuttgart, 1935), p. 224, nota 56.

guém dele se sacie]) como "aqui no céu", e não como "aqui na terra". Isso faz sentido, uma vez que muitos textos de autoridades como Santo Agostinho, Pedro Damião e Ricardo de São Vítor[21] descrevem a beatitude dos abençoados como *insatiabilis satietas*, na qual o maná celestial é dado *ad plenitudinem, sed numquam ad satietatem* [até a plenitude, mas não até a saciedade]. Poderíamos mesmo demonstrar que só no Paraíso vive-se puramente do pão da Sabedoria Divina, que é *per se vivificativus* [por si mesmo vivificante].[22] Mas tudo isso seria errôneo. A explicação tradicional de *qui* como "aqui na terra" está correta; Dante convoca seus leitores a interromper (ou a continuar) a leitura de um livro, não uma jornada pelo Paraíso. Pois sequer é seguro que, por ocasião desse apelo, Beatriz e Dante já tenham adentrado o Paraíso. Ademais, o Dante narrador invariavelmente utiliza o *qui* para indicar "aqui na terra".[23] Por fim, lembremos que o poeta dissera havia pouco (*Par.* I, 4 ss.) que estivera no Paraíso (*nel ciel... fu io* [estive no céu]) e que em seguida narraria suas experiências por lá:

> *Veramente quant'io del regno santo*
> *ne la mia mente potei far tesoro,*
> *sarà ora matera del mio canto.*

---

[21] Santo Agostinho, *Sermo* 362, 29; Pedro Damião, *Hymnus de gloria Paradisi* (Migne, CXLV, 862); Ricardo de São Vítor, *De gradibus charitatis*, cap. II (Migne, CXCVI, 1.198-1.200).

[22] Ver São Tomás de Aquino, *Commentum in Johannem*, cap. VI, lectio 4. Sobre o sentido de *pan degli angeli*, ver Bruno Nardi in *Studi Danteschi* XXV (1940), pp. 131-6.

[23] Devo esta observação e outras sugestões úteis ao meu colega Thomas G. Bergin.

> E verdadeiramente tudo quanto do reino santo
> em minha mente pude guardar
> será agora matéria do meu canto.

Nesse ponto, como sempre, ele segue sendo o homem que retornou do além e que rememora o que viu para que outros possam lê-lo.

Dante foi o autor de um livro e o *vas d'elezione* da revelação apresentada nesse livro. Por conseguinte, o livro teria que combinar didatismo e fascínio poético, em uma espécie de encantamento inescapável da alma que se prestava particularmente bem à revelação, a qual, por sua vez, se apresentava como uma sequência de eventos, como uma viagem pelo além, de forte comoção em todas suas partes e sempre ligada aos problemas mais urgentes da vida contemporânea. A *Comédia* é um desenvolvimento singular da tradição do Evangelho, que também era revelação de uma doutrina em torno a um evento histórico. Como anunciador de uma revelação, o poeta ultrapassa seus leitores: sabe algo de máxima importância, que os demais devem aprender com ele. Apesar da caridade que pratica para com seus semelhantes ao transmitir-lhes seu conhecimento, e apesar de, como ser humano, ser igual aos demais diante de Deus, a Graça Divina elevou-o acima dos outros mortais ao elegê-lo para essa revelação especial. O leitor não é seu igual; pode até repudiar a mensagem de Dante, julgá-lo mentiroso, falso profeta e emissário do Mal, mas não pode argumentar com ele em pé de igualdade, só pode "pegar ou largar". É claro que estou exagerando: o leitor contemporâneo já sabia que tudo aquilo — missão, jornada, revelação no Purgatório e no Inferno — era ficção poética. Mas a ficção funde-se tão bem à realidade que logo se esquece onde começa seu reino; e a narrativa de Dante é tão densa, tão invariavelmente consistente em sua articulação de eventos reais que parte de sua sugestão realista sobrevive, ao menos por algum tempo, em muitas mentes. De qualquer modo, a relação com o leitor que se expressa nos apelos é inspirada por essa "ficção poética": Dante dirige-se ao leitor como se tudo o que tem a relatar fosse não apenas a mais pura verdade factual, mas a verdade infundida de revelação divina. O leitor, assim como Dante o concebeu (e Dante na verdade cria seu leitor), é um discípulo. Não lhe cabe discutir ou julgar, mas seguir, com suas próprias forças, pelo caminho que Dante lhe impõe.

Conheço ao menos uma apóstrofe clássica, ligada a um apelo ao leitor, que parece comparável aos apelos mais grandiosos de Dante em seu tom sublime e premente. Deve-se a um homem comparável a Dante: ambos tinham a mesma força, a mesma parcialidade, a mesma sede de vingança e a mesma crueldade para com os inimigos; ambos testemunharam o mesmo fracasso de todos seus objetivos políticos. Estou pensando em Demóstenes. Em 330 a.C., quando Filipe da Macedônia já morrera e seu filho Alexandre avançara a fundo na conquista da Pérsia, Demóstenes teve que defender sua política pregressa de resistência ao poder de Filipe. Quando pronunciou sua famosa *Oração da coroa*, todos, inclusive ele, sabiam que essa política de resistência fracassara. A batalha de Queroneia (338 a.C.) selara o fim da independência grega e da estratégia de Demóstenes. Em certa passagem da oração (199 ss.), trata-se de saber se uma política digna da tradição ateniense de defesa da independência grega deveria ser condenada só porque o destino negara-lhe a vitória. A resposta é negativa. Mesmo que tivessem podido antever o que estava por acontecer, os atenienses deveriam ter agido como de fato agiram. Naquela ocasião, seguiram os conselhos de Demóstenes; a glória deve recair sobre eles como sobre Demóstenes. Mas se agora, seguindo Ésquines, quisessem condenar aquela política, eles se privariam da admiração perene da posteridade, e se mostrariam não como homens que sabem suportar os golpes do destino insensível, mas tão somente como homens que agiram incorretamente.

Mas não pode ser; não, homens de Atenas, não pode ser que tenhais agido errado, ao enfrentar bravamente o perigo, pela liberdade e segurança de toda a Grécia. Não! por aquelas almas generosas de tempos antigos que enfrentaram perigos em Maratona, por aqueles que formaram tropas em Plateias, por aqueles que combateram a frota persa em Salamina, que lutaram em Artemísia, por todos os bravos homens cujos restos jazem nos monumentos públicos. Todos os quais receberam o mesmo honorável sepultamento em suas pátrias, Ésquines: não apenas os que prevaleceram, não só os que foram vitoriosos. E com razão. Todos cumpriram seu dever de homens galhardos; cada um teve o sucesso que lhe concedeu a divindade.

A apóstrofe *mà toùs Marathôni prokindyneúsantas* [por aqueles que enfrentaram perigos em Maratona] era a mais famosa passagem de oratória da história greco-romana. Nos tempos modernos, enquanto o grego foi parte essencial da educação superior, muitas gerações de estudantes leram-na e admiraram-na. Lida hoje, depois de 22 séculos, num gabinete privado (em vez de pronunciada numa assembleia política tempestuosa por um incomparável mestre da retórica), ela ainda é capaz de fazer o coração do leitor bater mais rápido. Em toda a literatura clássica que chegou até nós, esta é a tentativa mais magnânima e mais violenta de conquistar o apoio de uma plateia. Mas não há dúvida de que Demóstenes está pleiteando uma causa, e que aguarda a decisão de seus ouvintes. Não tem o apoio do juízo infalível da Divindade. Ao contrário, a falta de um tal aliado seguro torna-se o seu argumento mais forte. Demóstenes argumenta contra a Divindade, pois esta — o Destino — decide apenas o que deve acontecer, não o que é certo ou errado. A decisão final cabe aos homens de Atenas, a suas consciências, guiadas pelas tradições de sua cidade. Demóstenes, um homem de Atenas, apela ao julgamento de seus iguais, cidadãos de uma comunidade orgulhosa por ter sido, desde os dias de Maratona, a campeã e a protetora da independência grega. Ele não sabe qual será o futuro, o objeto de sua interpretação é o passado, e seu oponente, Ésquines, tem o mesmo direito de submeter uma outra interpretação daquele passado ao exame de seus concidadãos.

A posição de Dante é inteiramente diversa. O Deus cristão não apenas governa o universo como é também a única fonte e o único árbitro da justiça. Por conseguinte, aquele que pleiteia uma causa aqui na terra deve apresentá-la como a vontade de Deus. Ora, Deus já revelou sua vontade; sua revelação, ligada à história humana por meio da Encarnação, envolve um plano providencial para essa história. Mas a revelação — a Sagrada Escritura bem como os eventos terrenos, tomados como expressões da Divina Providência — pode ser interpretada de muitas maneiras, especialmente quando há questões práticas em jogo. A ambiguidade da revelação divina cria uma incerteza ainda maior que aquela enfrentada por Demóstenes e seus contemporâneos. O antigo critério (isto é, a consciência dos cidadãos da *polis*) perdeu sua autoridade decisiva; e o novo critério, a vontade de Deus, é inescrutável. O argumento de Demóstenes — não se deve julgar em vista de meras circunstâncias — não perdeu sua força. O argumento permanece de pé, mas sua base é outra. Deus não revela Sua decisão quanto a uma questão terrena qualquer concedendo a vitória ao justo. A vitória dos justos só se manifestará no Juízo Final. Sobre a terra, o Mal terá um papel a desempenhar e muitas vezes prevalecerá, uma vez que tem uma função essencial no drama da redenção humana.

A disputa política (uso "político" em sua acepção mais ampla) tornou-se assim uma disputa sobre a interpretação da vontade de Deus; Dante não foi o primeiro a apresentar sua interpretação como autêntica. O apelo à autoridade divina era a maneira natural e normal de expressar convicções políticas fortes na civilização medieval, como acontecera na época dos profetas judeus. Mas poucos dos predecessores medievais de Dante haviam chegado a afirmar que tinham recebido uma revelação especial; e jamais apresentara-se uma tal prerrogativa com tanta unidade enciclopédica de visão e com tal poder de expressão poética. Politicamente, a visão de Dante foi um fracasso. O reestabelecimento do Império Romano como forma providencial para a união da sociedade humana e cristã na terra já era uma causa perdida muito antes que a *Comédia* fosse conhecida. A vida que o poema vem levando *tra coloro che questo tempo chiameranno antico* [entre aqueles que este tempo chamarão antigo] (*Par.* XVII, 119-20) não deriva de sua doutrina política, mas de sua força poética. Mas a força poética de Dante não teria alcançado sua perfeição máxima se não a inspirasse uma verdade visionária que transcendia o sentido imediato e visível. O renascimento cristão do Império Romano é a primeira concepção de uma unidade política terrena, e a interpretação cristã da vida humana como queda e redenção está na raiz de toda compreensão dialética da história. Em sua visão, Dante combinou ambas. Alcançou assim concepções muito além do horizonte da democracia ateniense de Demóstenes. Assim, talvez ainda seja legítimo dizer que Dante falava a seus leitores, como ainda fala a nós, com a autoridade e a premência de um profeta.

## Natã e João Crisóstomo

> "Natàn profeta e 'l metropolitano
> Crisostomo e Anselmo e quel Donato"
> Dante, *Paradiso* XII, 136-7

Os dois círculos, de doze almas luzentes cada, dançando à roda no céu do sol foram tratados repetidas vezes nos últimos tempos. A escolha feita por Dante não é fácil de explicar, especialmente quando se quer entender o grupo inteiro como doutores da sabedoria cristã. Ao lado de filósofos e teólogos encontram-se figuras do Velho Testamento (Salomão e Natã), o jurista Graciano, o historiador Orósio, o gramático Donato e dois franciscanos que estavam entre os primeiros companheiros do santo, mas não devem ser tidos propriamente como doutores de sabedoria. Tampouco se esperam Isidoro e Rabano num círculo tão restrito de sábios cristãos, no qual faltam muitos que lá se haveriam presumido. Embora Agostinho esteja por assim dizer representado pelo *avvocato de' tempi christiani* [advogado dos tempos cristãos] — mesmo que este talvez não seja Orósio, mas Ambrósio —, ainda assim sente-se a falta, por exemplo, de Jerônimo e Gregório o Grande. A própria repartição em dois grupos — cujo primeiro é introduzido por Tomás de Aquino no Canto X, o segundo por Boaventura no Canto XII — apresenta dificuldades. Mas o maior problema é a aparição de Sigier de Brabante na roda de Aquino e, de outro lado, a aparição de Joaquim de Flora na roda de Boaventura. Aquino foi a vida inteira um ferrenho adversário de Sigier, tal como Boaventura combateu as doutrinas e profecias do abade Joaquim. Dante, porém, faz ambos, Aquino e Boaventura, apresentar e enaltecer seus dois antigos adversários, Sigier e Joaquim, como membros de seus respectivos círculos. Esse problema foi tratado em pormenor por Étienne Gilson em seu livro *Dante et la philosophie*[1] e, embora uma coisa ou outra me pareça formulada de maneira incisiva demais, no essencial foi resolvido.

Mas os problemas menores permanecem. E.-R. Curtius (*Europäische Literatur und lateinisches Mittelalter*, pp. 374-5),[2] que supõe uma comparação e equiparação de representantes de duas categorias — de um lado teólogos e filósofos, de outro "letrados", representantes das *artes* —, também está longe, desse modo, de poder abrigar a todos. Em especial lhe é incompreensível a distinção de Natã. "Do ponto de vista histórico-literário", escreve ele, "[...] a menção a Natã entre os doze bem-aventurados não é um escândalo menor que a de Sigier ou Joaquim. Talvez até maior, pois não se vê nenhum apoio".

Para encontrar tal apoio à compreensão, partamos de dois comentários de Gilson. O primeiro[3] refere-se à escolha de Salomão: é de supor, em vista da respectiva passagem bíblica, *II Cr* 1, 7-10, que a sabedoria de Salomão é exaltada aqui não tanto como sabedoria em geral, mas como a particular sabedoria de um rei.

> *Car enfin Salomon n'est pour lui (Dante) qu'un symbole: le symbole de la vérité qu'il veut nous inculquer. Et cette vérité ne serait-*

---

[1] Paris, J. Vrin, 1939.

[2] Edição brasileira: *Literatura europeia e Idade Média latina*, tradução de Teodoro Cabral e Paulo Rónai, São Paulo, Hucitec/Edusp, 1996. [N. T.]

[3] *Op. cit.*, pp. 254-5.

*elle pas simplement celle-ci: de même que j'ai demandé aux moines de s'attacher à la sagesse de la foi, je demande aux rois de se contenter, en fait de sagesse, de la prudence royale dont ils ont besoin pour gouverner leurs peuples.*

[Pois afinal Salomão não é para ele (Dante) senão um símbolo: o símbolo da verdade que ele quer nos inculcar. E essa verdade seria simplesmente esta: assim como pedi aos monges que se apegassem à sabedoria da lei, peço aos reis que se contentem, em matéria de sabedoria, com a prudência régia de que necessitam para governar seus povos.]

O segundo comentário de Gilson[4] é apenas uma versão mais universal do primeiro e refere-se ao uso simbólico que faz Dante dos personagens históricos: *Chacun d'eux est une réalité historique choisie pour sa fonction représentative* [Cada um deles é uma realidade histórica escolhida por sua função representativa].

A mim também me parece que Dante escolhe personagens históricos, que nele afloram como símbolos em passagens proeminentes, devido a um determinado traço representativo. Mas para nós muitas vezes é difícil reconhecer o traço representativo de que se trata. A Dante estavam à disposição para o conhecimento dos personagens fontes que não mais utilizamos, e ele avaliava as fontes diversamente de nós; encontrava na tradição traços característicos que nós, segundo nosso conhecimento e concepção dos personagens envolvidos, a princípio nem sequer advertimos e em todo caso não sentimos como representativos. Não vemos *superbia* em Saul, ou em Davi *humilitas*, ou mesmo na prostituta Raab do *Livro de Josué* um símbolo da Igreja.[5] Te-

---

[4] *Ibid.*, p. 265.

[5] Ver *Modern Language Notes*, LXIV, p. 267; *Speculum*, XXI, pp. 476 e 482.

mos de recorrer aos antigos comentadores de Dante; e se mesmo estes não nos forem de ajuda, como muitas vezes é o caso, já que não possuíam o vasto conhecimento que Dante tinha da tradição nem compartiam suas particulares visões político-morais, resta-nos então, pelo menos para os personagens bíblicos, uma fonte que quase nunca falha: a interpretação bíblica da Antiguidade tardia e da Idade Média anterior a Dante.

Para os grupos de doze, os comentadores de Dante do século XIV de pouco servem; de cada personagem isolado dizem o que dele sabem, mas pouco se importam com a ordem do todo ou a causa da inclusão das partes. Mas quanto a Natã, a muitos não passou despercebida a sua presença em tal círculo. Lana, o Anônimo Fiorentino e Buti escrevem com pequenas variantes:

> *Questi fu quello Profeta che mandò Dio a David quando commise lo pecatto della moglie d'Uria sì comme appare in secondo Regum* [i. e., *II Sm* 11 e 12]. *Or l'autore lo mette tra questi dottori perchè palesò lo suo peccato a David come questi altri hanno fatto palese li vizi e le virtù nelle loro opere che hanno scritto.*

> [Este foi aquele profeta que Deus enviou a Davi ao cometer o pecado com a mulher de Urias, tal como aparece em segundo Reis (i. e., *II Sm* 11 e 12). Agora o autor o põe entre estes doutores porque manifestou o pecado a Davi assim como aqueles outros tornaram manifesto os vícios e as virtudes nas obras que escreveram.]

Ottimo, que já no proêmio ao Canto XII, quando da caracterização de São Domingos, fizera uma exposição das qualidades do bom pregador, também relata sobre Natã a história de Urias e Betsabé e acrescenta: *Induce l'autore questo Natan qui, però che ebbe in sè tutte quelle cose che appartengono a buon predicatore* [Introduz aqui o autor este Natã pelo fato de que ele teve em si todas aquelas coisas que pertencem a um bom pregador]. Esse último tema encontra-se, de forma ainda mais enérgica, em Benvenuto de Imola: *Nathan praedicator et reprehensor ut convenit pastori* [Natã é pregador e repreensor, como convém ao pastor].

Todos relatam, pois, a história de Urias, e todos levantam, com maior ou menor destaque, o tema do pregador e moralizador. Natã representaria aqui a sabedoria do pregador espiritual em sua missão moral, tal como Salomão a sabedoria do rei em sua tarefa político-terrena? Mas por que Dante escolheu para tanto justamente Natã? Haveria talvez na história de Natã algo que o recomendasse a Dante para esse papel — algo que seus comentadores não perceberam por não estarem tão impregnados das ideias do próprio Dante sobre a ordem universal? Temos de remontar às fontes. Ora, a respeito de Natã, os comentários medievais que me são conhecidos sobre os livros de *Samuel* e de *Reis* pouco me oferecem. Mas uma de suas maiores autoridades, o imensamente influente Gregório o Grande, menciona Natã repetidas vezes como exemplo, e como exemplo perfeito, do pregador moral. Na *Regula pastoralis*, parte III, capítulo II,[6] exalta ele em detalhes a coragem e destreza de Natã como modelo para a maneira de levar os grandes desta Terra à consciência de seus pecados. Num trecho decisivo, lê-se:

> *Hinc est enim quod Nathan propheta arguere regem venerat, ut quasi de causa pauperis contra divitem judicium quaerebat; ut prius rex sententiam diceret, et reatum suum postmodum audiret, quatenus nequaquam justitiam contradiceret, quam ipse in se protulisset.*

---

[6] *Patrologia Latina* LXXVII, p. 53.

[Daí, pois, ocorre que o profeta Natã fora interrogar o rei, como se defendesse em juízo a causa do pobre contra o rico. Como o rei primeiro proferiu a sentença e logo depois ouviu sua própria culpa, durante o tempo todo jamais contradisse a justiça que ele mesmo tinha proferido contra si.]

Aqui, pois, elabora-se um novo tema: a coragem e tato do moralizador espiritual diante dos reis e grandes desta Terra, dando-lhes em competência o que é de sua alçada: exercer justiça terrena. Ao juízo de Dante, essa é uma boa repartição das funções, e já se pressente por que Natã lhe parece particularmente talhado para o posto no céu do sol. Mas isso ainda não é tudo. Gregório menciona Natã ainda em outro lugar, nas *Moralia*, no livro sétimo. Trata-se ali[7] da interpretação moral de *Jó* 6, 24 (*Docete me, et ego tacebo; et si quid forte ignoravi, instruite me* [Ensinai-me e eu calarei, e, se algo por acaso ignorei, instruí-me]). Nesse contexto, lê-se um tema: *Sanctorum exterius oppressorum sublimitas, et in arguendis potestatibus libertas* [Elevação dos santos exteriormente repressores e liberdade de interrogar as autoridades]. Entre os exemplos, torna a surgir a intervenção de Natã junto a Davi na história de Urias. Porém dessa vez não se trata da habilidade psicológica, mas somente da infrutífera liberdade dos santos diante dos poderes terrenos, de sua dignidade intelecto-espiritual, da *auctoritas spiritus* [autoridade do espírito]:

> *In horum* [ou seja, *sanctorum*] *profecto oculis quidquid temporaliter eminet altum non est. Nam velut in magno vertice montis sibi praesentis vitae plana despiciunt, seque ipsos per spiritalem celsitudinem transcendentes, subjecta sibimet intus vident quae-*

---

[7] *Patrologia Latina* LXXV, pp. 795 ss.

*que per carnalem gloriam foris tument. Unde et nullis contra veritatem potestatibus parcunt, sed quos attoli per elationem conspiciunt, per spiritus auctoritatem premunt.*

[Em verdade, aos olhos dos santos o que quer que se eleve temporalmente não é alto. Pois, como que no alto cume de uma montanha, olham de cima, com desprezo, as coisas chãs da vida que está diante deles, e transcendendo a si mesmos pela elevação espiritual, eles veem interiormente sujeito a eles mesmos tudo aquilo que, fora, se intumesce pela glória corpórea. Por isso, não poupam a nenhum poder (que se erga) contra a verdade, mas condenam pela autoridade do espírito aqueles que eles veem a se empinar por arrogância.]

Mas nos parágrafos seguintes o tema contrário da *humilitas* é elaborado; a sublime coragem dos santos moralizadores, que acusam intrépidos os grandes desta Terra, não é *superbia*, mas *charitas* e *humilitas*, pois *superbia* gera ódio e vício, *humilitas*, amor e virtude. E de novo aparece Natã, dessa vez, porém, não apenas na história de Urias, mas agora, em papel nitidamente contrastante, na escolha do rei Salomão antes da morte de Davi, no primeiro capítulo de *I Reis*:

*Quomodo Nathan contra David regem per verba increpationis tumuit, qui cum increpanda culpa deesset, in terram se in conspectu eius pronus stravit, sicut scriptum est: Nuntiaverunt regi dicentes: Adest Nathan propheta. Cumque introisset ante conspectum regis, adoravit eum pronus in terra.*

[Como contra o rei Davi com palavras de censura se encolerizou Natã, que, não havendo culpa a censurar, se prostrou inclinado ao chão, à vista do rei, assim como está escrito: "anunciaram ao rei, dizendo: 'está aí o profeta Natã. Depois de entrar e ir à presença do rei, adorou-o, prostrado ao chão'".]

Ao que parece, Gregório não tinha nenhum propósito político ao escrever tais linhas; mas quase forçosamente impôs-se a Dante uma interpretação política em face de um tal contraste: para ele, o antagonismo nas manifestações de Natã simbolizava a relação entre autoridade mundana e espiritual, entre *imperium* e *sacerdotium*. Natã, o moralizador espiritual que não hesita em servir-se sem deferência de sua autoridade espiritual para repreender Davi por seus pecados, mas que na política submete-se à autoridade real: a combinação de sua conduta na história de Urias com o prostrar-se ante o rei moribundo — aí reside, creio eu, o fundamento da aparição desse sábio Natã entre os bem-aventurados na roda de Boaventura.

A hipótese é amparada pela conjugação de Natã com João Crisóstomo. Este grande mestre e orador teve um fim dramático. Como bispo de Constantinopla, numa delicada posição prática e político-eclesiástica, foi perseguido pelas intrigas de outros bispos e clérigos; seus inimigos ganharam por fim o apoio da corte, na qual a imperatriz Eudóxia dominava seu marido Arcádio; o favor de Eudóxia, perdera-o João pela crítica demasiado veemente dos pecados dela. Foi ele, pois, contra a vontade da população que lhe era passionalmente devota, destituído e proscrito, então repatriado, mas logo em seguida proscrito outra vez (404); morreu no desterro, a caminho de um novo domicílio temporário, pelas fadigas da marcha (407). Mais de trinta anos após sua morte, após várias perseguições a seus sectários e longos combates no interior da Igreja, seus restos foram levados em triunfo de volta a Constantinopla, e o filho de Eudóxia, o imperador Teodósio II, suplicou de joelhos ao morto perdão por aquilo que seus pais lhe haviam feito por ignorância. Mais detalhes sobre os conflitos políticos, político-eclesiásticos e pessoais em que ele se enredou encontram-se nos manuais, e em minúcias, por exemplo, na obra em dois volumes de Christopher

Baur, *Johannes Chrysostomus und seine Zeit* [João Crisóstomo e o seu tempo].[8]

A fonte para sua biografia na época de Dante era a *Historia tripartita*, uma compilação latina de três historiadores gregos preparada por iniciativa de Cassiodoro e com sua colaboração.[9] O texto da *Historia tripartita*, que se tornou o "mais importante compêndio histórico-eclesiástico da Idade Média", encontra-se nas obras de Cassiodoro, de modo mais fácil no volume LXIX da *Patrologia latina*. A maioria dos comentadores de Dante a citam em resumo ao mencionar Crisóstomo em nossa passagem, ressaltando em particular a rigidez e imprudência (*rigidus, incautus*) de suas prédicas. Nisso seria ele um contraexemplo do tato psicológico de Natã, ao qual Gregório desfia elogios na *Regula pastoralis*. Mas duvido que Dante tenha deduzido justamente isso da *Historia tripartita*. Cautela, tato e habilidade na busca do bem não constam das virtudes que Dante tinha em estima particularmente alta. No sexto capítulo do livro,[10] ele pôde ler a frase: *Huius ergo virtutis Ioannes fuit, ut etiam valde terribiles humiliari cogeret et timere* [João, portanto, teve esta virtude: obrigar homens respeitáveis a humilhar-se e a temer]. Mas a coragem e a autoridade de João dirigiam-se, nesse caso, contra um general rebelde, e ele agia por encargo do imperador. Dante encontrou também a cena no décimo quinto capítulo,[11] onde João, já em extremos apuros, ataca a imperatriz numa prédica com as se-

---

[8] Munique, Hüber, 1930.

[9] Ver Manitius, *Geschichte der lateinischen Literatur des Mittelalters* [História da literatura latina da Idade Média], vol. 1, p. 50; ou Bardenhewer, *Geschichte der altkirchlichen Literatur* [História da literatura da Igreja antiga], vol. 5, p. 276.

[10] *Op. cit.*, col. 1169.

[11] *Ibid.*, col. 1178.

guintes palavras: *Rursus Herodias vesanit, rursusque turbatur; denuo saltat, denuo caput Ioannis in mensorio concupiscit accipere* [Outra vez Herodes fica insano e outra vez transtorna-se; de novo salta, de novo cobiça receber a cabeça de João na bandeja]. O historiador grego Sócrates, que redige a *Tripartita* nessa passagem, critica a imprevidência de tal conduta; mas em Dante as dramáticas palavras hão de ter causado antes admiração, tanto mais quanto ele encontrou também suficientes testemunhos de que João nunca se valeu de expedientes políticos contra a corte, embora estivessem a sua disposição. Quando o sínodo dos bispos que lhe eram hostis o condenou, o imperador ordenou seu banimento e o povo quis protegê-lo à força, ele entregou-se em segredo: [...] *semetipsum, populo ignorante, contradit. Cogitabat enim, ne ulla propter ipsum seditio nasceretur* [entrega-se a si próprio sem que o povo saiba, pois receava que, por sua causa, surgisse uma revolta].[12] Essa me parece uma passagem decisiva para o juízo de Dante sobre João.

Meu colega, o historiador Gerard B. Ladner, com quem discuti o assunto e a quem devo agradecer várias sugestões, considera possível que a aparição de Anselmo da Cantuária nesse trecho (Dante o cita logo após Natã e João) deva ser compreendida no mesmo sentido. A atitude de Anselmo ante as ingerências do rei William Rufus no poder espiritual e o seu desterro voluntário sugerem, de fato, tais conjecturas. Para afiançá-lo, seria preciso averiguar e constatar as fontes de Dante para a história de Anselmo, e como elas avaliam sua conduta. Deixo isso aos mais competentes.

As coisas se desdobram tragicamente para João, que se tornou mártir; nisso ele se distingue de Natã. Mas comum a am-

---

[12] Cap. 13, *ibid.*, col. 1176.

bos é a *auctoritas spiritus* perante os reis deste mundo, a par da submissão à autoridade política que toca aos reis. Isso, a meu ver, justifica a aparição deles na roda de Boaventura, e caso se trate aqui de sabedoria, será daquela espécie que cabe ao moralizador espiritual.

## O escritor Montaigne

Montaigne era filho de pai gascão e mãe judeo-espanhola. A família era rica e estimada: o avô Eyquem, comerciante de peixes em Bordeaux, comprara o feudo nobiliário de Montaigne, na Guyenne; o pai, soldado e nobre, alcançou o cargo de prefeito de Bordeaux. Michel é seu sucessor em todos os aspectos exteriores: herdeiro do patrimônio, soldado, administrador, viajante, bom pai de família e finalmente *maire* de Bordeaux. Também quanto ao físico é filho de seu pai, de quem herdou a constituição robusta, o temperamento sanguíneo e a predisposição à litíase. Mas os tempos haviam-se tornado mais difíceis. O pai viveu na época dourada das campanhas militares na Itália; o filho, em meio à terrível turbulência causada pela crise huguenote, a última a ameaçar a estabilidade nacional da França. A questão religiosa teve início na década de 1550, época em que Montaigne mal atingira a idade adulta, e terminou por volta de 1600, com a vitória de Henrique IV, poucos anos após a morte do escritor. Na segunda metade do século XVI, a era de Filipe da Espanha e Elisabeth da Inglaterra, a França é palco de um sangrento turbilhão de acontecimentos e de uma inquietante anarquia dos ânimos.

Sobre uma base tão instável como essa, Montaigne levou uma vida cujo equilíbrio jamais foi abalado. Em sua juventude, talvez tenha conhecido a ambição e a ansiedade, talvez a paixão e certamente a amizade em sua expressão mais autêntica. Mas na época em que o conhecemos, isso há muito já é passado. Com 38 anos, ele se recolhe à vida privada, e daí em diante sua atividade externa restringe-se à defesa de seu patrimônio. Administra-o com prudência, sem medo nem rigidez, por vezes cedendo um pouco, com espírito e sem uso da força, mas de modo firme e resoluto.

Qual era o patrimônio que devia resguardar? Primeiro, suas posses, sua família e sua segurança. Mas isso é o de menos: defendia-os de modo sereno e cordial, com alguns gestos hábeis. É divertido ler como consegue desarmar os bandos de saqueadores com sua postura digna e segura, com seu simples modo de agir. Mas se o fardo se fizesse pesado demais, se tais obrigações viessem a lhe exigir muito, estaria disposto a abandoná-las. O verdadeiro objeto de sua defesa é seu cerne interior, o esconderijo de seu espírito, a *arrière-boutique* que soube conservar para si. *Il faut faire comme les animaux, que effacent la trace à la porte de leur tanière* [É preciso fazer como os animais, que apagam as pegadas à entrada de sua toca].[1] E isso não vale apenas para sua vida exterior. Montaigne era um homem de coração aberto, expansivo e hospitaleiro; não recusava a aventura; não se abandonava, mas prestava-se de bom grado. Estava atento às novidades e chegava mesmo a ser um pouco esnobe; passava-se por mais nobre do que era de fato e sabia fazer notar da maneira mais discreta possível sua elevada posição social. Sua autocrítica e autoironia estão cheias de um orgulho simpático. Não é de forma alguma um eremita; é apenas um homem reservado, que por vezes gosta de estar em boa companhia. Mas a *arrière-boutique* de seu ser interior é inacessível: aí está sua verdadeira morada, ali se sente

---

[1] *Essais* I, 38 (I, 39 na edição Bordas, vol. 1, p. 322).

em casa; em prol da segurança e do conforto desse refúgio concentra-se toda a atividade do homem mais sagaz de seu tempo.

Montaigne possuía um sentido pronunciado de decoro e lealdade. Tivera um pai bom e inteligente, uma infância feliz e uma juventude livre; não era próprio de seu temperamento ter pensamentos malevolentes ou agir de modo baixo, não esperava que os outros o fizessem e acabava por se enganar, como vira acontecer a seu pai. Fazia parte dessa lealdade servir ao rei, ser agradável aos amigos e proteger a própria família; era preciso ser humano e espontâneo com os inferiores e franco e respeitoso com os superiores. Fazia parte da lealdade respeitar as regras e os costumes, e seria insensatez acreditar que com uma conduta oposta se pudesse causar algo além de desordem. Não era conveniente, e seria mesmo inútil, incômodo e inoportuno diferenciar-se de modo notável dos outros homens da mesma classe, faltar com os deveres ou mesmo assumir voluntariamente encargos descabidos. Talvez também lhe fosse agradável comprovar como se pode exercer um cargo ou administrar um negócio a que não se pode fugir de forma tão boa ou melhor do que os outros — sem para isso ter que se esforçar ou dedicar-se em excesso. A condição era essa. *Si quelquefois on m'a poussé au maniement d'affaires estrangères, j'ay promis de les prendre en main, non pas au poulmon et au foye* [Se por vezes me compeliram à administração de negócios alheios, prometi manejá-los com cuidado, mas sem levá-los a peito].[2] Montaigne agiu desse modo mesmo quando, numa época difícil, foi quase coagido a se tornar *maire* de Bordeaux. Foi um bom pai para sua família, um francês leal e um homem versado nas grandes questões de seu tempo; se não veio a ser um personagem de destaque na corte, isso deveu-se tão somente a ele.

---

[2] *Essais* III, 10 (ed. Bordas, vol. 3, p. 280).

Não o foi porque não quis. Defendia-se contra tudo que lhe impunha deveres além do necessário: frente ao rei, aos amigos, aos burgueses de Bordeaux, à sua família. Defendia-se contra vínculos coercivos com a mesma obstinação e gentileza com que se defendia contra os inimigos externos.

Montaigne defende sua solidão interior. Mas o que significa isso para ele? O que a torna tão valiosa? A solidão interior é sua própria vida, seu existir em si e consigo mesmo, sua casa, seu jardim e sua câmara de tesouros. Para lá carrega tudo o que conquistou de precioso em suas andanças pelo mundo; lá elabora e impregna tudo com o tempero de seu ser. O que é e a que serve essa solidão? Não se trata de uma fuga do mundo no sentido cristão, e tampouco de ciência ou filosofia. É algo que ainda não tem nome. Montaigne abandona-se a si mesmo. Dá livre curso a suas forças interiores — mas não somente ao espírito: o corpo também deve ter voz, pode interferir em seus pensamentos e até nas palavras que ele se põe a escrever.

Comparados a ele, os grandes espíritos do século XVI — os promotores do Renascimento, do Humanismo, da Reforma e da ciência que criaram a Europa moderna — são todos, sem exceção, especialistas. Teólogos ou filólogos, astrônomos ou matemáticos, artistas ou poetas, diplomatas ou generais, historiadores ou médicos: em sentido lato, são todos especialistas. Alguns se especializaram em várias áreas; Montaigne, em nenhuma. Não é absolutamente um poeta. Estudou ciências jurídicas, mas era um jurista indiferente, e suas declarações sobre os fundamentos do direito, embora significativas de outro ponto de vista, não possuem nenhum valor específico para a matéria. Toda sua atividade prática não tem nenhuma relação profissional com sua produção intelectual. Muitas vezes aquela fornece o material para seus pensamentos. Mas tais pensamentos não são de grande importância para nenhuma disciplina específica; não têm caráter jurídico, nem militar, nem diplomático, nem filológico, embora retirem de todos esses campos e outros mais sua encantadora concretude. E também não são propriamente filosóficos: falta-lhes todo sistema ou método. Montaigne permanece leigo mesmo onde parece compreender algo do assunto — em pedagogia, por exemplo. É difícil acreditar que ele quisesse aprofundar-se seriamente numa das matérias de que trata casualmente. E, seja como for, suas realizações não dizem respeito a nenhuma delas. Ainda hoje é difícil definir em que consistem, e é quase incompreensível que tenham alcançado repercussão em sua época. Pois toda realização necessita de um destinatário que lhe dê algum valor, todo sucesso necessita de um público. O público dos *Ensaios* de Montaigne não existia, e ele não podia supor que existisse. Não escrevia nem para a corte nem para o povo, nem para os católicos nem para os protestantes, nem para os humanistas nem para alguma outra coletividade já existente. Escrevia para uma coletividade que parecia não existir, para os homens vivos em geral que, como leigos, possuíam uma certa cultura e queriam compreender sua própria existência, isto é, para o grupo que mais tarde veio a se chamar de público culto. Até esse momento, a única coletividade existente — sem considerar as guildas, os estamentos e o Estado — era a comunidade cristã. Montaigne dirige-se a uma nova coletividade e, ao fazê-lo, ele também a cria: é a partir de seu livro que ela cobra existência.

Mas Montaigne não tinha consciência disso; dizia escrever para si mesmo, com a intenção de investigar e conhecer a si mesmo, e para seus amigos, a fim de que dele conservassem uma imagem clara após sua morte. Por vezes foi mais além, e afirmou que num único indivíduo pode-se encontrar a constituição de todo o gênero humano. Seja como for, ele mesmo é seu único objeto, e seu único fito é aprender a viver e a morrer — isso é o mais importante, pois para ele quem aprendeu a morrer sabe também como viver. A ideia soa algo filosófica, e em alguma instância de fato o é. Mas falar de uma filosofia de Montaigne é um equívoco. Não há sistema algum; ele mesmo afirma, por exemplo, que é inútil aprender a morrer, pois a natureza encarrega-se disso à nossa revelia; e falta-lhe também uma verdadeira vontade de ensinar como a de Sócrates (que de resto bem se pode comparar a ele) e, portanto, uma vontade de alcançar uma validade objetiva. Aquilo que escreve dirige-se a ele e vale apenas para ele; se outros descobrirem aí alguma utilidade e prazer, tanto melhor.

A utilidade e o prazer que se podem auferir dos *Ensaios* têm um aspecto peculiar, antes desconhecido. Não são de um gênero propriamente artístico, pois não se trata de poesia, e o objeto é muito próximo e concreto para que o efeito possa permanecer puramente estético. Mas seu caráter também não é apenas didático, uma vez que conservam sua validade ainda que se tenha uma opinião diversa — melhor dizendo, é difícil encontrar uma doutrina da qual se possa discordar. Na maioria das vezes, seu efeito é semelhante ao de algumas obras da Antiguidade tardia, de caráter histórico-moral, à maneira de Plutarco — um dos autores prediletos de Montaigne. Mas falta-lhe uma orientação racional unitária, até mesmo dentro de cada um dos capítulos. Trata-se de exemplos que são constantemente ponderados, verificados e apreciados. Poucos são os resultados, e estes de qualquer modo não exigem a concordância do leitor. Mas a própria forma como o assunto vem exposto é suficiente para enredá-lo. Montaigne narra como vive, como terá de morrer e como começa a conformar-se com isso; narra também o que viu e ouviu de outros a esse respeito. É preciso escutá-lo, pois ele narra bem. Não se sabe mais o que acabou de dizer, e ele já passa a um assunto totalmente diverso, dando a impressão de que em breve dirá algo absolutamente novo, a propósito de uma palavra qualquer. Sem o perceber, o leitor é envolvido por sua índole mutável e fluida, cheia de nuanças e contudo sempre plácida. Chamá-la de cética seria impor-lhe uma sistematização demasiado ampla. No entanto, ela é forte e nos faz prisioneiros, como faz o mar ao nadador ou o vinho ao bebedor. Muito antes de aprisionar o leitor, cativara o próprio Montaigne e o obrigara a escrever. Pois, a bem da verdade, ele não o desejara, sendo por demais modesto e orgulhoso para reconhecer uma tal ocupação como profissão. *Si j'étais faiseur de livres...* [Se eu fosse fazedor de livros...][3] — assim ele começa uma frase, igualmente notável sob outros aspectos. E, no entanto, ele foi o primeiro *faiseur de livres* na acepção atual — nem poeta, nem erudito, mas autor de livros: escritor. Num nível inferior, essa figura já havia despontado: autores de literatura popular e narradores na tradição das fábulas, lendas, *exempla*, *fabliaux*, tendo como limites um tanto imprecisos o poeta, de um lado, e o moralista doutrinador, de outro. Mas enquanto não veio a ser uma coisa nem outra, permanecendo a meio caminho entre ambos, esse tipo de homem não conquistou posição social definida nem reconhecimento intelectual. Rabelais já fora um caso-limite e, enquanto tal, um precursor de Montaigne.

Esse homem independente e sem profissão determinada criou assim uma nova profissão e uma nova categoria social: o *homme de lettres* ou *écrivain*, o leigo na condição de escritor. Conhecemos o caminho percorrido por essa profissão, primeiro na França e depois também em outros países de cultura: tais leigos tornaram-se os verdadeiros intelectuais, os representantes e guias da vida intelectual, e gozam hoje em dia de um tal reconhecimento que Julien Benda os chamou de *clercs*, o mesmo nome, portanto, daqueles a quem originalmente se opunham, os *clerici* ou religiosos. Isso equivale ao reconhecimento de que os escritores

---

[3] *Essais* I, 19 (I, 20 na ed. Bordas, vol. 1, p. 111).

herdaram destes últimos o legado e o posto, isto é, a hegemonia intelectual na Europa moderna. De Montaigne a Voltaire, há uma ascensão contínua; no século XIX, eles ampliam sua posição e alcançam repercussão sobre uma base mais larga, o jornalismo, e apesar de alguns sinais de decadência observados há tempos, é bastante provável que também no século XX eles venham a manter sua função de voz do mundo.

Quais são os traços característicos do escritor, encarnados pela primeira vez por Montaigne?[4] Duas características negativas já foram assinaladas: falta de especialização e de método científico. Ambas são percebidas apenas pelo fato de que as obras do escritor tratam de objetos do conhecimento que antes costumavam ser analisados de forma metódica exclusivamente por especialistas. A quebra da especialização nos principais campos do saber fora preparada pela Reforma; nesses aspectos, as obras reformistas na França, em especial a versão francesa da *Institution de la religion chrétienne*, são precursoras de Montaigne. Os reformadores dirigiam-se aos leigos, pois viam-se obrigados a tanto — os leigos esperavam um esclarecimento que lhes fosse compreensível. Mas os próprios escritores reformistas eram em sua maioria teólogos, portanto especialistas, e seus leitores não eram leigos em geral, mas leigos cristãos. O leigo Montaigne foi o pri-

---

[4] O termo "escritor" é usado aqui, obviamente, num sentido restrito. É certo que em alemão chamamos de escritores também aos autores especializados numa determinada área, e que, além disso, o termo é empregado para designar o poeta de forma modesta ou oficial. Não é isso, porém, a que nos referimos neste contexto, embora em sua maioria os poetas sejam também escritores no sentido estrito que temos em mente aqui. Apesar da imprecisão do uso linguístico e da dificuldade de concebê-lo praticamente, o tipo tornou-se notório e inconfundível. Esse foi um dos méritos da rica polêmica que se desenvolveu sobre e contra o termo, e cujo pai e mestre na Alemanha foi Karl Kraus.

meiro a escrever de modo leigo sobre temas importantes; muito embora na verdade não escrevesse para ninguém a não ser para si mesmo, formou uma comunidade de leigos, seu livro tornou-se um livro para leigos. Ele escreveu o primeiro livro da autoconsciência leiga. Mas é apenas gradualmente que sua obra alcança tal posição. Originalmente, era uma espécie de comentário a suas leituras. Lia muitíssimo: os escritores antigos, os italianos, seus contemporâneos — sobretudo historiadores e moralistas. Seu pai, da mesma geração dos defensores do ideal humanista, fizera com que aprendesse o latim antes do francês; era culto, possuía a técnica da leitura e lia com critério e sensibilidade. Veio-lhe a ideia de anotar suas próprias experiências relativas ao que andava lendo, compará-las com o que havia lido, resgatar outras passagens de leituras precedentes. Desse modo surgiu uma espécie de raciocínio multifacetado sobre o objeto, que não teria ido além disso, não fosse o impulso de seu entusiasmo pessoal, que é o segredo e a marca do grande talento. Seu talento é algo à parte. Creio que sua modéstia a respeito é totalmente sincera, e que apenas o sucesso e o próprio prazer[5] com o que escrevia tornaram-no verdadeiramente consciente de seu talento. Este era, de fato, muito diferente do que até então se tinha como perfeição estilística. Não são apenas o caráter leigo e a ausência de ordem explícita em sua criação que espantam, mas também — e sobretudo — seus aspectos positivos. Ele viveu na época de Tasso (que considerava louco), da *Pléiade* e do esplendor literário espanhol; reinavam nesse tempo o Humanismo e uma espécie de petrarquismo maneirista, uma forte tendência à deliberada artificialidade formal. O talento de Montaigne consiste em sua capacidade de desmascaramento. Ele diz as coisas mais concretas de

---

[5] Ver Émile Faguet, *Seizième Siècle*, pp. 369 ss.

modo extremamente subjetivo, mas sempre *telles quelles*. Não há eufemismos, raras metáforas desviam a fantasia, os períodos são pouco trabalhados. Na construção de suas frases, o sentido causal, final, consecutivo ou concessivo das partes é manifestado muitas vezes não pelas conjunções, mas pela entonação; com toda razão ele se compara a Tácito. O sentido cria as conexões muito mais que os conectivos sintáticos criam o sentido. É certo que há frases longas, mas não um burilamento consciente dos períodos. E as palavras são correntes e despojadas, ou pelo menos prescindem de qualquer seleção com base em critérios estéticos. Se o francês não basta — diz ele —, recorra-se ao gascão. Não resulta, porém, uma abundância caótica como em Rabelais, pois Montaigne não possui tendências antiestéticas ou estético-revolucionárias,[6] não se gaba de sua riqueza léxica e, nessa ausência de preconceitos linguísticos, não busca nada senão a expressão que faz justiça ao objeto: o resultado é a mais perfeita nudez das coisas. E como ele mesmo é seu objeto, ele próprio aparece perfeitamente nu; não houvesse observado algumas regras de decência — e o fez apenas a contragosto, como confessa no prefácio —, haveria antecipado muito daquilo que ensinaram alguns escritores de nosso século. Sem *páthos*, sem artifícios, com calma e uma certa satisfação, somos apresentados ao que Montaigne foi, sentiu e pensou. Sua transparência é radiante. Mas isso se deu somente aos poucos. Apenas quando se torna consciente de suas forças o escritor desprende-se do texto lido, faz-se mais ousado e rico na expressão, fala de si mesmo com mais minúcia e menos resguardo. Compraz-se em seus próprios pensamentos, es-

---

[6] Ao contrário, por vezes ele parece prenunciar Malherbe, ao menos quanto aos termos teóricos — cf. *Essais* III, 5: *Le maniement et employte...* (ed. Bordas, vol. 3, p. 112).

tes tornam-se ainda mais variados e, em meio à multiplicidade e confusão, até mais coerentes. Diz tudo que lhe vem à cabeça, certo de que a coesão de sua personalidade será forte o bastante para manter a unidade do todo. Dá-nos um diagrama de seu eu interior — de que faz parte também sua aparência exterior, tal como vista de dentro.

O conteúdo de sua consciência é a existência de Michel de Montaigne com seu fim inevitável, a morte que aguarda o termo dessa existência. Montaigne foi um cristão católico; junto a seu leito de morte achava-se um padre católico. Nutria antipatia pelos huguenotes, pois era inimigo de distúrbios e não acreditava que as revoluções pudessem dar bons frutos. Suas ideias quanto à incerteza de todo conhecimento — posição que seria por demais taxativo e dogmático caracterizar como ceticismo — terminam quase sempre com o apelo à revelação e à fé. Mas temos motivos para supor que não fosse crente. Tão somente para supor, pois não cabe a nós afirmá-lo. Mas possuímos seu livro, e sobre o livro podemos muito bem formar um juízo, como lembrou corretamente Sainte-Beuve. Não é obra de um crente. Nele, a fé tem seu lugar assegurado, mas no restante discutem-se a vida e a morte como se a fé não existisse. Montaigne diz coisas profundas e pertinentes sobre o catolicismo, entre as quais certas questões que depois dele foram logo esquecidas ou passaram para segundo plano, a exemplo da relação entre corpo e alma.[7] Mas dificilmente se encontra nos *Ensaios* um vestígio da esperança ou da redenção. Montaigne escreveu sobre as religiões em geral como se não fossem mais do que usos e costumes, e salientou com veemência suas alterações, sua instabilidade, seu caráter de obra

---

[7] *Essais* II, 17: *Les Chréstiens ont une particulière instruction...* (ed. Bordas, vol. 2, p. 419).

humana. Viu-se nisso uma crítica dissimulada ao cristianismo, e sem dúvida essas passagens célebres contribuíram para tal visão. Mas não podemos ter certeza de que o próprio Montaigne tenha extraído tais consequências; talvez nós, injustamente, infiramos do efeito posterior, que nos é conhecido, o propósito deliberado daquele que o ensejou. Considero perfeitamente possível que Montaigne tenha omitido uma conclusão análoga para a religião cristã não tanto por diplomacia e conservadorismo político, e sim porque jamais o teria feito, porque — obedecendo às formalidades e não tentando nem presumindo-se capaz de negar a revelação — considerava a si mesmo um cristão católico. Chegou mesmo a submeter seu livro à censura romana, que inicialmente o julgou inofensivo, embora com algumas reservas. Seja como for, o espírito dos *Ensaios* é absolutamente não cristão, pois tratam da morte como se não houvesse redenção nem imortalidade.[8] O autor de um tal livro não conhece o Redentor, e é praticamente impossível imaginá-lo rezando. O que escreve são as observações de um homem honesto e sensível, não de um crente. Sua atitude em relação à morte é comparável à de Sócrates e à da Antiguidade tardia; distingue-se desta última pela completa falta de ênfase, e de ambas pela tangibilidade com que a morte é representada. Montaigne é, mais do que ninguém, um homem

---

[8] *Essais* III, 9 (ed. Bordas, vol. 3, pp. 238 ss.): *Je me plonge la teste baissée, stupidement dans la mort, sans la considerer et recognoistre, comme dans une profondeur muette et obscure qui m'engloutit d'un saut et accable en un instant d'un puissant sommeil plein d'insipidité et d'indolence* [Mergulho na morte de cabeça baixa, estupidamente, sem a observar ou reconhecer, como se me precipitasse num abismo mudo e obscuro que me engolisse repentinamente e se apossasse de mim num instante com um sono pesado, repleto de insipidez e indolência] — período que André Gide (*Commerce*, XVIII, 1928, p. 43) considerou o mais admirável dos *Ensaios*.

desprovido de retórica e implacável contra o palavreado dissimulador. Seu livro trata com espantosa concretude da morte de Montaigne, da própria morte, que ele pressente e aguarda.

Sente-a dentro de si, e é ela o inimigo contra o qual, enfim, toda defesa será inútil. Ela o arrancará de seu astucioso esconderijo, da *arrière-boutique*, e o lançará ao Nada como fez a todos antes dele. Mas ao menos não irá assombrá-lo inutilmente enquanto não chegar a hora. Montaigne é inteligente e corajoso, sabe que de nada serve desviar o olhar e fugir. Tenta fazer o contrário: pensa continuamente na morte, da forma mais concreta possível, e tenta habituar-se a ela do mesmo modo como se conduz um cavalo ao obstáculo diante do qual ele refuga. Montaigne chama isso de *flatter la mort*, lisonjear a morte. E o consegue. Habitua-se tanto a ela que a morte torna-se um pedaço de sua vida; com ela se familiariza, fazendo com que não lhe inspire mais medo; ou melhor, o medo da morte apoderou-se dele de tal forma que já não o sente mais. E então lhe vêm as ideias mais grandiosas, duplamente sinistras em sua rispidez fria e antirromântica: a vida como uma cavalgada; a despedida das pessoas próximas, cerimônia tediosa e irritante; a morte numa hospedaria, entre estranhos a quem se pode pagar pelos últimos serviços em dinheiro, sem outras obrigações, de modo a não perturbar a tranquilidade da morte. Tais coisas povoam sua fantasia, e ele as expõe com a mesma desenvoltura com que fala do efeito da doença em sua urina. Estar em viagem, a caminho — esse é o sentimento que jamais deve tê-lo abandonado, e desse terreno nascem as palavras que resumem toda sua obra: *Je ne peinds pas l'estre, je peinds le passage* [não retrato o ser, retrato a passagem].[9]

---

[9] *Essais* III, 2 (ed. Bordas, vol. 3, p. 20).

Mas a familiaridade com a morte não extingue a vida, não diminui a capacidade de instalar-se na *arrière-boutique* de modo aconchegante e confortável. Montaigne pode ser comparado a um homem que desfruta os prazeres da vida, consciente de que lhe resta pouco tempo para gozá-los; com fervor redobrado, com o talento organizativo que só a necessidade é capaz de criar, ele desfruta e saboreia o tempo de sua existência.

Seu desfrute da vida é um desfrute de si mesmo, e no sentido mais imediato, mais animal. É o prazer de respirar, comer, beber e digerir, de morar e viajar, de ser proprietário e ter uma posição social. Tudo o que é sinal de sua própria vida deixa-o satisfeito, e tudo o que lhe pertence deve servir para tornar mais cômoda sua morada interior. Até mesmo sua doença. Montaigne sofre de cálculos renais que lhe causam cólicas terríveis. Mas sabe como adaptar-se à situação: firma um pacto com a doença e a lisonjeia com palavras e pensamentos, a exemplo do que faz com a morte. No final, sente-se à vontade em sua presença; ela passa a ser uma amiga íntima. A doença é uma propriedade, uma parte de si mesmo, e talvez não a pior. Ensina-o a desfrutar a saúde. Que sensação maravilhosa quando a crise termina! Por algum tempo está livre e pode comer, beber e mover-se a seu bel--prazer. Com efeito, não segue as prescrições médicas, não confia na medicina e se recusa a obter a saúde à custa dos prazeres, o único motivo pelo qual vale a pena possuí-la. Outras pessoas de sua idade encontram-se em pior estado. Talvez as dores que sofrem sejam menores, mas em compensação estão continuamente oprimidas pela doença, ao passo que ele, Montaigne, sente-se perfeitamente saudável enquanto a crise não chega. Antes de adoecer, tinha medo da doença; conhecia sua predisposição hereditária e a temia. Agora que a doença se manifestou, descobre que ela não é tão ruim. Talvez o mesmo aconteça com a morte.

Mas o aspecto físico é apenas uma parte e um estímulo ao desfrute de si mesmo. Montaigne sente-se viver, percebe-se, embebe-se de sua própria existência. O perigo sempre iminente de deparar com a morte dá-lhe uma magnífica coesão, solda-o internamente, e faz com que se sinta à vontade em si mesmo. Impede, além disso, que suas forças se dissipem, e atualiza constantemente suas características mais pessoais. Aquilo que Montaigne é, ele o é em vista da morte. Se deseja possuir a si mesmo a cada instante, é porque este pode ser o último. A calma e a coragem de seu temperamento impedem que o prazer se torne espasmódico. Encontra-se, porém, sempre concentrado e aguerrido, não para fazer ou obter alguma coisa, mas para existir. Os *Ensaios* são apenas um dos sintomas de sua existência.

A existência de Montaigne consiste naquilo que lhe foi dado viver. Não tenta melhorá-la ou modificá-la, apenas aceita-a, suporta-a como ela é. Os costumes, as instituições, os ordenamentos dos homens são todos igualmente tolos e extravagantes. Mudam conforme suas opiniões e não são estáveis nem verdadeiramente legítimos. Não possuem outro fundamento senão o próprio fato de sua vigência naquele dado momento, ou seja, o hábito. Quem tem consciência disso não se torna revolucionário, assim como não são revolucionárias as pessoas obtusas e sem discernimento, que aceitam os dados da realidade por pura contumácia, e às quais Montaigne deseja por vezes assemelhar-se. Os revolucionários e os agitadores estão no meio: são os medíocres, que percebem a tolice e a injustiça do presente, mas não se dão conta de que toda situação nova seria igualmente injusta e tola, e de que os distúrbios do processo de transformação, com suas lutas e desordens, não provocam, num primeiro momento, nada além de uma perda incontestável. Ele, Montaigne, mantém-se calmo e amolda-se ao presente, por força de seu bom senso e de seu sentimento de lealdade; admira Sócrates, que se submeteu a seus juízes e às leis de Atenas, embora estas lhe fossem injustas. Para Montaigne isso é fácil; sua posição é cômoda, se pensarmos como são desfavoráveis os tempos. Ele não busca o martírio, e tentaria esquivar-se com todos os seus meios de um mal evitável. Mas não temos motivos para duvidar de que teria permanecido fiel a sua opinião mesmo se esta se voltasse contra ele. Assim como se encontra, sua existência parece-lhe bastante aceitável. Quando não está em seu aposento na torre de Montaigne, viaja pela França, Itália e Alemanha, sempre a cavalo, sem se preocupar com as cólicas. Grandes senhores e reis desejam seus serviços; ele os recusa de modo cortês ou consente com reservas. Tem uma mulher honrada e uma filha, que não lhe dão trabalho. Tem alguns vizinhos agradáveis e outros tantos amigos. As pessoas gostam de ler o que lhe dá vontade de escrever, e desde quando se decidiu a imprimir suas ideias, foram sempre necessárias novas edições. *Si j'étais faiseur de livres...* Em Paris, encontra por fim uma amiga, uma jovem mulher, a senhorita de Gournay, que o ama e o admira; ela se torna *sa fille d'alliance* e, depois da morte de Étienne de La Boétie, passa a ser a pessoa que lhe é mais próxima. Ela porá ordem nos papéis e nos textos que um dia ele deixará como seu legado. O escritor sente-se satisfeito. Tudo deverá permanecer como está, o máximo que for possível. Cada hora vivida é uma hora conquistada.

    Montaigne não escreve muito, cerca de mil páginas em vinte anos. Revê o que escreve, acrescenta, risca e corrige. Diz jamais ter corrigido nada, embora o manuscrito conservado em Bordeaux — na verdade, não um manuscrito, mas um exemplar da edição de 1588 anotado e revisado por ele próprio — deixe claro que faz também correções de natureza estilística. Examina-se, deixa que as diferentes partes de seu espírito atuem livremente, apresenta-se a si mesmo. Sobre todos os temas formula suas próprias ideias, e estas são muitas vezes dubitativas e hesitantes.

Mas o caminho que o leva à dubiedade e à hesitação foi aberto por ele mesmo; foi ele que formulou pela primeira vez o problema ou a combinação de problemas de tal ou qual modo. Sua independência despida de preconceitos é quase assustadora, e tão mais eficaz na medida em que não é objeto de sua vanglória. Diz o que lhe vem à cabeça, e então o põe de lado. Mas o estímulo alcança o leitor e pode então facilmente condensar-se num complexo de ideias muito mais tosco, sistemático e ativo do que a substância sutil, quase inefável de Montaigne. Em seus discursos moderados, por vezes um pouco prolixos, esconde-se um estimulante, um elixir da vida ou da morte, como se preferir. É o veneno da liberdade, do afastamento de toda realidade concreta, da autonomia humana. Em sociedade, junto aos outros, Montaigne é comedido e observa os costumes; sozinho consigo mesmo, ele é diferente. Usos, costumes, leis e religiões desaparecem. Estou sozinho, a morte é certa. Não estou em casa, estou em viagem — não sei de onde venho nem para onde vou. O que possuo, o que me resta? Eu mesmo.

Começa então a destacar-se uma palavra singular, motivo de várias interpretações equivocadas e superficiais: *virtus, la vertu*, a virilidade ou virtude. Naturalmente, ele retoma a palavra e a ideia da Antiguidade tardia, de Sêneca e Plutarco, da tradição estoica com tudo que lhe é próprio: o elogio comparativo das mortes de Sócrates e Catão, a massa de exemplos patéticos dos encômios antigos, que ele expõe e avalia com uma seriedade bastante ingênua. Montaigne, pelo menos num primeiro momento, faz o culto humanista da virtude, e alguns críticos nada criteriosos, incapazes de harmonizar a rigidez estoica com a nudez indiscreta e quase indecente de seu autorretrato, inventaram uma evolução das ideias do escritor, que o levaria do estoicismo ao ceticismo. É bem verdade que o desdobramento de sua personalidade deu-se apenas gradualmente, mas ambos os termos adaptam-se mal a Montaigne: "cético" é insuficiente e "estoico" é errôneo.[10] Ele é um soldado e um homem dotado de força física, apesar da doença; quando necessário, é corajoso e indiferente às privações. Mas não há nele o menor vestígio do rigor estoico, da autonomia da razão, da identidade entre natureza e razão ou da ascese moral. Ele lembra com saudade de sua juventude e recusa-se a apreciar a sabedoria da velhice. Rebaixar-se tão miseravelmente a ponto de preferir a lamurienta sabedoria e virtude dos anciãos, nascidas da impotência, à força viva e impetuosa da juventude — isso ele espera que jamais lhe aconteça. Sem dúvida ele renova, num certo aspecto, o antigo ideal do sábio solitário; mas o faz sem um programa definido — pelo contrário, é hospitaleiro, interessa-se por tudo, e tem paixão por viagens. Sua solidão é apenas interior, e mesmo aí não o é por princípio. Ela é seu elemento vital. Montaigne sente-se tão feliz em sua solidão — e isso sem qualquer ferida romântica ou sentimental — que ela mais se assemelha a um vício do que a uma virtude. Não é, porém, nem uma coisa nem outra. Ela é como a água para o peixe.

Vejamos de que consta esta célebre virtude.

> *Quoy qu'ils dient, en la vertu mesme, le dernier but de nostre visée, c'est la volupté. Il me plaist de battre leurs oreilles de ce mot, qui leur est si fort à contrecoeur: et s'il signifie quelque supresme plaisir, et excessif contentement, il est mieux deu à l'assistance de la vertu qu'à nulle autre assistance. Cette volupté, pour estre plus gaillarde, nerveuse, robuste, virile, n'en est que plus*

---

[10] Ver Gustave Lanson, *Les Essais de Montaigne* (Paris, Mellottée, 1930), pp. 122 ss. Só vim a conhecer este livro muito depois da redação deste ensaio (1929).

*sérieusement voluptueuse. Et luy deuions donner le nom du plaisir, plus fauorable, plus doux et naturel; et non celuy de la vigueur, duquel nous l'auons dénommée. Cette autre volupté plus basse, si elle méritoit ce beau nom: ce deuoit estre en concurrence, non par priuilège. Je la trouve moins pure d'incommoditez de trauerses que n'est la vertu. Outre que son goût est plus momentané, fluide et caduque, elle a ses veilles, ses jeusnes et ses travaux et la sueur et le sang* [...] *et à son costé une satiété si lourde* [...].[11]

[Digam o que disserem, na própria virtude o fim último a que visamos é a volúpia. Agrada-me repisar essa palavra que se profere tão a contragosto; e se ela significa algum prazer supremo e extrema satisfação, é melhor que se deva à assistência da virtude que à assistência de qualquer outra coisa. Essa volúpia, por ser mais alegre, enérgica, robusta e viril, é a mais seriamente voluptuosa. E deveríamos chamá-la de prazer, nome mais condizente, mais suave e natural, e não de vigor, como costumamos denominá-la. Quanto a esta outra volúpia mais baixa, se acreditam que mereça este belo nome, que o mantenham, mas não com exclusividade. Julgo-a menos livre de inconvenientes e obstáculos do que a virtude. Além de seu desfrute ser mais momentâneo, fluido e fugidio, ela tem suas vigílias, seus jejuns e seus fardos, seu suor e seu sangue [...] e sobre suas costas uma saciedade tão pesada [...].

---

[11] *Essais* I, 19 (I, 20 na ed. Bordas, vol. 1, p. 101). E ainda noutra ocasião (I, 25 — ou I, 26 na ed. Bordas, vol. 1, p. 209) diz ele: *que les Dieux ont mis plutost la sueur aux advenues des cabinets de Vénus que de Pallas...* [que os Deuses puseram maiores obstáculos no caminho de Vênus que no de Palas]. Dentre todos os autores antigos, esta passagem lembra mais a Lucrécio. Acredito, porém, que mesmo ela é um simples artifício retórico. Montaigne quer outra coisa.

A virtude como volúpia: isso não consta nem do estoicismo, nem do epicurismo, nem do ceticismo. Trata-se de algo mais vivo do que as formas da ética individual da Antiguidade tardia e em geral do que qualquer atitude fundada apenas no pensamento. Talvez a página de que tiramos esta citação possa ainda deixar alguma dúvida; muito nela tem coloração antiga. Somente aqueles que conhecem bem Montaigne perceberão que ele não confere à virtude um valor maior que ao amor, antes confronta esses dois segundo a medida de prazer que proporcionam; numa tal comparação, os parâmetros não podem ser senão sensíveis ou vinculados à existência. Desse modo, essa página harmoniza-se com a totalidade de seu temperamento. A vida, o dado histórico ou natural não são rejeitados nem menosprezados; pelo contrário, Montaigne, para quem a virtude é volúpia, mergulha a fundo na sensualidade da vida, pois somente na sensualidade vital do mundo ele pode cingir e desfrutar a si mesmo. Isso, por estranho que pareça, é um legado cristão; trata-se do aristotelismo prático amoldado ao cristianismo, com seu fundamento na história de Cristo e suas raízes, tão pouco clássicas ou teóricas, nos sofrimentos do mundo sensível; uma representação fiel à realidade que o Renascimento herdou do "outono da Idade Média", da concepção do homem vivo como prisioneiro da natureza terrestre, noção indissoluvelmente ligada à esperança na eternidade. Uma herança, em suma, do realismo cristão da Idade Média. Em Montaigne, porém, esta não é mais uma prisão forçada, nem propriamente uma coerção, mas antes a plenitude da liberdade. Pois de fato, o mundo em que nasceu e que abandonará a contragosto, mas sem medo, dá-lhe, com a plenitude da vida, a plenitude da liberdade. A vida oferece-lhe inúmeras possibilidades de examinar a si mesmo, mas não lhe impõe leis. A virtude de que desfruta não é uma lei, não é de modo algum "a lei moral em mim". Ela não serve nem a Deus nem aos homens, mas à própria pessoa que a detém. Não obriga a nada e a ninguém. Deixa o homem livre, mas só.[12]

Esse, portanto, é o eu que constitui o objeto dos *Ensaios*, livro que encontrou ao final do século XVI um público composto necessariamente de leigos. Talvez isso se deva em parte ao cansaço geral com as disputas religiosas. Os *Ensaios* pareciam imparciais, superiores; o consenso não se forma em torno desta ou daquela ideia de Montaigne, mas abrange a totalidade da sua pessoa. A pessoa de Montaigne prestava-se a criar um novo tipo de homem: em lugar do cristão crente, cético ou rebelde, o *honnête homme* que observa todos os preceitos e abandona as coisas a si mesmas. O *honnête homme* dos séculos XVII e XVIII foi logo impelido por outras influências em outras direções, e tornou-se por fim mais ativo, mais burguês e mais mesquinho. Em Montaigne, todavia, estamos longe da burguesia e do Iluminismo. Nele também há algo de diverso da astuciosa reserva do *honnête homme* que, em meio ao palavrório mundano e ao fluxo de seus afazeres, esquece rapidamente a nudez de sua própria existência; que num átimo inventa para a morte formas e palavras capazes de retratá-la como uma função social, e com isso não mais a encara de frente. Com Montaigne — o leigo, o primeiro escritor — isso não ocorre. Ainda é cristão o bastante para lembrar sempre da *condition de l'homme*. Mergulha a fundo, cheio de volúpia, na ideia da morte. Mas não treme e espera não fazê-lo. Conduz seu cavalo à beira do abismo, até que ele não sinta mais medo — não violentamente, com esporas e chicote, mas, suave e persistente, com a pressão de suas coxas. Assim, seduz a liberdade

---

[12] Percebe-se assim a razão pela qual Pascal pôde partir dele, e o quanto os iluministas lhe são distantes, embora tenham aproveitado muitas de suas ideias. Em Montaigne, a ideia cristã de *condition de l'homme* é ainda bastante clara.

com lisonjas, sem se esquecer de sua condição de escravo; mantendo sempre presente essa lembrança, desfruta com mais gosto da liberdade. Nisso ele está só, em si e consigo mesmo, no meio do mundo — e em perfeita solidão.

# O triunfo do mal:
# ensaio sobre a teoria política de Pascal [1]

*Il est juste que ce qui est juste soit suivi, il est nécessaire que ce qui est le plus fort soit suivi. La justice sans la force est impuissante; la force sans la justice est tyrannique. La justice sans force est contredite, parce qu'il y a toujours des méchants; la force sans la justice est accusée. Il faut donc mettre ensemble la justice et la force; et pour cela faire que ce qui est juste soit fort, ou que ce qui est fort soit juste.*

*La justice est sujette à dispute, la force est très reconnaissable et sans dispute. Ainsi on n'a pu donner la force à la justice, parce que la force a contredit la justice et a dit que c'était elle qui était juste. Et ainsi, ne pouvant faire que ce qui est juste fût fort, on a fait que ce qui est fort fût juste.*

Este é o fragmento 298 dos *Pensamentos* de Pascal na edição de Brunschvicg. Trata-se de uma tentativa vigorosa de exibir a fraqueza da justiça humana. É fácil analisá-lo estilisticamente, sua estrutura torna-se imediatamente aparente quando o dispomos da seguinte maneira:

---

[1] Sobre o mesmo tema, ver Jacques Maritain, "The political ideas of Pascal", in *Ransoming the time* (Nova York, 1941), pp. 33 ss., e Romano Guardini, *Christliches Bewußtsein* (Leipzig, 1935), pp. 139 ss.

É justo que o que é justo seja obedecido,
É necessário que o que é mais forte seja obedecido.

A justiça sem a força é impotente;
A força sem a justiça é tirânica.

A justiça sem a força é contestada, pois sempre há malvados;
A força sem a justiça é acusada.

É preciso pois reunir a justiça e a força e, para tanto, fazer

com que o que é justo seja forte,
ou que o que é forte seja justo.

A justiça está sujeita a disputas,
a força é fácil de reconhecer e incontestável.

Assim

não se pôde dar a força à justiça, pois a força a contestou,
e disse que ela é que era justa.

E assim

não se podendo fazer com que o que é justo fosse forte,
fez-se com que o que é forte fosse justo.

Quando organizamos o fragmento desta forma, torna-se evidente que Pascal desenvolveu seu pensamento através de um jogo de proposições antitéticas arranjadas em pares simétricos (isócolos). São seis ao todo. Os três primeiros descrevem o problema. Do problema resulta um impasse que pode ser resolvido de duas maneiras diferentes: o quarto par formula a alternativa na forma de um silogismo: era necessário fazer *a* ou *b*; *a* era impraticável; portanto, fez-se *b*. A premissa menor (*a* era impraticável) é energicamente ressaltada; a razão pela qual *a* era impraticável é dada no quinto par de isócolos, que não é exatamente simétrico, pois a segunda parte é mais longa e mais definida. A premissa menor aparece duas vezes nas linhas finais (que encerram o silogismo e todo o fragmento). A conclusão é apresentada em duas fases: *ainsi...* e *et ainsi*. A primeira fase (*ainsi...*) é um desenvolvimento dramático da premissa menor (observe-se o acento dado a *elle*); e a segunda (*et ainsi*), repetindo mais uma vez a impraticabilidade de *a*, fornece a conclusão em tom de satisfação amarga, num último par de isócolos antitéticos.

Esta breve análise demonstra um procedimento característico do estilo de Pascal: sua fusão única de lógica, retórica e paixão. A argumentação apresenta-se como mera aplicação de um procedimento lógico, mas o jogo retórico dos conceitos em proposições antitéticas e simétricas introduz certa tensão dramática; e quando, no fim, a força surge triunfante da batalha dos conceitos, levantando a cabeça e erguendo a voz (*et a dit que c'était elle...*), seu triunfo torna-se um acontecimento concreto.

Um leitor moderno, dotado de espírito crítico mas pouco familiarizado com Pascal, pode sentir desconfiança diante dessa forma antitética, por mais efetiva que ela seja; pode até observar que ela não parece livre de sofismas. Pascal não está usando a palavra *juste* em dois sentidos inteiramente diferentes, como se fossem idênticos? No começo, *juste* significa justiça genuína, natural, absoluta; mas adiante, quando cai nas mãos da força, significa justiça vigente, positiva. O que repousa sobre força não é, portanto, realmente justo, mas tão somente passa por tal. Mas por mais razoável que possa parecer a um leitor moderno, esse raciocínio não reflete a atitude de Pascal. Como veremos, ele acreditava que, na terra, a força representa não apenas a justiça positiva real, mas também a justiça legítima. Para entender o pensamento de Pascal como ele o propunha, devemos examinar como ele veio à luz. Pois embora nos pareça compacto e simples (a despeito de toda a perícia expressiva), ele elabora na verdade influências e experiências diversas.

Pascal retomou de Montaigne, por vezes literalmente, a ideia de que o fator dominante nas leis não é a razão nem o consenso natural entre os homens, mas tão somente o hábito. Mas o hábito é contingente no tempo e no espaço e por isso está sempre mudando. O que é permitido e até louvado num país ou numa época é visto alhures como crime; até mesmo instituições absurdas, arbitrárias e obviamente injustas são santificadas pelo hábito. No entanto, o hábito e a lei nele baseada devem ser obedecidos, não porque a lei seja justa, mas porque está em vigência, porque não há nenhuma esperança de encontrar uma melhor, enquanto a desordem implícita em qualquer mudança é um mal inescapável, que não vale a pena impingir a nós mesmos e aos outros, pois o novo hábito não será melhor ou mais razoável do que o antigo. Pascal retomou tudo isso, mas alterando um pouco o tom, deslocando a ênfase e por fim produzindo algo inteiramente novo. Para Montaigne as variações do hábito não eram motivo para horror ou desespero; sua mente livre, flexível, tolerante movia-se corajosa e até confortavelmente entre as incertezas da vida; não sentia necessidade de uma ordem fixa e absoluta, e duvido mesmo que pudesse sentir-se bem numa ordem assim. Mas Pascal sentia a necessidade de uma tal ordem e buscou-a com paixão às vezes imperiosa. Ansiava aqui e agora pelo determinado, permanente e absoluto; não podia suportar flutuações e compromissos, que tratava como o próprio mal. É possível que, além das diferenças de temperamento, também a diferença entre as épocas seja responsável por essa visão diferente. Montaigne viveu numa época de lutas políticas e religiosas; testemunhou o choque entre forças históricas fora de controle; viu os hábitos mudarem e acalentou a esperança de que essas transformações e lutas, ainda que não as aprovasse, resultassem num compromisso estável que, mesmo que não fosse bom, fosse pelo menos moderado e tolerável. Pascal, por outro lado, viveu sob o Absolutismo quase inteiramente estabelecido, no qual um único poder começava a exercer uma autoridade quase ilimitada e nitidamente arbitrária. Mas parece-me que foi o caráter de Pascal, mais do que as circunstâncias históricas, que o levou a um juízo mais severo do conceito de hábito, considerando-o um mal puro e simples e substituindo-o discretamente por um outro conceito inteiramente diverso: a força. De fato, pode-se ler a mesma coisa em Montaigne, pois ele diz que devemos obedecer à lei, não porque seja justa, mas porque vige, porque tem força. Mas, de acordo com Montaigne, ela tem força e vigência apenas porque se baseia no hábito. Pascal tende a privar o hábito de sua autonomia, considerando-o mera função da força, mantido apenas pela força. Ele toca num problema do qual Montaigne jamais tratou, o da relação entre hábito e força. Hábito sem força é o que ele chama *grimace* (fingimento), e Pascal tem certo prazer em colecionar exemplos nos quais a *grimace* é obrigada a ceder à força, bem como em rebaixar o hábito a mera *imagination* ou *opinion*. Ele não se interessava pela base histórica dos hábitos, para a qual Montaigne criara uma bela imagem — *elles grossissent et s'anoblissent en roulant comme nos fleuves* ("eles se avolumam e se enobrecem fluindo como os nossos rios"); para Pascal, eles se originavam de um ato arbitrário de força, do capricho dos legisladores. A força pode repetir esse ato arbitrário a qualquer momento, alterando radicalmente os hábitos. Montaigne nunca menciona explicitamente a força, mas decorre claramente da ordem geral de suas ideias que, para ele, a força só poderia ser a executora do hábito. Em sua visão, dois tipos de hábitos, ambos dotados de força, podem muito bem entrar em conflito, e um pode destruir o outro; mas a força pura, sem a sustentação do costume, baseada apenas no capricho dos poderosos, não tem lugar nos *Ensaios*. Pascal, por sua vez, atribui à força pura, que molda os hábitos a seu bel-prazer, uma faculdade legislativa ilimitada — como veremos mais adiante, ele chega a afirmar, com uma espécie de triunfo amargo, que é assim que deve ser, porque não há outra justiça a não ser aquela que está nas mãos da força. Ele pergunta: o que nos aconteceria se tentássemos resolver nossas diferenças de acordo com o mérito e a justiça? Não haveria solução possível. Quem tem prioridade, tu ou eu? Tu tens quatro lacaios, eu só tenho um: a situação é clara, basta contar.

Aqui chegamos a um segundo conjunto de ideias significativas para a formação do conceito de justiça em Pascal: as ideias de Port-Royal sobre a corrupção fundamental da natureza humana. É verdade que Montaigne diz ocasionalmente que perdemos nossa natureza e que somente a arte e o hábito permanecem; no entanto, ele deposita sua fé na natureza humana ou, se preferirem, na natureza humana que a história transformou em hábito. Confiava no hábito como confiava na natureza, porque sentia-se à vontade no fluxo da vida histórica e deixava-se alegremente levar por ele, como o nadador pela água ou o bebedor pelo vinho. Mas Pascal ligara-se ao agostinismo extremado dos senhores de Port-Royal, para quem o mundo é, fundamental e necessariamente, mau e oposto ao reino de Deus; devemos decidir-nos a seguir um ou outro.

Não vou tentar discutir aqui as ideias de Port-Royal de um ponto de vista sistemático ou histórico, uma vez que isso já foi feito satisfatoriamente pela rica literatura do século passado, de Sainte-Beuve a Laporte. Seja como for, até Pascal elas não incluíam uma teoria política,[2] mas no máximo certas diretivas sobre a atitude que um cristão devia adotar diante do mundo: por

---

[2] Não há contradição alguma entre isto e o envolvimento de Port-Royal nos múltiplos movimentos e problemas políticos de sua época.

um lado, devia libertar-se dele, e por outro, submeter-se a ele — a libertação devendo realizar-se num sentido interior, e a submissão, num sentido exterior. Quem pudesse libertar-se exteriormente, isto é, entrando para a vida monástica, que o fizesse. Mas aqui, como em todas as coisas, um cristão deveria seguir a vontade de Deus mais do que a sua própria, é e muito mais seguro perscrutar a vontade de Deus através das circunstâncias da vida do que através dos impulsos essencialmente instáveis da alma. Quando uma posição social elevada e plena de responsabilidade ou quando razões familiares impedem o afastamento exterior do mundo, o fiel deve permanecer no lugar que Deus designou para ele. Mesmo dentro do mundo podemos libertar-nos dele ao voltar nossos corações para outra direção, sem tomar parte em seus prazeres e luxúrias, mas participando ao invés em suas aflições e sofrimentos, já que o sofrimento é nosso vínculo mais forte com Cristo. Quanto à submissão, ela consiste em reconhecer as instituições, particularmente as instituições políticas e sociais deste mundo, obedecer aos poderes seculares e servi-los de acordo com a posição de cada um; pois embora o mundo tenha sucumbido à *concupiscentia* e seja, portanto, mau, o cristão não tem o direito de condená-lo, muito menos de opor-se a ele por meios mundanos, já que ele próprio está no mesmo estado de pecado e que o mal deste mundo é a justa punição e a justa penitência determinadas por Deus ao homem caído. A injustiça deste mundo corresponde assim à verdadeira justiça de Deus, que devemos aceitar alegremente; quando Deus permite que a verdadeira justiça prevaleça, ele não é movido pela *justitia*, mas pela *misericordia*. Ao rejeitar a crítica às instituições mundanas, esta linha de pensamento parece impedir o surgimento de uma teoria política. Por pior que seja, o mundo foi criado por Deus; um cristão pode apenas submeter-se. Na verdade, Port-Royal não se ocupou com a teoria política e provavelmente Pascal também não o teria feito, se acontecimentos externos não tivessem levado os problemas políticos até ele com tanta premência que não houve como se furtar a eles. Os acontecimentos são bem conhecidos e dizem respeito ao conflito entre Port-Royal e os jesuítas. Se é um dever do cristão submeter-se ao mundo, seu dever de obediência à Igreja é ainda mais imperioso. A Igreja é a comunidade dos fiéis, estabelecida por Deus; cabem-lhe o ensino da fé e a administração dos sacramentos indispensáveis a todos aqueles que buscam a redenção. Ficar fora da Igreja, romper com ela por nossa livre vontade, tal como os protestantes, era algo impensável para Port-Royal. Mas se a corrupção prevalece dentro da Igreja, se os poderes do mal iludem e seduzem os chefes da Igreja, os bispos e o papa, e fazem deles instrumentos dóceis; se portanto a Igreja, com a força de sua autoridade e da obediência imposta aos fiéis, constrange aqueles poucos a quem Deus concedeu o verdadeiro conhecimento a condenar pública e solenemente tudo o que eles consideram a própria essência da fé; se, além disso, a Igreja, sustentada pelo poder secular e ela própria agindo como um poder secular, passa a destruir com uso da força tudo o que é justo, a consequência disso tudo será uma situação sem saída, uma crise irredimível em sentido estrito. Esta era justamente a situação de Port-Royal nos anos em que Pascal se associou intimamente ao jansenismo. Ele viveu diretamente a maior parte das crises, que devem tê-lo marcado como o triunfo do mal dentro da própria Igreja. Nesses anos, o problema da justiça e da força tornou-se imediatamente presente para ele; surgiram então os fragmentos das *Pensées* e outros escritos breves que contêm sua teoria política. Combinam-se então a visão de Montaigne sobre a justiça como mero hábito e a visão radical de Santo Agostinho sobre o mundo como reino do mal, resultando, como dizíamos mais acima, numa concepção do costume como emanação da força, puro capricho do mal.

Pascal sempre tendeu a levar as coisas aos extremos. Em seus últimos anos, durante a crise de Port-Royal, entregou-se a esse pendor, na convicção firme, sustentada por visões extáticas e por um milagre, de que servia à causa de Deus. Entre as ideias extremadas deste período, contam-se três, intimamente relacionadas entre si, que constituem o que chamo de sua teoria política: o ódio à natureza humana (e por conseguinte a sua própria natureza); o desmascaramento do direito vigente como puramente arbitrário e maléfico; e o reconhecimento deste como a única justiça que podia aspirar à legitimidade.

Seu ódio à natureza humana derivava de um agostinismo radical. Em sua famosa distinção entre *uti* e *frui*, Agostinho ensinou que não devemos amar as criaturas por si mesmas, mas por causa de seu Criador; que lhes cabe um *amor transitorius*, e não *mansorius*; que sobretudo não se deve amar a nossa própria pessoa por si mesma, pois assim a colocamos antes de Deus, e esse foi o pecado de Adão. Deus é o único objeto permanente de nosso amor, n'Ele reúnem-se todas as coisas dignas de ser amadas; as coisas criadas só merecem amor na medida em que refletem Sua essência. Esta é uma doutrina cristã universal, até mesmo pré-cristã. Em Port-Royal, particularmente no Pascal dos últimos anos, ela sofre um deslocamento de ênfase que lhe empresta um vigor, um radicalismo peculiar. Conta-se que, já no fim da vida, Pascal passou a demonstrar uma certa frieza para com os que lhe eram próximos e a recusar sua afeição, dizendo que o amor entre os seres humanos era como um roubo a Deus. Em várias ocasiões, declarou enfaticamente que o amor às criaturas conduz inevitavelmente à desilusão e ao desespero. Pois o objeto desse amor e as qualidades pelas quais o amamos são transitórios. Para ele, era intolerável pensar no caráter efêmero do objeto amado; horrorizava-se diante da ideia de que o tesouro a que nossos corações se apegam pode desaparecer de uma hora para outra, pode ser irrevogavelmente arrancado de nós a qualquer momento. Para ele, o efêmero, o que deve retornar ao nada, é desde já nada: céu e terra, amigos e parentes, nossa própria mente e nosso corpo; só Deus é permanente, invariável, imutável; só Deus merece ser amado. A efemeridade e a mutabilidade do homem são basicamente uma consequência do pecado original, do excessivo amor-próprio de Adão, o erro grotesco e perverso que recaiu sobre sua posteridade e representa o que há de mais odioso em nós. Apesar de sua óbvia imperfeição e mortalidade, cada homem vê invariavelmente a si mesmo como o centro do universo, não ama nada tanto quanto a si mesmo, julga tudo a partir de si mesmo: sem dúvida, um erro horrível, que merece nosso ódio. E nesse contexto a palavra "ódio" adquire uma violência de tom peculiar a Pascal. A palavra é usada nesse sentido por outros autores cristãos; aparece até mesmo nos Evangelhos, em certas passagens radicais de Lucas e João. Mas não acredito que esse ódio tenha antes dominado tão completamente o quadro do amor do homem a Deus. A frase famosa sobre o eu odioso não é a mais drástica de Pascal. Ele afirmou que deveríamos amar apenas a Deus e odiar apenas a nós mesmos; que a religião cristã ensina o ódio a nós mesmos; que o ódio a nós mesmos é a única e verdadeira virtude. Há também formulações moderadas, mas são as radicais que dão o tom dos *Pensamentos*. Obviamente esse ódio a si mesmo não se refere apenas ao eu fortuito de Pascal, mas ao eu de cada homem, já que todos os homens participam da mesma efemeridade e da mesma autoestima abominável. O ódio a si mesmo e aos homens não era de modo algum natural a Pascal; ele era capaz de afeições apaixonadas, até mesmo ciumentas, e tinha dificuldade em combater a elevada estima por si mesmo, o *orgueil* ao qual, de um ponto de vista terreno, ele tinha mais direito do que a maioria dos homens. Para triunfar, seu radicalismo religioso teve que fazer violência a sua disposição natural — ainda que esta, em si mesma, certamente contivesse uma boa dose de impulsos violentos. O motivo do ódio a si mesmo e à humanidade, até mesmo na forma radical assumida em Pascal, pode ser justificado pelo dogma e pela tradição cristãos. Mas quando Pascal salienta esse motivo, isolando-o e destacando-o de outras ideias cristãs, ele ameaça entrar em conflito direto com a ética cristã. A injunção de "amar o próximo como a si mesmo" pressupõe o amor a si próprio; de outro modo, nós "odiaríamos o próximo como a nós mesmos". Acima de tudo, uma concepção tão extremada assim implica uma certa frieza diante da criação como um todo; não apenas o homem, mas toda a natureza criada torna-se indigna de nosso amor por causa de sua efemeridade. A natureza despertou sede de conhecimento, admiração e terror neste grande físico, mas não amor. Poucos religiosos, místicos ou escritores idealistas estiveram tão distantes do pensamento de que a verdade e a beleza divinas acham-se refletidas nos fenômenos deste mundo. E isto, sem dúvida, responde por sua rejeição enfática a todas as tentativas de provar a existência de Deus através dos fenômenos da natureza.

A segunda ideia, o desmascaramento da lei terrena como arbitrária e má, está intimamente relacionada com a primeira, por decorrer logicamente, isto é, independentemente de qualquer experiência, da corrupção da natureza humana. De uma essência corrompida só pode surgir algo de corrompido. Nossa lei e nossa política — aqui "política" é tomada em seu sentido mais amplo, compreendendo todas as nossas atividades neste mundo — só podem ser nocivas, e de fato o são, como a experiência confirma. Não prevalecem nem a razão nem a justiça, mas sim o acaso e a violência. Pascal era um burguês da *robe*, da magistratura; era um homem da mais alta inteligência e discernimento. Embora as posições mais honrosas estivessem abertas a ele e a sua classe, estava privado de qualquer liberdade política, de toda atividade que envolvesse responsabilidade política. Na época do Absolutismo consumado, todos os estamentos da população tornaram-se mero objeto e deixaram de ser, sob qualquer aspecto, sujeitos da política. Seu estamento perdera os últimos vestígios de independência política nas lutas da Fronda. Parece contudo improvável que alguma insatisfação com essas circunstâncias tenha contribuído para sua visão da política. Pascal manteve-se distante de qualquer participação na Fronda, o que não era de esperar, dadas as tradições de sua família. No entanto, seria impensável que um homem de sua estatura intelectual e social pudesse sustentar (e praticar) tais opiniões políticas em qualquer outra época. Sua convicção de que todas as instituições políticas estão baseadas no erro, no acaso e na violência, Pascal a expressa em seu estilo característico, cortante e paradoxal, no qual por vezes ressoam, creio eu, motivos não cristãos — uma certa atitude crítica que, embora voltada à fundamentação de conclusões radicalmente cristãs, poderia ir bem além desse objetivo. Nos *Trois discours sur la condition des grands*, ele prova a um grão-senhor que seu prestígio e poder não se apoiam em nenhum direito natural e autêntico, mas tão somente na vontade dos legisladores — um *tour d'imagination* diferente da parte destes, e ele ficaria pobre e impotente. Claro, sua posição, como todas as instituições existentes reconhecidas pelo direito positivo, é legítima, garante-lhe deferência e obediência exteriores (pois seria estúpido e vil recusar obediência às instituições existentes), mas nenhum respeito interior. Ainda que, de acordo com os padrões deste mundo, faça uso digno e benévolo de seu poder, como é seu dever, este será sempre um poder oposto ao reino de Deus; pois Deus, que concede os bens do amor, é o rei da *caritas*, ao passo que ele, administrando e distribuindo os bens deste mundo, é um rei da *concupiscentia*. Mesmo que governe este reino com dignidade — sem contudo ir além disso —, será condenado eternamente, ainda que como homem honrado: *si vous en demeurez-là, vous ne laisserez pas de vous perdre, mais au moins vous vous perderez en honnête homme* [se permanecerdes assim, não deixareis de vos perder, mas pelo menos vos perdereis como homem honrado]. O reino da graça e da salvação começa muito além de toda dignidade terrena. Essas mesmas ideias reaparecem nos *Pensamentos*, onde o absurdo e arbítrio das instituições humanas são descritos de um modo que seria altamente revolucionário, não fosse por seu contexto agostiniano. Para dar um exemplo: matar é o pior dos crimes, segundo toda lei divina e humana; mas se o meu próximo, a quem devo amar, vive do outro lado do rio, onde governa outro príncipe, em guerra com o meu príncipe, então posso e devo matá-lo — ele vive do outro lado do rio! Esta é a base, a única base do meu direito de matá-lo. Todo o período absolutista, toda a era das guerras de gabinete, nas quais só restava aos povos o dever de obediência, está contido nessas palavras. E é interessante observar que tais ideias (bastante correntes, embora ninguém as tivesse formulado com tanta nitidez) eram completamente compatíveis com uma completa lealdade para com o soberano, expressa até mesmo em termos hiperbólicos. Nunca houve época mais nominalista. Em Pascal, naturalmente, toda essa linha de pensamento baseia-se na formulação radical da ideia da corrupção deste mundo. Através do pecado original e do sacrifício de Cristo, o mundo tornou-se o perpétuo assassino de Cristo, o homem perdeu sua primeira natureza, e qualquer *opinion* ou *imagination* pode tornar-se sua segunda natureza — a decisão final quanto a isso cabe, em cada época, à lei do mais forte, à força. A força é o único fenômeno humano pelo qual Pascal demonstra certo respeito e reconhecimento, embora o expresse com uma amargura insidiosa que beira o cinismo. Respeita a lei do mal precisamente por sua clareza límpida e sem falsidade: e em muitas passagens explica detalhadamente este sentimento. Não é lá tão fútil vestir-se com elegância, diz ele, pois isso mostra que você tem muitas mãos trabalhando para você: o alfaiate, a bordadeira, o barbeiro, o criado. O que se revela desta forma não é algo de externo, de ilusório, mas poder genuíno: vestir-se bem é exibir poder. Em seu respeito pelo poder e seus sinais exteriores, o povo mostra um instinto seguro, embora seus motivos sejam equivocados: acredita que deve respeitar a força porque ela é justa, e isto é uma falácia. A força deve ser respeitada não porque é justa, mas em si mesma, porque existe. É contudo perigoso esclarecer o povo sobre esse engano.

Chegamos assim à terceira ideia de Pascal, ou seja, à legitimidade do direito baseado na força. Mas antes devo intercalar um excurso, pois devo fazer um reparo a minha afirmação de que a única coisa terrena que Pascal reconhecia era o poder. De fato, ele reconhece um outro reino, situado entre o poder mundano e o amor divino: o reino do pensamento humano, do intelecto terreno, que às vezes (no segundo dos *Discours sur la condition des grands* e nos fragmentos 332, 460 e 793 da edição Brunschvicg dos *Pensées*) ele opõe à força. Pascal delimita cuidadosamente os três reinos; o reino da força material é infinitamente distante do reino de Deus, e essa distância simboliza a distância infinitamente mais infinita que separa o reino do intelecto humano do reino sobrenatural do amor divino. A grandeza inerente a cada um destes três reinos não possui valor ou influência nos outros: os poderosos da terra, os gênios e os santos pertencem a domínios específicos, alheios a qualquer intervenção efetiva dos outros. Para Pascal, o homem é um *roseau pensant*, um caniço pensante; sua grandeza convive antiteticamente com sua miséria. Há ocasiões em que Pascal, falando da grandeza intelectual em contraste com a força, chama a esta última de *grandeur d'établissement* e à primeira de *grandeur naturelle* — ainda que só reconheça uma única natureza corrompida. Essa contradição não se resolve tão facilmente; o reino do intelecto terreno cria um embaraço para seu pensamento político. Do ponto de vista da prática política, de que modo se pode conceber o intelecto e a força como duas esferas distintas, impermeáveis à influência uma da outra? A mente humana pode triunfar sobre a força ou a força pode reprimi-la. Claro, Pascal tem em mente sobretudo as formas relativamente apolíticas do pensamento humano, como a matemática e a física, mas a experiência mostra que até mesmo estas podem entrar em conflito com a força, e o próprio Pascal discutiu um desses casos, o de Galileu, na 18ª carta das *Provinciales*. Não basta sustentar uma separação teórica entre os dois reinos e estigmatizar qualquer violação potencial da mente pela força como tirania injustificada, incapaz de deter o caminho da verdade, pois isto justificaria a revolução em nome do pensamento, o que contradiz frontalmente o objetivo de Pascal. Por conseguinte, ele teria de rebaixar a ciência e o pensamento ao mesmo nível de todas as demais coisas humanas, isto é, a meras *opinions* ou *imaginations* que, como tudo o mais sobre a terra, dependeriam, com justiça, da força. Mas o grande matemático e físico, ligado ativamente a Descartes, Roberval e Fermat, não pôde decidir-se a tanto. Montaigne não sentira a mesma dificuldade.[3]

No entanto, quando fala de assuntos políticos, Pascal não menciona o intelecto humano, e com isso não se declara a inconsistência. Posso concluir aqui minha digressão. No mundo político terreno, assim como ele o representa, a força, isto é, o mal,

---

[3] Em muitos dos teóricos do Absolutismo encontra-se também a defesa da liberdade de pensamento. Em termos históricos, isso provavelmente se deve à luta pela afirmação dos Estados centralistas contra o fanatismo religioso particularista, o que os levava a propalar o ideal de tolerância.

domina exclusivamente — e com justiça. Ao elaborar este paradoxo — a terceira das ideias enumeradas acima —, Pascal vai ainda mais longe do que Santo Agostinho ou seus amigos de Port-Royal e se envolve muito mais profundamente do que estes últimos em problemas prático-terrenos.

O código moral do *honnête homme* prescrevia a submissão ao poder social e político dominante; conhecer o seu devido lugar na ordem estabelecida e assumir uma atitude inteiramente consoante com ele: este era o ideal ético e estético que estava tomando forma e que Méré, amigo de Pascal, contribuiu significativamente para moldar. Uma velha ideia cristã, agora dotada de um novo significado, emprestava a esse código moral certa profundidade e certa legitimidade teológica. É dever do cristão suportar este mundo e, sobretudo, suas injustiças, pois Cristo voluntariamente sofreu injustiça e todo cristão deveria seguir seus passos. Acima de tudo, o cristão deve tolerar a autoridade política, pois o próprio Cristo sempre, e em particular na Paixão, submeteu-se ao Estado. Embora cometendo a suprema injustiça, este poder do Estado que condenou Cristo à morte era, no entanto, justo, pois a ordem divina da salvação prescrevia-lhe (em conformidade com as leis do Estado, portanto legalmente) a execução de um sacrifício que, como expiação do pecado de Adão, era justo também aos olhos de Deus. O sacrifício de Cristo deveria renovar-se em cada cristão; todos os que vierem a sofrer injustiça, particularmente nas mãos do Estado, serão por isso mesmo merecedores de compartilhar o sacrifício de Cristo, e deverão regozijar-se. Nossa alegria com a injustiça que sofremos só pode ser limitada pelo amor ao próximo. A única razão pela qual não devemos desejar com todas as nossas forças que a injustiça recaia sobre nós é o fato de que isto significaria desejar que alguém nos faça uma injustiça, e desejar que o nosso próximo cometa uma injustiça é um pecado grave.

Muito embora essa doutrina, à qual Port-Royal aderiu em teoria e mais ainda na prática, refira-se à injustiça praticada no mundo, ela não levava a nenhuma crítica política: ensinava os homens a suportar o que viesse a acontecer no mundo, certo ou errado; não se ocupava com determinar teoricamente se o que acontece é ocasionalmente errado, ou sempre errado, ou jamais errado. Port-Royal seguia Santo Agostinho ao considerar o mundo em geral como mau; mas não se perguntava e certamente não aplicava os métodos e padrões da razão humana para averiguar se os diversos legisladores e governos não poderiam ser movidos pela graça de Deus e por sua misericórdia, fazendo desse modo com que uma boa parcela de justiça prevalecesse, frequente ou ocasionalmente, ou então se esse não seria jamais o caso.

Baseado em Montaigne, em Méré e em sua própria experiência, Pascal levou adiante essa investigação. Combinou as conclusões negativas de Montaigne e Méré com um agostinismo extremado e, desse modo, muito de acordo com seu temperamento, desenvolveu a ideia cristã que discutimos até um paradoxo trágico, poderoso e perigoso. Por meio da razão e da experiência, Pascal constata que as instituições e todo o curso deste mundo estão baseados no acaso e no arbítrio, que toda a nossa ordem terrena é pura loucura (*folie*). Julga servir à fé ao constatar, enérgica e convincentemente, que a miséria e a injustiça, o arbítrio e a loucura são os fundamentos de nossa vida; e segue adiante, até dizer que um cristão, sabedor integral dessas loucuras, deve obedecê-las, não porque as respeite, mas porque respeita a vontade de Deus — que submete o homem a essas loucuras de modo a puni-lo e a abrir-lhe o árduo caminho da salvação —, porque por isto mesmo constituem a lei justa, a única lei que merecemos. Tudo isto, acredito, é dogmaticamente incontestável; mas certos pontos são tão enfatizados e (para falar em termos cristãos) há uma intrusão tão presunçosa de conhecimentos racionais que essa fé levada ao paradoxo extremo parece prestes a transformar-se em seu contrário. Em francês, a palavra *folie* significa tanto loucura como tolice; portanto, não faço nenhuma grande violência a Pascal e cometo apenas um pequeno exagero ao resumir seu pensamento da seguinte maneira: a ordem deste mundo é loucura e violência; um cristão deve obedecer a esta loucura e não deve mover um dedo para contê-la; pois o império da loucura e da violência é a vontade de Deus, é exatamente a justiça que merecemos; o triunfo da loucura e da violência, o triunfo do mal sobre a terra é a vontade de Deus. Certamente poucos homens conseguiriam viver sob tal paradoxo e permanecer cristãos; mas Pascal acrescenta, ainda de modo dogmaticamente incontestável, mas sempre extremo, que a religião cristã é *la seule religion contre nature, contre le sens commun* [a única religião contrária à natureza, contrária ao senso comum]. No século XVIII, Voltaire e outros mais serviram-se das ideias de Pascal como ponto de partida para polêmicas racionalistas e anticristãs — entende-se logo por quê.[4]

Tudo isto pode inclinar-nos a concluir que um cristão, aderindo a essas considerações — de Pascal ou de sua versão de Port-Royal, mais moderada —, não seria capaz de lutar pela justiça e pela verdade. Não é o que acontece. O próprio Pascal lutou: ele é o autor das *Lettres provinciales*, uma das mais importantes polêmicas da literatura cristã ou, aliás, de toda a literatura. O cristão pode lutar, na verdade deve lutar tão logo se convença de que não está lutando em causa própria, mas pela causa de Deus. A própria Igreja lutou, e até mesmo como Igreja triunfante deve

---

[4] Cf., por exemplo, o protesto de Voltaire contra a injunção a amar apenas Deus e não as criaturas, na 25ª de suas *Lettres philosophiques*; ou Chateaubriand sobre Pascal e Rousseau em *Le génie du Christianisme*, parte 3, livro 2, cap. 6.

lutar em nome da verdade contra seus inimigos externos e internos. Mas quando um cristão pode estar certo de que está realmente lutando pela verdade — quando, nesta escuridão terrena, pode estar certo de que a graça de Deus está com ele, que Deus o elegeu como instrumento de Sua causa? *Incola sum in terra, non abscondas a me mandata tua* [Sou peregrino na terra, não escondas de mim Teus mandamentos], diz o salmo favorito de Pascal, o de número 118. Em relação aos sinais através dos quais um cristão pode certificar-se de que está defendendo a causa de Deus e quanto ao estado de espírito do qual deve se imbuir, Pascal deixou-nos um documento que, acredito, deveria ser incluído entre os grandes textos da ética cristã. Trata-se de um fragmento de carta, publicado pela primeira vez por Faugère; a data e o destinatário são desconhecidos, mas a carta parece ter sido escrita para um companheiro de Port-Royal em 1661, um ano antes da morte de Pascal, durante a controvérsia sobre a assinatura do Formulário.[5]

A carta começa com a crítica ao comportamento de alguns de seus companheiros de luta. Eles se comportam, diz Pascal, como se lutassem em causa própria e não pela causa de Deus; parecem esquecer que uma mesma Providência revelou a verdade a alguns e negou-a a outros; parecem acreditar que o Deus a quem servem não é o Deus que permite que obstáculos interponham-se no caminho da verdade; em consequência, mostram-se descontentes e contrariados diante das dificuldades que os cercam e do sucesso de seus adversários. Essa conduta, declara Pascal, é fruto da teimosia e da presunção. Quando desejamos

---

[5] *Pensées et opuscules*, pp. 244-7 [O Formulário foi um documento que o Papado tentou impor às religiosas de Port-Royal, forçando-lhes a rejeição das teses jansenistas e a submissão às decisões pontifícias (N. T.)].

ardentemente alguma coisa, com toda a força de nossa vontade, aborrecemo-nos com os obstáculos que nos são estranhos, que não causamos e que não têm origem em nós, antes se opõem a nós. Mas se Deus estiver realmente agindo por nosso intermédio, não nos defrontaremos com nada que não decorra do mesmo princípio de nossas ações, não enfrentaremos nenhuma oposição vinda de fora, pois o próprio Deus que nos inspira permite que outros se oponham a nós; portanto, não é o nosso espírito que combate um outro espírito estranho a nós; ao contrário, trata-se do mesmo espírito, de um único espírito, ou seja, Deus, que produz o bem e permite o mal. Essa consciência apazigua o espírito, e essa paz interior é o sinal mais seguro de que Deus está realmente agindo por nosso intermédio. Na verdade, é muito mais certo que Deus permita o mal, por pior que seja, do que procure fazer o bem por nosso intermédio, por mais vital que isso nos pareça. Devemos sempre temer que nossa inspiração venha não de Deus, mas de um egoísmo secreto; e o autoexame não é confiável, ele nos engana com frequência. Bem mais confiável do que o exame de nossas motivações interiores é o exame de nossa conduta exterior. A capacidade de suportar com paciência os obstáculos externos indica uma harmonia em nossa alma entre Aquele que inspira nossa vontade de lutar e Aquele que permite a resistência a ela; como não há dúvida de que é Deus quem permite a oposição, podemos esperar humildemente que seja Ele a inspirar nossa vontade de lutar. Alguns homens, no entanto, agem como se sua missão fosse fazer triunfar a verdade, quando, na realidade, nossa missão é apenas lutar por ela. O desejo de vitória é bastante humano e natural; se esse desejo natural se oculta sob o desejo de fazer triunfar a verdade, é fácil tomar um pelo outro e supor que lutamos pela glória de Deus, quando na realidade lutamos por nossa própria glória. Aqui, mais uma vez, nossa conduta diante dos obstáculos exteriores e do sucesso de nosso adversário é o teste mais confiável. Pois se desejamos apenas que se faça a vontade de Deus, devemos ficar tão contentes quando a verdade sucumbe e se oculta como quando ela triunfa e se manifesta, pois neste último caso triunfa a misericórdia divina, e no primeiro Sua justiça. Pascal conclui a discussão com uma alusão a Santo Agostinho que, comentando João 17:25 (*Pater juste, mundus te non cognovit* [Pai justo, o mundo não te conhece]), declarava que o ocultamento de Deus é obra de Sua justiça.

São quatro os motivos que eu gostaria de destacar neste documento. Em primeiro lugar, é característica a desconfiança de Pascal acerca de seus próprios impulsos internos, que o distingue da maior parte dos outros místicos. O autoexame é tão incerto, tão sujeito a ser falseado pelo amor-próprio, que Pascal insistentemente adverte o fiel para que não confie apenas nele. Já mencionamos a crença de Pascal de que, ao se decidir sobre entrar ou não entrar para o claustro, um homem não deve atender apenas à sua voz interior quando importantes circunstâncias externas se opõem a esta decisão. Aqui, tratando de um problema bem mais importante e universal, ele se recusa a reconhecer o sentimento interior de um homem como um critério válido de verdade ou de boa conduta. Só uma paz de espírito perfeita, baseada na humildade e na paciência cristã, pode provar que o bem que pensamos estar defendendo em nossos combates procede realmente de Deus.

Mas qual é o fundamento da paciência e da humildade cristãs numa situação assim? É a compreensão de que é Deus, e não algo estranho, que permite os obstáculos no caminho do bem. Nada de exterior se opõe a nós, nada é capaz de perturbar a nossa paz de espírito; apenas a vontade de Deus determina o curso de nossa luta, e, desde que a nossa vontade, se estivermos realmente lutando pelo bem, esteja de acordo com a vontade de Deus, nossa alma será habitada pela paz, pela paciência e pela harmonia que emanam do conhecimento de que é um só Deus que produz o bem e permite o mal. Aqui devo advertir o leitor de um possível mal-entendido: não há nenhum relativismo nesta atitude, nenhuma sugestão de uma compreensão do ponto de vista oposto. Pascal não está dizendo que "o adversário está certo do ponto de vista dele", ou mesmo que deveríamos tentar entendê-lo. Ele não está interessado no adversário e em sua causa, mas apenas em Deus, cujo plano de salvação permite que haja obstáculos no caminho de Sua causa (os obstáculos levantados por um mundo que a queda do homem corrompeu), de modo que a causa de Deus na terra parece estar perpetuamente numa situação crítica e até mesmo desesperada. Os poucos a defendê-la são por natureza tão corruptos quanto seus adversários; só a graça de Deus fez com que se erguessem acima da corrupção; a posse da própria graça está sempre ameaçada e nunca é segura.

Um terceiro motivo importante comparece na proposição de que nossa missão não é vencer, mas lutar. Deriva daí a obrigação de lutar em qualquer circunstância, sem preocupar-se com as perspectivas favoráveis ou não. Esse tipo de obrigação impõe ao combatente exigências terríveis, quase além dos poderes da natureza humana. Mas aquele que consegue adotar essa atitude será pelo menos interiormente invencível; com o correr do tempo, será difícil derrotá-lo até mesmo exteriormente. A experiência ensina que a bravura humana comum vacila quando a luta parece sem esperança — mas o homem que está convicto de que deve lutar, sem preocupar-se com qualquer perspectiva de sucesso, é imune ao desespero ou mesmo ao pânico. E a experiência ensina também que vários grandes triunfos foram conquistados em situações desesperadoras — por homens que não se deixaram derrotar interiormente antes de terem sido fisicamente sobrepujados.

Por fim, um quarto motivo: mesmo quando a verdade for derrotada e permanecer oculta, a justiça terá sido feita; pois a justiça de Deus consiste precisamente nesse ocultamento da verdade; se a torna conhecida, Ele o faz por compaixão, graça e amor. Esta é uma variante da ideia que já tivemos ocasião de desenvolver: sofrer injustiça é a justiça que cabe aos homens. Deduz-se que, aos olhos de Deus, nenhum homem sofre injustiça na terra ou, para dizê-lo mais claramente, que os homens cometem injustiça, mas não a sofrem; é óbvio que o homem injusto para com seu semelhante de fato comete injustiça, mas a vítima nada mais é do que um ser corrompido pelo pecado original, que bem merece sofrer. Esta ideia é definitivamente cristã em sua essência e origem; apesar disso, o paradoxo de que podemos cometer injustiça, mas não sofrê-la, pertence também a uma esfera de pensamento que não é estritamente cristã, desde que interpretemos o pecado original como uma trama inextricável e inescapável de hereditariedade, situação histórica, temperamento individual e consequências de nossas próprias ações. Pode-se objetar que nossa experiência cotidiana exibe uma quantidade considerável de homens que sofrem injustiça real. Naturalmente, é impossível provar o contrário; tudo o que se pode dizer é que, de modo estrito, apenas o indivíduo é capaz de decidir em seu foro íntimo se a injustiça que lhe aconteceu era de fato imerecida. Se sua resposta é negativa, isso não desculpa nem justifica a outra parte, pois aquele que comete a injustiça não está autorizado a submeter seu semelhante a um ato cuja legitimidade ele próprio não tem competência para julgar e cuja execução recai sobre ele apenas por delegação. Tampouco a defesa da vítima vê-se enfraquecida por nosso reconhecimento da legitimidade do castigo em que ele incorreu, pois, na medida em que a justiça lhe for conferida, isso se deverá não àquele que lhe impõe a pena, mas a uma outra instância. A proposição segundo a qual, no sentido descrito, um homem pode cometer injustiça mas nunca sofrê-la parece-me valiosa como hipótese de trabalho ética. Pelo menos em sua fase inicial, a ética só pode ser individual, isto é, uma questão entre mim e minha consciência. A meu ver, qualquer um que consiga reconhecer como justo o que quer que lhe aconteça, sem se preocupar com a parcela de injustiça alheia, adquiriu, não apenas um fundamento para a reflexão e o comportamento éticos, mas descobriu também uma nova maneira de ver tudo o que acontece no mundo. Mas não é tarefa fácil imbuir-se desta compreensão em bases práticas e duradouras.

Voltemos a nosso fragmento. Um estudo das influências e dos níveis de experiência dos quais nasce o pensamento de Pascal é indispensável para se apreciar a clareza clássica de sua expressão. Esta baseia-se na antítese de duas ideias cujo conteúdo é tido por universalmente conhecido e estabelecido — ao passo que a oposição deve torná-las problemáticas. Força e justiça são contrastadas, mas sem qualquer explicação ou delimitação preliminar. No jogo de sua contraposição, porém, seu verdadeiro significado vai-se expondo aos poucos, e por fim torna-se claro que não se opõem absolutamente, mas que uma delas é apenas função da outra. Quando ouvimos que é justo obedecer à justiça, que a justiça sem a força é impotente, que a força sem a justiça dá margem ao protesto, que há sempre homens maldosos que combatem a justiça, não podemos deixar de supor que Pascal reconhece a existência de uma justiça objetiva que é diferente da força e, pelo menos quanto ao conceito, independente dela. Mas quando ele mais adiante diz que a justiça está sempre sujeita a disputas, que a força está acima da disputa e é imediatamente identificável, que não há autoridade capaz ou competente para chegar sequer a uma decisão teórica em relação a uma justiça objetiva genuína e que estamos completamente à mercê da justiça dominante, regida pela força, então torna-se claro que a primeira premissa não se referia a uma justiça objetiva realmente existente, mas a uma mera palavra, a uma *imagination*. "É justo obedecer à justiça." Sim, mas há uma justiça independente da força? Podemos reconhecê-la? Não, não podemos. Os oprimidos pela força despida de justiça têm razão ao protestar? É claro que não, pois como saberemos se têm razão? Os transgressores que desafiam uma justiça despida de força são objetivamente maus? Quem pode decidir? *La justice est sujette à dispute...* E quanto à força que desafia a justiça, proclamando ser ela mesma a justiça — não está errada? Certamente não. Pois por qual sinal podemos reconhecer infalivelmente a justiça se não por sua vigência? Não há pois outra justiça a não ser a que está nas mãos da força. A força é então a "justiça", o bem? Sim, ela é a justiça, mas não é o bem — é o mal: nosso mundo é o mal, mas é justo que seja assim. Este último pensamento não ocorre em nosso fragmento, mas deve ser inferido de outras formulações de Pascal, pois constitui a chave para o todo. O fragmento consiste, portanto, numa clarificação mútua e paulatina das relações entre os conceitos de justiça e força.[6] A princípio, parecem estar em conflito, mas basta que um dos oponentes — a força — se mostre reconhecível e incontestável para que a justiça renuncie sem luta a sua existência independente, submeta-se e torne-se vassalo da força; esse é o seu lugar adequado — ao lado da força, e não contra ela.

Nossa investigação das influências e dos níveis de experiência que produziram o pensamento de Pascal serve tanto a sua

---

[6] A. Rüstow chama minha atenção para o fato de que a formulação "criar harmonia entre a força e a justiça" é usada por Sólon, fragmento 24, 15-17. Uma vez que a *Vida de Sólon* de Plutarco (traduzida por Jacques Amyot) cita o verso de Sólon, podemos presumir que Pascal o conhecia.

plena compreensão como também a apreciar a maestria da expressão. Quando uma ideia é aceita porque é moeda corrente, porque está no ar que se respira — e esta foi a sorte de muitas ideias no final do século XIX e início do século XX —, sua expressão torna-se geralmente frouxa e confusa, uma vez que parece supérfluo o esforço de expressão precisa; uma alusão, uma palavra-chave, alguns torneios de frase familiares sugerindo um certo viés de pensamento parecem bastar; nesses casos, uma mera palavra a respeito de uma das ideias que estão no ar é suficiente para induzir uma compreensão geral ou, pelo menos, um vago sentimento do que o autor quer dizer. Mas uma ideia que, como é o caso em Pascal, é arrancada da própria experiência do escritor por uma atividade interior espontânea — uma ideia assim é suscetível de uma expressão plena e adequada que exclui o mais leve mal-entendido, impede até mesmo o menor deslocamento ou evasão de seu significado exato e permite ainda uma compreensão de seus vários níveis de profundidade. Surgem frases que são ao mesmo tempo tão claras e profundas que o leitor com aspirações a se expressar bem não poderá evitar um sentimento de admiração misturado a uma certa inveja.

As ideias políticas de Pascal, que delineamos aqui, relacionam-se sob muitos aspectos com as ideias de outros teóricos contemporâneos. Das ruínas do pensamento político da Idade Média cristã emergiram duas correntes que aparecem em cada autor sob toda espécie de combinações e misturas. Com uma delas, a doutrina da lei natural, Pascal não tem nada em comum. Nem é preciso dizer que seu pensamento tampouco possui qualquer relação com a versão católica mais antiga de lei natural, desenvolvida pelo tomismo, pois ele não reconhecia a ideia de uma lei inata em todos os homens, exceto talvez sob a forma hobbesiana de uma lei natural que é simplesmente o direito do mais forte.

Pascal está bem mais próximo da outra tendência, a arte política empírica ou *raison d'état* do Absolutismo, cuja origem é geralmente atribuída a Maquiavel. Não há dúvida de que ela perdera algo do seu tempero e frescor desde Maquiavel: a elegância descontraída, composta de engenho toscano e ousadia humanística, dera lugar a tratados jurídicos ou pragmático-políticos, sistemas políticos geralmente metódicos mas frequentemente um tanto fantásticos, baseados em ideias que podemos aprovar ou rejeitar, mas raramente amar ou odiar. As ideias de Pascal estão bem próximas dos teóricos da *raison d'état*, em particular de seu contemporâneo Thomas Hobbes. Também para Hobbes a natureza humana era má; para refreá-la ele também defendia um Estado forte, desimpedido por leis morais, e uma obediência absoluta a esse Estado, o único a poder garantir a paz e evitar a revolução. Também para Hobbes as leis do Estado não possuem outra base jurídica a não ser a força; desse modo, devemos obediência incondicional a essas leis, mas sem nenhuma fé interior, assim como devemos ao Estado certos sacrifícios, mas nenhuma devoção íntima. A construção de Hobbes é um genuíno Estado policial e, como já se observou muitas vezes, esse Estado, com todos os seus instrumentos de força, tem como finalidade salvaguardar a liberdade ou, melhor ainda, a tranquilidade do indivíduo. Pascal chega bem perto dessa concepção; contudo, uma vez que o interesse negativo pela tranquilidade do indivíduo é substituído por uma preocupação positiva com a alma imortal do homem, as mesmas ideias adquirem um colorido inteiramente diferente em seu pensamento. Como Hobbes, ele acentua a necessidade e legitimidade de um Estado poderoso, mas dá a ver com mais força e profundidade que essa "legitimidade" é má. Em Pascal não se assiste a uma barganha entre o Estado e o indivíduo — na qual o indivíduo deve ao Estado obediência e sacrifícios materiais em troca de paz e segurança —, mas antes à submissão cristã ao mal deste mundo, sem mais levar em conta se o mal oferece ou não algo em troca ao indivíduo. Em Pascal, o objetivo, ou melhor, a função natural da força é criar e preservar a paz — nesse sentido ele cita *Lucas* 11, 21; mas ainda que o indivíduo não ganhe nada com isto, ainda que sofra uma opressão perpétua e nunca obtenha a paz, ele deve obedecer. Nesse ponto, Pascal desconsidera todos os teóricos do Renascimento e da Idade Média e retorna a Santo Agostinho, cujo radicalismo ele supera. Santo Agostinho ensinara que todo governo na terra, todo poder do homem sobre o homem é uma consequência do pecado original; sem a injustiça do pecado original, que destruiu a igualdade natural e pacífica entre os homens, não haveria necessidade da injustiça punitiva do poder humano na terra. Na esperança da redenção futura, o cristão deve obedecer pacientemente a esse poder que lhe foi imposto como uma penitência: *donec transeat iniquitas, et evacuetur omnis principatus et potestas humana, et sit Deus omnia in omnibus* [até que passe a iniquidade, e desapareçam todo governo e poder humano, e Deus seja tudo em tudo] (*De civitate Dei*, 19, 15, citando *Salmos* 56, 2 e *I Cor.* 15, 22). Infere-se daí que o cristão deverá obediência ao poder mesmo quando este for mau; mas Santo Agostinho não examinou até o fim este caso-limite — pois este lhe parecia um caso-limite; quando acusa a maldade do poder do Estado, isto é, do Estado romano, ele o faz na medida em que esse é um Estado pagão, que serve a um Deus falso. Podemos concluir (por exemplo, do capítulo sobre o *pater familias*) que, para Santo Agostinho, um Estado cristão pode perfeitamente usar seu poder para o bem, muito embora o poder do homem sobre o homem, em si mesmo, como instituição, seja um mal necessário produzido pelo pecado original. Mas Pascal, vivendo no meio de Estados cristãos, funde essas duas espécies de mal. Para ele, tanto o poder, como instituição, é um mal derivado do pecado original, como seu exercício só pode resultar em injustiça e loucura. Para chegar a esta conclusão extrema, Pascal precisou das ideias nominalistas e pessimistas dos teóricos da *raison d'état*, combinou--as com o agostinismo[7] e criou assim um sistema que, apesar de sua aparência de cristianismo radical, continha muitos elementos seculares e até mesmo os germes de uma crítica social revolucionária. Mais ou menos radicalmente, com horror ou com certa repugnância, os teóricos da *raison d'état* tinham ensinado que, se quisesse de fato cumprir os seus fins, o Estado não poderia aderir às leis morais; fraude e astúcia, traição e violência ser-lhe-iam permitidos; a justiça do Estado iria tão longe quanto seu poder e baseava-se nele. Pascal retomou tudo isso. Mas os teóricos estavam interessados no Estado pelo Estado, consideravam--no um valor em si mesmo. Como Maquiavel, deliciavam-se com seu dinamismo vital ou, como Hobbes, tinham um forte interesse pelos benefícios que um Estado adequadamente construído poderia trazer para o homem aqui e agora. Tudo isso era totalmente indiferente para Pascal. Para ele, a dinâmica interna do Estado não existia; se existisse, ele a veria como fundamentalmente má. Não se interessava pela melhor forma de Estado, pois todas lhe pareciam igualmente más. Combinou a doutrina da *raison d'état* com o agostinismo e, desse modo, chegou ao paradoxo da força como mal puro ao qual devemos obedecer sem resistência, sem ter em vista qualquer benefício possível, mas também sem devoção, ou melhor, por devoção a Deus. Foi esse paradoxo que tentamos descrever aqui.

---

[7] Ao contrário da combinação de ideias derivadas de Montaigne e Port--Royal, esta combinação de *raison d'état* com agostinismo foi sem dúvida inconsciente, pois Pascal mal conhecia os teóricos políticos de sua época e certamente não os estudou minuciosamente.

## Racine e as paixões

Pela primeira vez desde a crítica da *Fedra*[1] assinada por August Wilhelm Schlegel, um alemão de peso aventurou-se com Racine. Vossler[2] entende e ama o poeta melhor que seu predecessor; ele está livre do preconceito hereditário alemão contra o classicismo francês, e é espontaneamente sensível à profundidade humana daquele decoro formal que aqui neste país (e vez por outra também na França) foi tido como insípido, como apenas galante, como apoético e inatural. Daí ser seu livro uma primorosa e insubstituível introdução para qualquer um de nós seriamente às voltas com a compreensão de coisas francesas — enquanto a polêmica unilateral de Schlegel, imprestável para os estudos de Racine, apresenta-se como documento de uma relação tensa que vigorou entre os conceitos básicos de literatura de ambas as nações e talvez vigore ainda hoje.

Para Vossler essa tensão não existe. Na esteira da melhor tradição da crítica francesa, e suplantando-a na eliminação de todo elemento problemático na vida e na obra do homem espantoso e opaco, vê ele em Racine apenas serena e modesta profun-

---

[1] *Comparaison des deux Phèdres*, in: *Œuvres écrites en français*, Leipzig, 1846, vol. 2, pp. 333 ss.

[2] Karl Vossler, *Jean Racine*, Munique, 1926 (Epochen der französischen Literatur, III, 2).

deza humana; resume sua essência como renúncia a tudo quanto é terreno em favor do eterno; vincula seu pendor pela doutrina jansenista da graça divina com o fatalismo dos gregos e vê nisso um redespertar da grande tragédia que na Idade Média, sob a rígida ordem do dogma católico, devido à clara e aproblemática posição do homem com respeito aos poderes sobrenaturais, não tivera espaço; toma o jansenismo, em suma, como uma certa tentativa protestante de libertar a consciência humana e elevá-la a juiz em causa própria, e Racine como o grande poeta dessa mentalidade humano-evangélica. Não se pode dizer que Vossler ignora o que depõe contra tal concepção; apenas, ele não o toma como essencial. Para ele *Andrômeda* é "uma canção celestial", *Berenice*, a expressão de introspecção ifigênica, "evangélica"; *Fedra*, um drama da expiação, ela própria movida pela vontade de purificar o coração; mesmo a morte de Ériphile lhe parece uma expiação; e *Atalia* é uma poderosa tragédia do destino humano. A escassa sensibilidade a Racine na Alemanha, ele a explica linguística e formalmente com a alusão à inegável falta de cultura do gosto de nosso tempo, e recomenda um método sensível para familiarizar o ouvido com a perfeição linguística do mestre: é preciso deixar se infiltrar pelos seus versos, aprendê-los de cor, "até que se nos tornem naturais, nos segredem ao coração, e nossa mente entregue-se a eles à vontade".[3] Esse é um excelente método, e ele provará seu valor (como também a parte estética do livro de Vossler, que trata da magnificência poética de Racine) para aquele que, por uma razão ou outra, tem de se ocupar com Racine; além disso, ele permanece valioso quando se sente a própria incompreensão diante de um grande poeta como uma lacuna vergonhosa e se quer remediá-la. Mas no geral será lícito

---

[3] *Op. cit.*, p. 60.

dizer — sem dúvida somente para o círculo cada vez menor de pessoas para quem o legado da grande literatura europeia ainda significa algo efetivo — que os sentidos se oferecem por si próprios quando a mente encontra vivo alimento. E se Vossler combina Racine com Dante, Milton e Goethe, a custo se compreende que também na Alemanha dos bons tempos Racine tenha experimentado somente indiferença e, nos mais importantes juízos, repúdio; não só o *Sturm und Drang*, não só o Romantismo alçaram vozes contra ele; ainda pouco antes de sua morte, Schiller expressa numa carta a Goethe a sua antipatia por Racine, e Goethe, então já com cinquenta e tantos anos, não encontra uma palavra de protesto ou abrandamento.[4]

Quase simultaneamente a Vossler, um estudioso francês distinguiu-se com um livro sobre Racine.[5] Gonzague Truc, um crítico de renome e valor genuíno, conhecido por seu pendor à reação classicista (naturalmente no sentido francês), já publicara havia alguns anos uma série de ensaios[6] que se ocupavam com o problema biográfico-psicológico de Racine; defendiam eles, diante do livro acrítico e algo selvagem de Masson-Forestier,[7] que celebrava o poeta como "belo bruto", um ponto de vista moderado; agora dá ele um quadro abrangente: *l'œuvre, l'artiste, l'homme et le temps*. Ele encontra notavelmente mais ensejo que Vossler para defender Racine do gosto da moda, fazendo um primoroso contraste entre os métodos clássico-francês e moderno de

---

[4] Carta de 17 de janeiro de 1804 (ver ainda a de 31 de maio de 1799).

[5] Gonzague Truc, *Jean Racine*, Paris, 1926 (Bibliothèque d'Histoire Littéraire et de Critique).

[6] "Le Cas Racine", in: *Revue d'Histoire Littéraire de la France*, 1910, 1911, 1912 (publicados também em livro).

[7] F. Masson-Forestier, *Autour d'un Racine inconnu*, Paris, 1911.

representação psicológica na literatura;[8] o último consistiria em análise descritiva, o clássico seria um extrato concentrado da vida; e ele chega a ponto de afirmar (o que também corresponde a nosso sentimento) que, num contraste entre Hermione, Doña Sol (*Hernani*), madame Bovary e uma heroína de Paul Bourget, só Hermione realmente vive; "as outras ou declamam ou se descrevem ou se analisam, e permanecem, afinal, literatura, ou mesmo, se se quiser, ciência".[9]

A partir da Alemanha é difícil apreciar se essas manifestações polêmicas realmente ainda são necessárias num país cujos mais importantes representantes falam com amor e deferência de Racine[10] — país cuja estrutura formal e manifestações vitais ainda parecem, pelo menos a um estrangeiro, fortemente determinadas pela natureza raciniana — e se tais manifestações não dizem respeito a certas correntes do século XIX mais do que do XX. Mas o elogio que Truc rende a Racine refere-se em todo caso, e com espontaneidade, ao poeta das paixões; como tal, ele é o mestre clássico a que nenhum dos posteriores se equipara, entre os clássicos ele é mesmo o retratista das paixões tremendas e destruidoras.

> Bossuet expôs em sua amplitude e suas nuanças o problema do destino, que ele julgava resolvido. Ninguém foi tão longe quanto Molière na pintura dos costumes; La Fontaine captou a ingenuidade da natureza, e Corneille exaltou as elevadas virtudes. Racine ateve-se a essa parte da vida, duvidosa, vacilante, que lança sua sombra sobre a vida, e sob pretexto de assegurá-la, compromete-a talvez para sempre. Traçou ele do amor uma imagem completa, movediça, e tal que basta con-

---

[8] *Op. cit.*, p. 287.

[9] *Op. cit.*, p. 273.

[10] Por exemplo, Gide ou Proust.

frontá-la ao real, em alguma experiência íntima, para dela captar a espantosa exatidão.[11]

Citei textualmente essa passagem porque ela me parece reproduzir uma opinião francesa universal, cimentada durante gerações, à qual eu, em oposição a Vossler, gostaria de me associar. Gonzague Truc também exalta a humanidade de Racine, mas no sentido de uma profunda penetração das paixões humanas, adquirida pela experiência e pelo temperamento, e não no sentido de uma grandeza humana e suprapassional, ou mesmo de uma ascese. Tal ideia não lhe ocorreu nem sequer na época em que teve de polemizar com os exageros de Masson-Forestier, que queriam fazer de Racine um animal belo e criminoso; ele tomava a extraordinária passionalidade das tragédias de Racine como tão indubitável que via uma espécie de enigma na suposta inocência de sua juventude e na dignidade devota de sua velhice, e não sabia explicar como uma tal pessoa lograra tal obra. Nesse meio-tempo, as coisas ficaram mais claras; pode-se conceber o caráter e a obra de Racine como uma unidade, sem por isso cair nas categorias algo primitivas de Masson-Forestier.

Gonzague Truc tem Racine como tão extremo e tão moderno em sua passionalidade que disso tira a explicação para a crítica muitas vezes superficial de seus contemporâneos e do século XVIII; só se pôde compreendê-lo quando, a partir de Rousseau, foi universalmente franqueada a visão das profundezas humanas; isso é perfeitamente pertinente, com a ressalva de que cada "público" — e Racine já trabalhava para um público —, pela sua própria essência, considera a arte como algo solto, a serviço do deleite, portanto trata de pôr de lado tudo quanto nela

---

[11] *Op. cit.*, p. 280.

haja de árduo, e desse modo, mesmo após Rousseau, só fez transformar a percepção anímica alcançada num novo deleite mais complicado. Mas me parece correto dizer que os contemporâneos estiveram longe de reconhecer o alcance da obra de Racine. Somente os jansenistas, na época em que foram inimigos seus, parecem tê-la avaliado corretamente, e tal circunstância oferece-me o ensejo de algumas observações que a mim próprio chamaram a atenção na leitura de Racine.

No início de sua carreira, quando Racine cortou laços com os jansenistas, no seio dos quais fora criado, Nicole escreveu contra um poeta chamado Des Marets de Saint-Sorlin um panfleto que Racine em parte relacionou a sua própria pessoa. Ele respondeu e mostrou nas duas cartas que escreveu nessa ocasião[12] a malícia elegante e sensível de sua juventude no mais pleno brilho; e na época foram proferidas, pela parte contrária, bem entendido, algumas memoráveis palavras sobre o drama encenado ao público: Um fazedor de romances e um poeta de teatro, diz Nicole,

> é um envenenador público, não dos corpos, mas das almas dos fiéis, que deve ser visto como culpado de uma infinidade de homicídios espirituais, ou que ele causou de fato ou que pôde causar por seus escritos perniciosos. Quanto mais ele cuidou de cobrir com um véu de honestidade as paixões criminosas que neles descreve, mais as tornou perigosas, e capazes de surpreender e corromper as almas simples e inocentes.[13]

E um outro, Goibaud du Bois, a quem Racine respondeu, expressa-o quase com clareza ainda maior:

---

[12] *Lettres à l'auteur des hérésies imaginaires.*

[13] Citado segundo a edição de Racine a cargo de Mesnard (*Grands écrivains*), vol. 4, p. 258.

Pois afinal, já que todo o mundo sabe que o espírito do cristianismo só age para apagar as paixões, e que o espírito do teatro só trabalha para acendê-las, quando acontece de alguém dizer um pouco rudemente que esses dois espíritos são contrários, é certo que o melhor para os poetas é não responder, a fim de que não se replique [...].[14]

"Ele pertencia a um tempo que fundava sua conduta na crença de dar todo seu sentido a essa disputa entre moral e teatro, na qual não saberíamos mais entrar animados do mesmo estado de espírito", diz Gonzague Truc.[15] Sem dúvida alguma. Mas isso não deve nos impedir, por nosso turno, de também ousar a tentativa; talvez se consiga, sim, compreender o pleno significado daquelas palavras.

Temos aqui um dos primeiros documentos da luta entre cristianismo e arte mundana, que até os dias de hoje não teve trégua. Até ali a luta da Igreja era contra os hereges ou os inimigos políticos; o mundanismo como tal não era um inimigo, movia-se dentro de seus horizontes, e as eventuais desordens dos apetites não tinham nenhuma importância precípua, que pusesse em risco a existência do cristianismo. Aqui a coisa é diversa. O desejo terreno, nos gregos e também em Shakespeare considerado como sucesso natural, como amável ou terrível dádiva dos deuses, mas sempre como um destino humano terreno, na Idade Média cristã combatido como mal e pura e simplesmente vil, foi promovido à dignidade de um conteúdo anímico independente, essencial e autônomo, de algo em si mesmo digno de admiração e sublime, e ameaça substituir o cristianismo e em ge-

---

[14] *Op. cit.*, p. 292.

[15] *Racine*, p. 47.

ral toda humildade devota por uma espécie de metafísica das paixões. Cabe lembrar aqui que a paixão erótica deve originalmente tal promoção a seu vínculo com o culto a Maria e à união mística com Deus, e que o culto europeu à mulher deita raízes na mescla de índole cavalheiresca e ideia de redenção. Mas ali, no século XVII francês, paixão erótica e culto à mulher libertaram-se, povoam as mentes como conteúdo próprio e como ideal; o público, uma categoria sociológica bem recente, cuja ascensão acima do povo não depende mais de espírito ou nascimento, senão principalmente de um fundamento material que cria as mesmas condições e hábitos vitais, vê no romance e no drama o prêmio da grande paixão terrena e nela vislumbra o sinal da mais excelsa e sublimada humanidade. Com isso apartou-se ele definitivamente — e de maneira bem mais intensa que, antes, as elites feudais — do povo; pois este, unido pela lida e fadiga diárias às fontes naturais da vida, entrevê nos desejos próprios, é verdade, algo concreto, justo e, em certas circunstâncias, também poético (a saber, quando o curso natural defronta-se com obstáculos trágicos), mas nunca a rigor algo de sublime e que sirva de ensejo para a autocontemplação enfática.

Não se trata aqui somente do amor, mas do desejo mundano em geral e de uma autonomia e hipertrofia da personalidade humana, inteiramente novas. Já em Corneille (para não falar dos romances) a virtude é demasiado heroica e patética para que ainda tenha lugar nos horizontes de um imaginário cristão ou de algum modo devoto; e Racine conduz cabalmente a expansão e o desdobramento da personalidade mundana — que ele capta de forma mais profunda e concreta que seus antecessores — à mais esplendorosa floração.

Pois que outra coisa é o conteúdo e o anseio de seus personagens senão o culto à paixão, o desdobramento e a sublimação dos instintos ou, para empregar uma expressão de Vossler, o proselitismo de corações e mentes? Racine avançou fundo nas fronteiras dentro das quais as paixões propiciam uma agradável diversão, e somente o embotamento causado pela dilatada fama e pela leitura escolar abrandou aos poucos seu efeito. Seus personagens são de imensa vitalidade, quase todos se movimentam na perigosa cumeeira entre paixão e morte, e mesmo as mulheres desdenham, quando se trata de seus instintos, o bem escasso da vida. *Andrômeda* não é uma canção celestial, mas uma selvagem luta dos instintos; a heroína não é uma alma nobre como a Ifigênia de Goethe, mas a filha de Príamo e viúva de Heitor, prisioneira do homem que, junto a seu pai, foi a causa de todo o seu infortúnio; ela se apega com a força de um vigoroso coração, com instinto de conservação feminina, à dignidade e integridade de seu passado, enquanto já lhe brotam novos instintos (a cena junto ao corpo de Pirro, na qual ela revela seu amor, Racine só a riscou a conselho de amigos); sua vontade de morrer e as ternas palavras com que o anuncia não são "magnanimidade evangélica", mas arguta adequação a uma decisão bárbara; e a última coisa que dela ouvimos mostra que, após a inesperada morte violenta de Pirro a seu lado, ela logo se desvencilha de sua própria predisposição para a morte a fim de, impassível e imperturbada, assenhorear-se das circunstâncias favoráveis. Em *Berenice* o acento não recai sobre a renúncia heroica da rainha, mas exclusivamente no suplício da paixão, que em seu infinito requinte e perfeição poético-formal só faz revelar com ímpeto tanto maior sua onipotência e *dignitas* supraterrena. Truc observa muito bem que a peça é *cornélienne par accident*, que Racine teria preferido um desenlace trágico (que o texto de Suetônio lhe proibia), e que a morte só fora postergada:

> [...] essa agonia que se entrevê e na qual se entra, essa morte já iminente e que só se retarda para refinar-se, esse remorso di-

lacerante de uma suprema alegria da qual se priva no momento de tocá-la com os lábios, constituem "impressões trágicas" suficientes e mergulham bem fundo nessa "tristeza majestosa" que, segundo Louis Racine, "consiste no maior prazer da tragédia.[16]

Como é característica a expressão *tristesse majestueuse*! E na *Fedra*, finalmente, a pureza de coração de Fedra e todo o aparato de autocensura só servem, por sua vez, como relevo para a força dos desejos. Pois o que é sua desventura, afinal, para que ela própria e os espectadores tomem de maneira tão solenemente trágica sua alucinada paixão por Hipólito? "Pois tudo é ilusão", diz Vossler:

> Hipólito não é filho dela, Teseu é dado como morto, não se trata de incesto, e ao que parece nem de adultério, quando muito de um mau gosto; mas Hipólito não lhe retribui de maneira alguma seu amor, e assim o melhor a fazer seria que ela tirasse a coisa da cabeça, tanto mais depois de descobrir que, de resto, o jovem está comprometido.[17]

Essas palavras belas e bem alemãs, escreveu-as Vossler, e com isso atinge o âmago da questão: toda a tragicidade da peça repousa na crença na invencibilidade e na gravidade última, de certo modo transcendente, da vida dos desejos. E uma verdadeira expiação está fora de cogitação. Fedra, ainda agonizante, lamenta não ter podido pecar,[18] e se nessa peça certamente ocorreu a Racine a ideia dos preceitos jansenistas, ele os empregou unica-

---

[16] Truc, p. 82.

[17] *Ibid.*, p. 121.

[18] Ver Truc, pp. 115 ss.

mente como contraste, como acento antagônico para realçar o efeito. Isso tudo, claro, não se presta a demonstrações matemáticas e é em última instância questão de sentimentos, mas temos sem dúvida o sentimento universal do nosso lado. As infinitas lágrimas que correram pelos heróis de Racine nos teatros franceses visavam a paixão e não a abnegação, e o que teriam dito os atores, de Montfleury a Mounet-Sully, da Champmeslé a Rachel e Sarah Bernhardt, se lhes fosse proclamado que as tragédias de Racine, a pedra de toque da glória interpretativa, significavam renúncia ao terreno em favor do eterno?

Não podemos tratar aqui das oùtras peças, o que exigiria espaço demais, e além disso já teríamos mais de meio caminho andado. Somente *Atalia* carece ainda de algumas palavras. Pois Racine mudou na feição do tema, mas não na sua essência. *Atalia* não é um drama cristão nem de maneira geral um drama humano, mas uma luta selvagem dos instintos de poder. Nem sinal da essência tradicional e viva do cristianismo; do mais sombrio recesso do Velho Testamento pinça-se um capítulo aterrador, que não se torna mais humano pelo fato de um dos partidos beligerantes ser o legítimo. Pois em *Atalia* Deus governa não porque é bom, mas porque é legítimo; não há purificação alguma; pois a subjugada Atalia insurge-se na derrota e alcança o máximo em autoafirmação anticristã e absolutamente desumana. Daí não ter essa tragédia o sentido histórico-filosófico que é essencial para nosso temperamento, qual seja, que o herói trágico renda-se na morte, e Deus ou o destino não triunfem somente com fogo e espada, mas em seu coração. E *Atalia* é não obstante uma obra-prima, e a obra-prima por excelência de Racine. Aqui os vivos instintos, apesar de sua psicologia magistralmente simples, deixam para trás, em estilo e extensão, tudo quanto ainda pudesse interessar àquele público para quem o poeta escreveu, e é um solitário testemunho, dificilmente compreensível, da força do impulso poético que, com meios tão parcos, com tão severa moderação e tão isento de todo meio meramente superficial, fosse possível suscitar esse efeito. Surge aqui, de fato, por volta de 1700 e na França, todo o horror de um embate entre linhagens de tempos primitivos, e o tom surdo, terrível, do demiurgo todo-poderoso, sanguinário, que conduz os acontecimentos a seu talante, não é diminuído pela pureza e pelo comedido decoro da dicção. Porém cristão ele não é, pois seu conteúdo é anticristão, e humano ele não é, pois nós, seres humanos europeus, acreditamos numa relação mais profunda, mais pessoal, mais intrínseca com nosso destino. *Atalia* permanece uma singular floração de um tempo singular e, lançando brotos no intemporal e no alheio ao tempo, porque a abundância do estilo presente destaca-se do tempo, converte-se em paradoxo e não encontra mais acolhida íntima nem eco em lugar algum.

E de fato a Racine jamais interessou a justiça, a terrena ou a divina, por mais que ele próprio acreditasse nisso. Pode-se constatar a superficialidade de seu juízo a esse respeito no prefácio a *Fedra*, onde ele, já em via de regresso à devoção, fala dos vícios e virtudes, e de como são tratados em sua peça. É bem o caso de se ler como uma ironia que a virtude seja posta em relevo e as menores falhas sejam punidas com máximo rigor, quando o inocente Hipólito, que afinal não profanou, tal como em Eurípides, o santuário das deusas, sucumbe de forma tão atroz e irreconciliável, quando Teseu, tão terrivelmente ofuscado, no final persiste incólume e encontra forças para dirigir ordens régias. Que aí apareça a palavra *expier*, devo concedê-lo a Vossler, porém as sensações que, segundo nosso sentimento, ele haveria de ter reclamam uma outra expressão, que Racine decerto saberia encontrar se quisesse. Mas isso não lhe dizia respeito. O interesse chegara ao fim, Teseu não lhe importa mais, e as palavras finais extinguem-se num tom de simples decoro.

Trata-se para ele de coisas inteiramente outras, e o impulso poético vem de uma outra esfera. É, assim nos parece, uma sensibilidade nova e particular ao conteúdo da personalidade humana, que se preparava havia muito, é verdade, mas que logra aqui, sensível e espiritualmente, um desdobramento supremo, uma excelência quase paradoxal e mesmo desesperada. Corneille já revelava pessoas de autoconsciência muito forte; mas abarcava o tema de maneira sobretudo ética e racional; Racine encontrou as fontes da dinâmica individual nas profundezas do instinto. Seus personagens têm uma sensibilidade aguçada e ligeiramente ciosa de sua dignidade e integridade pessoais, embora não se trate propriamente da dignidade humana em geral, tampouco do orgulho objetivo que repousa na tradição e na atividade coroada de êxito; também não basta querer cingir-se ao conceito de *gloire* e apresentar o conteúdo individual dos personagens de Racine como uma sensibilidade sem substrato — baseada numa abstração das palavras *rei, princesa, herói*, no lugar e na posição que ocupam; antes, sua dignidade e autoconsciência encontram seu fundamento na possante vitalidade, no caráter inquebrantável de sua vida instintiva. Mesmo os personagens femininos mais pacatos, como Bérénice, Monime, Iphigénie, Esther, criam, assim nos parece, sua pureza a partir de uma autoconsciência, e, da maneira mais espantosa, a perspicácia, o decoro, o pudor e a mais recôndita natureza feminina servem a um efeito sensível.

A hipertrofia da individualidade sensível é tanto mais notável e difícil de apreender uma vez que as figuras são representadas, não por sinais particulares em sua manifestação única, senão de modo bastante típico, e de certa forma só ganham o seu caráter a partir da situação dramática em que se encontram. Não apenas seu caráter terreno, toda sua vida terrena permanece às escuras. É absolutamente impossível (ao contrário dos personagens da tragédia grega, em que Édipo não só figura, mas evidentemente também é rei) imaginá-las nas atividades e nos afazeres diários que cabem a sua posição; embora algo assim chegue mesmo a ser mencionado, só o é no sentido mais genérico e abstrato. Sem dúvida isso consta das exigências do estilo da época, mas nem por isso é menos característico. Assim, todos esses personagens permanecem alheios à terra e à realidade, não têm uma esfera de vida cotidiana, figuram apenas e são apenas receptáculos vazios para suas paixões e instintos vitais tornados autônomos. Livres de todos os grilhões diários, sem laço terreno ou porventura transcendente, levam uma vida como que supraterrena, suavizada apenas pelo decoro formal de sua educação.

Temos de nos privar aqui de entrar em detalhes sobre as causas e efeitos desse sentimento de vida, e particularmente também sobre a contracorrente religiosa que lhe é antagônica, embora afim na estrutura interna. Que se note, porém, que Racine permaneceu e tinha de permanecer sem sucessor; só fortemente diluída transpôs-se a paixão autônoma para os romances, e nestes, como já notou Brunetière, a obra de Racine exerceu significativa influência. Mas também aí emergiram outras correntes de outras partes que, reforçando, contestando e remodelando aquela influência, gradativamente apagaram os seus traços. Na Alemanha, porém, desde o despertar de uma cultura nacional, Racine permaneceu incompreendido e pouco amado; ele nos é estranho no bem e no mal. Não vivemos uma era régia, um século de Luís XIV, e não possuímos uma camada social que, liberta dos vínculos do curso diário, tenha podido livremente representar e fruir seus desejos; e uma certa humildade aqui e ali pequeno-burguesa, mas uma vez ou outra também nobre, resiste em nós a uma casta dominante tão formal, que ignora outro conteúdo da vida a não ser suas paixões.

## *La cour et la ville*

Nas fontes contemporâneas, duas novas designações para a camada a que as obras de literatura, e as de teatro em particular, são destinadas encontram-se lado a lado com algumas expressões bastante gerais — *lecteurs, spectateurs, auditeurs, assemblée*. São elas *le public* e *la cour et la ville*.

Originalmente, *le public* significa decerto, quando empregado como substantivo, o bem comum, o Estado. Assim o utiliza Corneille no *Horace* (v. 443: *mais vouloir au public immoler ce qu'on aime* [mas querer imolar ao público o que se ama]) e no *Œdipe* (v. 730: *vivez pour le public comme je meurs pour lui* [vivei para o público como eu morro por ele]); assim também o empregam Retz, La Fontaine (*O vous dont le public emporte tous les soins, magistrats, princes et ministres...* [Ó vós a quem o público é alvo de todos os cuidados, magistrados, príncipes e ministros...], *Fábulas*, XII, 28) e La Bruyère, em quem muitas vezes é difícil distinguir o antigo e o novo sentido da palavra.[1] O dicionário

---

[1] *Je rends au public ce qu'il m'a prêté* [devolvo ao público o que ele me emprestou] (Introdução a *Les caractères*) e *Il se trouve des maux dont chaque particulier gémit et qui deviennent néanmoins un bien public, quoique le public ne soit autre chose que tous les particuliers* [Há males de que cada um em particular se quei-

de Littré pode nos induzir a supor que a nova acepção de "público" só se desenvolveu na segunda metade do século; os primeiros exemplos por ele exibidos são trechos de cartas de Madame de Sévigné datadas de 1668; mas isso seria um equívoco. Já no século XVI há exemplos isolados;[2] Racan põe a palavra na boca de Malherbe, e ela ocorre em Théophile;[3] como "público de teatro", em particular, ela aparece em 1629 na *Requête des Comédiens de la Troupe Royale*:[4] ... *depuis qu'il auroit plû au feu Roy, que Dieu absolve, et à vous, Sire, les retenir pour leur représenter, et au Public, la Comédie...* [... eis que seria do agrado do finado rei, que Deus o tenha, e a vós, Sire, retê-los para lhes representar, e ao público, a comédia...]; este é o exemplo mais remoto de que tenho notícia. Nele o sentido talvez pudesse ser ainda "em público"; mas na *Epître* sobre *La Suivante* (1634), de Corneille, o sentido é bastante claro: *Je traite toujours mon sujet le moins mal qu'il m'est possible, et après avoir corrigé ce qu'on m'y fait connoître d'inexcusable, je l'abandonne au public* [Trato sempre meu tema o menos mal que me é possível, e, após haver corrigido o que me fazem notar de indesculpável, entrego-o ao público]. Também aqui o sentido é "tornar público", mas, ainda mais inequivocamente que no primeiro exemplo, trata-se de uma plateia de tea-

---

xa e que no entanto se tornam um bem público, embora o público não seja mais que a reunião de todos os particulares] (*Du souverain et de la république*, Par. 7).

[2] Henri Estienne, *Apologie pour Hérodote* (1566; reimpressão Paris, 1879), v. I, p. 35: *le public (j'enten la communauté des amateurs des lettres)...* [o público — entendo a comunidade dos apreciadores das letras]). Isto é, ele acha necessário definir a palavra neste sentido. Montaigne ainda emprega *le peuple* a esse propósito (*Essais* III, 2, começo). Cf. também Larivey segundo Lintilhac, *Histoire génerale du théâtre français*, II, 352.

[3] *Carta a Balzac*.

[4] Segundo Parfaict, *Histoire du théâtre françois*, v. III, p. 226.

*La cour et la ville*

tro já formada e pronta para assistir à peça,[5] de um público. Aos poucos, portanto, lado a lado e em substituição ao sentido de Estado ou "esfera pública no sentido político", derivado da *res publica*, o termo desenvolveu o sentido de "esfera pública em sentido publicista". Isso ainda não permite concluir que a palavra se referisse a uma determinada fração sociologicamente circunscrita da esfera pública — no sentido que nós damos a "público", como público ilustrado e próspero, como público burguês, em suma. Sobre isso a simples ocorrência da palavra ainda não afirma nada; quando muito se poderia alegar que, na sua ocorrência, ela anunciaria uma recusa da palavra *peuple* nesse sentido. Mas também *peuple* continua a ser utilizada para os espectadores habituais. Em si mesma, a palavra *public* em sentido sociológico ainda não diz muito; ela própria carece, no século XVII, de análise e interpretação.[6]

*La cour et la ville* vai bem mais longe neste aspecto. A expressão aparece, que eu saiba, pela primeira vez no século XVII; os primeiros exemplos que descobri datam dos anos 1650:[7] Boisrobert (em Parfaict, VII, 313) fala, em 1651, de *toute la ville et toute la cour*, Scarron, em 1654, de *la cour et la ville* (Parfaict,

---

[5] Exemplos adicionais anteriores: Scudéry em Parfaict, IV, 442 (1629), na dedicatória de *Medée*, de Corneille, a Monsieur P. T. N. G. (1639) e nas polêmicas sobre *Le Cid*.

[6] Durante todo o século, *le public* é por vezes idêntico à segunda parte da combinação *la cour et la ville*. Ver Molière, *Le malade imaginaire*, II, 6, no qual *les grands* são contrastados com o *public*; ou Baillet, *Jugement des savans* (1685), IV, 385: [*Britannicus*] *est maintenant de toutes ses pièces celle que la Cour et le Public revoient le plus volontiers* [De todas as suas peças, [*Britannicus*] é agora aquela que a corte e o público reveem com mais gosto].

[7] Como me informa o artigo de F. Schalk, já aparece nas *Mémoires* de Sully (cf. *Volkstum und Kultur der Romanen*, VII, I).

VIII, 104); mas ao lado dessas encontram-se ainda certas combinações tais como *le peuple et la cour, le courtisan et le bourgeois, Paris et la cour*. Aos poucos, palavras como *peuple* e *bourgeois* rareiam nesse contexto, dando lugar a *la cour et la ville*; em Boileau e La Bruyère, por exemplo, ela aparece como expressão padronizada para a sociedade e público literários.

O que *la cour* significa nessa expressão é relativamente fácil de definir: é a corte, o círculo do rei. Não seria necessariamente lícito equiparar por completo *la cour* à nobreza, embora vez por outra ela seja empregada nesse sentido; há também pessoas influentes na corte cuja origem e espírito estavam ligados à grande burguesia; e de outro lado há também, como veremos, fortes tensões entre a atitude estética da corte e a de boa parte da aristocracia. Aliás, foi somente aos poucos que a corte elevou-se a suporte do gosto literário. Vaugelas, que é o primeiro a reportar-se a ela, ainda fala com toda a cautela de *la plus saine partie de la cour* e acrescenta uma definição: *Quand je dis la cour, j'y comprends les femmes et les hommes, et plusieurs personnes de la ville où le prince réside, qui, par la communication qu'elles ont avec les gens de la cour, participent à sa politesse*[8] [Quando digo corte, tenho em mente mulheres e homens, e ainda muitas pessoas da cidade onde o príncipe reside, que, pela comunicação que têm com a gente da corte, participam de seu refinamento]. Aqui já se vê formar-se uma unidade em que se fundem *la cour et la ville*. Nem *cour* nem *ville* nela estão inteiramente incluídas, mas somente uma elite de ambas. Mais tarde, no reinado de Luís XIV, a corte inteira torna-se uma unidade cultural. E quanto a *la ville*? Vaugelas pensa em toda a população de Paris, num sinônimo fortuito de *le peuple* ou *le bourgeois*, ou apenas em sua fina flor?

---

[8] Prefácio a *Remarques sur la langue française*.

*La cour et la ville*

É sem dúvida somente numa parte específica da população urbana, e justamente por isso é importante acompanhar como *la ville* reprime as designações mais antigas *peuple* e *bourgeois* — e a partir disso é possível também interpretar o crescente significado de *le public*. O caráter elitista da palavra *ville*, cuja evolução é muito semelhante à das palavras latinas *urbs*, *urbanus*, *urbanitas*, já se evidencia em testemunhos mais antigos que a combinação *la cour et la ville*. Quando Régnier, na sátira nona, falando ironicamente no tom de Malherbe, escreve o verso

*Belleau ne parle pas comme on parle à la ville*

Belleau não fala como se fala na cidade,

é fato que se refere, como atestam as alusões seguintes a *peuple* e *crocheteurs à Saint-Jean* [bandoleiros], ao povo de Paris; mas aqui já se vê como, a partir do espírito da obra de Malherbe, que busca suas raízes no solo popular mas apara e poda a planta, o conceito elitista da *urbanitas* ganha forma. Quando Corneille, em cuja obra a fórmula *la cour et la ville* é ainda rara, diz a respeito de si mesmo quando jovem[9]

*bon galant au théâtre et fort mauvais en ville*

bom galante no teatro e triste figura na cidade,

não há a menor dúvida de que, por *ville*, se refere aos salões. Tão logo a fórmula se firma, em Molière, Ménage, Boileau, o significado de *ville* — "sociedade metropolitana" — torna-se claro. Cabe citar alguns exemplos particularmente nítidos. Boileau (*Satire* 10, 186):

---

[9] Presumivelmente antes de 1640. Ver a carta de Corneille para Pellisson (*Œuvres*, ed. Marty-Laveaux, X, p. 477).

> *Entre nous, verras-tu d'un esprit bien tranquille*
> *Chez ta femme aborder et la cour et la ville?*
>
> > Cá entre nós, verás de espírito bem tranquilo
> > Abordar a casa de tua mulher a corte e a cidade?
>
> *Étudiez la cour et connaissez la ville;*
> *L'une et l'autre est toujours en modèles fertile*
> *C'est par là que Molière, illustrant ses écrits*
> *Peut-être de son art eût remporté le prix,*
> *Si moins ami du peuple, en ses doctes peintures*
> *Il n'eût point fait souvent grimacer ses figures.*
>
> > Estude a corte e conheça a cidade;
> > Uma e outra são sempre férteis em modelos:
> > Se Molière assim ilustrasse seus escritos,
> > Se, menos amigo do povo, não tivesse em suas
> > Doutas pinturas feito de tantas figuras caretas,
> > Talvez tivesse levado a palma com sua arte.
>
> > (*Art poétique*, III, 394)

Aqui, *ville* é fartamente contrastada a *peuple*; para Boileau, a gente comum só podia ser grotesca.

Quando, em *Le misanthrope* (I, I) de Molière, Alceste, o jovem aristocrata, diz:

> > *la cour et la ville*
> > *Ne m'offrent rien qu'objets à m'échauffer la bile*
>
> > > a corte e a cidade
> > > Não me oferecem mais que objetos para me ferver a bile,

as palavras definem simplesmente seu ambiente social.

E por fim Ménage, no capítulo 19 de suas *Observations*: *C'est ainsi que parlent les dames de la cour et de la ville qui parlent le mieux* [É assim que falam as damas da corte e da cidade que falam melhor].[10]

Antes de nos aprofundar na estrutura moral e material da *cour* e da *ville*, examinemos a relação mútua entre as duas. Evidentemente, elas formam ou vieram a formar uma unidade cultural. Mantinha cada parte desta unidade sua independência ou exercia a corte uma liderança intelectual, de acordo com sua posição social? Taine partilha desta última opinião quando, em seu ensaio sobre Racine como espelho dos costumes de sua época,[11] descreve a sociedade do século XVII como monárquica e aristocrática. Uma inferência desse tipo pode parecer justificada por La Bruyère, mas La Bruyère escreveu nos anos 1680, quando já passara a época de ouro do teatro, e além disso ele não é um escritor fácil de se entender, pois não tem nenhum objetivo sistemático e está longe de organizar o seu material como gostaríamos que tivesse feito. De seu capítulo "*De la ville*", pode-se inferir o que já sabemos, que o termo referia-se a um círculo puramente social, cujos principais motivos de ação eram a vaidade e o desejo de impressionar; e mais, que essa sociedade era formada por funcionários titulados (*robe*) e pela burguesia rica. Cumpre aqui observar que os dois grupos estavam intimamente relacionados, pois as posições oficiais eram negociáveis e hereditárias, e a burguesia valia-se delas para satisfazer seus desejos de ascensão social; falaremos em detalhes a respeito mais adiante. La Bruyère nada diz a esse propósito. Ele trata da parvoíce desta classe, refletida

---

[10] A expressão e a visão da sociedade ligadas a esta afirmativa espalharam-se amplamente e tiveram uma longa vida. Ao congratular Karl Zelter pelo noivado de seu filho, Goethe escreveu a 1º de janeiro de 1817: "A corte e a cidade aprovam a união, que será a base de esplêndidas relações sociais". Ver também a carta de Goethe a Carus de 10 de outubro de 1824.

[11] *Nouveaux essais de critique et d'histoire.*

em sua imitação das maneiras aristocráticas e nas fabulosas somas de dinheiro que dissipavam por vaidade; em alguns retratos, descreve o vazio de seus corações e sua alienação tanto face ao povo como face à natureza. Por contraste, tem até algumas palavras gentis em relação à corte; e já que em geral enxerga as loucuras da "cidade" como uma caricatura da corte (*Paris, pour ordinaire le singe de la cour* [Paris, que em geral macaqueia a corte)], pode-se ficar tentado, lendo-o, a aceitar a conclusão de Taine: que a corte era o elemento dominante na cultura do século XVII, particularmente em sua segunda metade, e que tudo o mais era simplesmente tributário da corte aristocrática.

Mas certamente este não era o caso na primeira metade do século. As forças espirituais da época não vinham da corte ou do povo, mas da classe que ficou conhecida mais tarde como *la ville*. As cortes de Henrique IV, Luís XIII e Ana da Áustria pouco contribuíram para o classicismo que tomava forma nessa época, e mesmo a proteção e o patrocínio de Richelieu à vida cultural eram irregulares e arbitrários demais para nela imprimir seu selo. Malherbe, Hardy, Balzac, Corneille e os senhores de Port-Royal foram educados e escreveram suas obras longe da corte; suas relações com ela variavam, mas nenhum deles foi influenciado decisivamente por ela. *Le Cid* triunfou apesar de Richelieu; a Academia nasceu espontaneamente e, a princípio, aceitou sua proteção muito a contragosto; Mme. de Rambouillet e seu grupo, os criadores do preciosismo, mantiveram-se afastados da corte como medida de precaução. Homens como Descartes, Pascal e o círculo de matemáticos e cientistas do qual se originaram pertenciam à grande burguesia, que forneceu a maior parte das melhores cabeças do século, e não tinham maiores ligações com a corte. A primazia da corte só se instaurou com a ascensão ao poder de Luís XIV, depois da morte de Mazarin, ou seja, por volta de 1660. Este foi o verdadeiro começo do "século de Luís

XIV", e não começou sem luta. É nas lutas ou conflitos intelectuais dos primeiros anos do reinado que *le public* e *la cour et la ville* ganham forma definitiva, e para compreendermos sua natureza e composição devemos estudar esses conflitos. A controvérsia em torno de Molière fornece uma clara ideia a respeito. Molière, que conquistara seus primeiros triunfos em Paris, tornara-se o protegido, pode-se dizer quase que o amigo, do rei, ele próprio um jovem de vinte anos. Essas polêmicas sobre Molière refletem uma luta entre duas gerações que dividem o século em dois segmentos distintos. No primeiro, racionalismo, reforma linguística, preciosismo, heroísmo romântico e *tendresse* vivem lado a lado e em misturas instáveis, numa época marcada por partidarismos políticos e religiosos. No segundo, todas essas correntes são subjugadas e sintetizadas para formar uma cultura homogênea. Nas polêmicas sobre Molière nos anos posteriores a 1660, podemos acompanhar a ofensiva dos novos grupos e os últimos sinais de resistência dos velhos; daí ser Molière, nos anos de luta em Paris, uma importante testemunha para nós.

Molière teve a corte e o público a seu lado desde o começo; a oposição vinha de certas facções e grupos isolados, alguns ainda muito poderosos. Muitos de seus detratores eram apenas invejosos — atores de outros teatros e alguns dramaturgos, e também aqueles que se sentem alvo de sua sátira, mas raramente esses motivos pessoais são os únicos; quase sempre eles encobrem uma divergência mais fundamental. Cumpre aqui deixar de lado todas as polêmicas pessoais baseadas na inveja e no rancor e tentar identificar certas posições fundamentais.

Em primeiro lugar, havia os salões das *précieuses*, das *ruelles*. Satirizados em *Les précieuses ridicules*, eles reaparecem no estraga-prazeres da cena de abertura de *Les fâcheux* e são tratados extensamente na peça *La critique de L'école des femmes*; são objeto de mais zombaria em *L'impromptu de Versailles*, no qual se observa que o *marquis ridicule* transformara-se numa figura obrigatória da comédia, tomando o lugar antes assinalado para o *valet bouffon*. Os "preciosos", como vemos, eram predominantemente nobres, embora um bom número de burgueses os macaqueassem por esnobismo. Os "marqueses", no retrato de Molière, exageram a moda, falam o jargão precioso cheio de imagens fátuas e trocadilhos deploráveis; não compreendem nada, mas opinam sobre todas as coisas; monstros de presunção e vaidade, consideram-se os donos do teatro, sentando-se no palco e perturbando o espetáculo com seu comportamento espalhafatoso. Querem decidir por si mesmos se uma peça é ou não é um êxito artístico, veem-se como árbitros natos e comportam-se como se os autores das peças fossem seus criados pessoais. Um deles gaba-se de que meia dúzia de *beaux-esprits* espera seu *lever*; um outro, de que Corneille (o poeta representativo da geração mais velha) lê para ele tudo o que escreve. Para coroar tudo isso, as mulheres desmancham-se numa afetação absurda. No todo, a crítica é dirigida contra a sociedade dos preciosos, que já estava em franco declínio; em oposição, Molière advogava o bom senso, a naturalidade e a razão. Estes aspectos são confirmados pela crítica aos atores do Hôtel de Bourgogne, sobretudo Montfleury, cujo *páthos* trágico (*faire ronfler les vers* [fazer ressoar os versos]) era muito admirado pelos marqueses. A sátira de Molière era particularmente inventiva nesse sentido, e, embora não tenha produzido nenhum efeito duradouro — o Hôtel de Bourgogne continuou a ser o principal palco trágico —, percebemos aqui um elemento importante de sua influência geral. O trecho de *L'impromptu* em que os reis são ridicularizados no estilo de Montfleury: *Vous moquez-vous? il faut un roi qui soit gros et gras comme quatre...* [Estais brincando? Um rei precisa ser tão grande e gordo quanto quatro homens juntos...], certamente provocou uma bela gargalhada no rei, esbelto e elegante na época, com seus 24 anos de idade; e essa cena testemunha o sentimento de solidariedade baseado na juventude que, nos primeiros anos do reinado, unia Molière, Racine, La Fontaine e Boileau, um sentimento que algumas vezes permitiu que Molière tivesse no rei uma espécie de cúmplice.[12]

A situação se mostra mais claramente em *La critique de L'école des femmes*. No debate, o cômico Marquês e Lysidas, o poeta pedante, representam os adversários preciosos de Molière; Dorante fala em nome do autor. Os *marquis* "preciosos" já são minoria e só têm desprezo por seus adversários, os admiradores de Molière. Mas quem são esses admiradores que os *précieux* desprezam? Em primeiro lugar, o grande público; ele aparece em *La critique de L'école des femmes* como o *parterre*, a plateia.[13] O Marquês da *Critique* despreza o *parterre*, e Dorante, que vem em sua defesa e fala por Molière, parece jogar o *bon sens du peuple* contra o preciosismo do aristocrata; mas a coisa não é tão simples assim. Isso porque Dorante, ele próprio um *chevalier*, deixa claro que está atacando somente uma certa parte da nobreza; ele tem em mente, diz, apenas *une douzaine de messieurs qui déshonorent les gens de cour par leurs manières extravagantes et font croire parmi le peuple que nous nous ressemblons tous* [um punhado de cavalheiros que desonra a corte com suas maneiras extravagantes e leva o povo a pensar que somos todos iguais]; e logo recebemos a confirmação deste ponto de vista. Pois em resposta a Lysidas — o pedante invejoso que está unido ao Marquês e deseja derrotar

---

[12] Há uma história que diz que o rei inspirou a cena do caçador em *Les fâcheux* (*Ménagiana*, III, 24; Grimarest, *Vie de Molière*, ed. Liseux, p. 22).

[13] O *parterre* corresponde topograficamente, embora não sociologicamente, à nossa plateia; era o setor mais barato de uma casa de espetáculos e consistia apenas num espaço onde se ficava em pé. Diremos mais a este respeito adiante.

Molière, seu rival bem-sucedido, com a ajuda das regras —, Dorante cita a recepção favorável de *L'école des femmes* na corte; e agora fica claro que Lysidas despreza a corte tanto quanto seu aliado, o Marquês, despreza o *parterre* — bem no estilo da velha geração dos "preciosos", a geração do Hôtel de Rambouillet, cuja recusa em seguir a conduta da corte grosseira e inculta daquela época era inteiramente justificada. Mas a situação mudara: agora os verdadeiros letrados, pessoas cultas e homens do mundo estão na corte; é ali que se forma o gosto e o julgamento mais refinado — Dorante defende a corte contra o pedante Lysidas com o mesmo entusiasmo com que defendera o *parterre* contra o Marquês; em *Les femmes savantes* (IV, 3), escrita alguns anos depois, Clitandre fala a Trissotin nos mesmos termos. Eis a situação, tal como Molière a descreve: *bon sens*, *naturel* e *bon goût* devem existir tanto no *parterre* quanto na corte. Cumpre esforçar-se para agradar a ambos; em termos de juízo natural e fundamentado, não há diferença entre os dois, embora as opiniões do *parterre* sejam mais diretas e menos sutis do que as da corte; os inimigos de tal juízo são os marqueses preciosistas e os pedantes, que em sua extravagância desdenham tanto a corte quanto o *parterre*. Boileau transmite uma impressão semelhante, mas substitui o *parterre* pela sociedade parisiense, *la ville*. Voltaremos a examinar a questão relativa ao caráter e à composição do *parterre*, pois talvez ela possa nos conduzir a rever em boa parte o quadro que esboçamos do público de teatro extraído de nossa primeira análise de *la cour et la ville*. Por ora, basta dizer que a unidade cultural que surgiu por volta de 1660 e que forneceu a base da grande época clássica resultou de uma aliança, quando não de um convívio íntimo, entre o rei e seu círculo, por um lado, e, por outro, de certos estratos da população urbana, cuja posição sociológica ainda precisamos definir; que essa aliança voltou-se contra o preciosismo e o pedantismo; que o grito de guerra, justificado ou não, era *bon sens* e *naturel*. Sem dúvida alguma, o rei e a corte eram os representantes, os líderes sociais dessa aliança; mas isso não nos diz quem forneceu a substância das novas atitudes, não esclarece sua origem social. Seja como for, só podemos identificá-los com a aristocracia cortesã se tivermos em vista que os dois conceitos em jogo haviam sofrido grandes mudanças desde o século anterior. Mas, mesmo assim, a corte caracterizava-se mais pelo seu desenvolvimento das novas ideias do que pela sua capacidade de originá-las. O rei adotou-as porque se afinavam com seu espírito sólido e exuberante e com sua política nada aristocrática. Em virtude de seu poder extraordinário, essas ideias passaram por uma mudança: ele que, a princípio, era seu patrono e protetor, tornou-se seu centro e sua meta. Na raiz, porém, elas permaneceram não exatamente populares, mas burguesas, essencialmente uma reivindicação de bom senso e de atitudes naturais contra o maneirismo aristocrático. O que faz com que a situação seja difícil de ser avaliada é que as duas partes do conflito expressavam-se no estilo do Barroco tardio que, como um todo, nos soa amaneirado e cortesão. E no entanto o que se expressa na fórmula *la cour et la ville* é uma aliança autêntica, um retorno a Malherbe contra Vaugelas e os *précieux*. É bem característico, por exemplo, que a mesma anedota tenha sido contada acerca de Malherbe e Molière: dizia-se[14] que ambos liam seus escritos para os criados ou para as crianças a fim de testar seu efeito. Ao mesmo tempo, a fórmula é uma reminiscência, no plano estético, da velha aliança entre o rei e burguesia que forjou a unidade da França. Dessa aliança — como mostraremos detalhadamente — o povo propriamente dito estava excluído de maneira radical.

---

[14] Ver Boileau, *Réflexion première sur quelques passages de Longin*.

Um outro grupo de adversários de Molière aparece em *Tartuffe*; é a *cabale des dévots*, outra vez uma facção, mas infinitamente mais poderosa e consistente que o resto dos "preciosos". Molière venceu-os com grande dificuldade; se teve êxito, foi apenas porque o humor do rei e seu senso comum "popular" superavam sua visão amarga da realidade espiritual da época. Pois a peça realmente minava a única forma de cristianismo que ainda era possível. Aqueles que, como os adversários de Tartufo, sucumbiam às maneiras naturais estavam perdidos como cristãos; pois caíam num mundo que deixara de ser cristão, que não era mais um mundo de cristãos pecadores, mas um mundo não cristão. Quando certa feita, durante a longa batalha, Molière recorreu ao senhor de Lamoignon, presidente do Parlamento de Paris, que, como representante do rei ausente, proibira a encenação de *Tartuffe* (o rei aprovara-a antes de sua partida), o presidente lhe disse:

> *Je suis persuadé qu'elle (votre comédie) est fort belle et fort instructive; mais ce n'est pas à des comédiens d'instruire les hommes sur les matières de la morale chrétienne et de la religion; ce n'est pas au théâtre à se mêler de prêcher l'évangile.*[15]

---

[15] Citado de Michaut, *Les luttes de Molière* (Paris, 1925), p. 49. Ver também as observações de Ménage em Parfaict, X, 395a, ou *Ménagiana*, I, p. 144. Bem característica é a declaração irônica feita por Saint-Evremond depois de ler *Tartuffe*: *Je viens d'achever de lire* Tartuffe; *c'est le chef-d'œuvre de Molière; je ne sais comment on en a pu empecher si longtemps la représentation; si je me sauve, je lui devrai mon salut. La devotion est si raisonnable dans la bouche de Cléante, qu'elle me fait renoncer à toute ma philosophie* [...] [Acabo de ler *Tartuffe*; é a obra-prima de Molière; não compreendo como conseguiram adiar sua encenação por tanto tempo; se estou salvo, é a ele que devo minha salvação. A devoção é tão razoável nos lábios de Cléante que me faz renunciar a toda minha filosofia...] (de uma carta a M. d'Hervart, citada em P. Mélèse, *Le théâtre et le public à Paris sous Louis XIV* [Paris, 1934], p. 332).

*La cour et la ville*

[Estou convencido de que sua comédia é muito boa e instrutiva; mas não cabe aos atores instruir os homens sobre temas da moralidade e da religião cristãs; pregar o evangelho não é assunto para o teatro.]

A frase é admirável por causa de sua arrogância piedosa, de sua polidez hipócrita e da soberba que dela ressuma. Mas ela seria impossível num mundo cristão. Duzentos anos antes, ninguém contestaria o direito do teatro de pregar o evangelho e a moral cristã. Mas Molière ficou confuso e não achou nenhuma resposta. Ela só veio alguns anos mais tarde, no prefácio para a edição de *Tartuffe*; mas ela já perdera sua relevância; e, principalmente, Molière não tinha prerrogativa para dá-la. Pois ele não prega o cristianismo em seu teatro, e seus espectadores não esperavam dele nada parecido.

Ainda assim, com a ajuda do rei, Molière triunfou sobre os *dévots*. Esse grupo, por poderoso que fosse e por relevantes que sejam os problemas a ele relacionados, não é pertinente ao presente estudo, pois — ao menos como grupo — não participava do público do teatro. Só o menciono aqui porque a controvérsia a respeito de *Tartuffe* esclarece a atitude do rei e do público. Quando finalmente sancionou as apresentações públicas de *Tartuffe* contra a oposição dos *dévots*, o rei não estava adotando os princípios de uma política cultural monárquica, mas cedendo ao espírito do público parisiense.[16] As considerações políticas levaram-no a hesitar, a aguardar um momento favorável; quando enfim chegou este momento, após a *paix de l'église* de 1669, ele seguiu seu impulso natural em benefício de Molière, dos pa-

---

[16] Ainda assim, há um certo fator político a ser considerado, ou seja, a antipatia do rei por panelinhas secretas que tentavam furtar-se a sua influência.

risienses e de si mesmo, autorizando a apresentação pública da peça: concedeu aos parisienses o prazer que ele mesmo encontrara em *Tartuffe*; permitiu a Molière o sucesso e uma boa renda; deu a si mesmo a satisfação de pregar uma peça nos *dévots* que estavam sempre tentando interferir em seus prazeres — incluindo-se aqueles de natureza mais pessoal. Claro, do espírito de que a peça está imbuída, do *bon sens*, a monarquia fez o uso que bem quis; mas, por sua natureza e origem, era um espírito nada autoritário ou monárquico — era o espírito do estamento médio que se emancipava. Algumas décadas depois, nos dias de Madame de Maintenon, Luís XIV teria agido de maneira muito diferente. Nessa época ele já se tornara um monarca puramente autoritário, até mesmo em sua política cultural. Mas nos primeiros dias de seu reinado — e esses foram os grandes dias de Molière, La Fontaine, Boileau e Racine —, ele sentiu e agiu de acordo com o espírito do público parisiense, em oposição aos círculos preciosos, religiosos e em grande parte aristocráticos que tentavam resistir ao novo espírito da corte e da cidade.

Assim, o espírito da grande época clássica não foi simplesmente modelado pela corte e pela aristocracia; de forma alguma foi também o que se poderia chamar de popular — este é o aspecto que devemos reter de nossa análise de *la cour et la ville*. Já nos referimos antes ao *parterre* — a cujo juízo Molière atribuía tanta importância. Mas qual é, afinal, a relação do *parterre* com a *ville*? E este termo se refere a pessoas comuns do povo? É o que pode parecer, já que no trecho mencionado de *La critique de L'école des femmes*, Dorante, o porta-voz do *parterre*, declara

> que le bon sens n'a point de place déterminée à la comédie; que la différence du demi louis d'or et de la pièce de quinze sous ne fait rien du tout au bon goût; que, debout ou assis, l'on peut donner un mauvais jugement; et qu'enfin, à le prendre en géné-

*ral, je me fierais assez à l'approbation du parterre, par la raison qu'entre ceux qui le composent il y en a plusieurs qui sont capables de juger d'une pièce selon les règles, et que les autres en jugent par la bonne façon d'en juger, qui est de se laisser prendre aux choses, et de n'avoir ni prévention aveugle, ni complaisance affectée, ni délicatesse ridicule.*

[que o bom senso não tem nenhum lugar reservado; que a diferença entre uma moeda de meio luís de ouro e quinze soldos não determina nada em matéria de bom gosto; que, de pé ou sentado, pode-se emitir um mau juízo; e que, em geral, eu mais confiaria na aprovação do *parterre*, pois entre os que o compõem, uns são capazes de julgar uma peça de acordo com as regras, enquanto outros julgam do melhor modo, que é o de deixar-se cativar, evitar a oposição cega, a aprovação afetada ou a delicadeza ridícula.]

Isso poderia sugerir que o *parterre* era ocupado pela "gente ordinária, sem educação" e por um punhado de letrados empobrecidos. Para esclarecer a posição e o significado do *parterre*, analisemos em mais detalhe as fontes disponíveis.

O *parterre* era de longe o setor mais barato do teatro, onde se ficava de pé; nas apresentações comuns, os lugares custavam quinze soldos,[17] como ficamos sabendo não apenas através de *La critique de L'école des femmes*, mas também de alguns versos bem conhecidos da nona sátira de Boileau, que também nos diz alguma coisa sobre seus frequentadores:

> *Un clerc, pour quinze sous, sans craindre le holà,*
> *Peut aller au parterre attaquer Attila.*

---

[17] Trinta soldos em espetáculos especiais. Para mais detalhes, ver Despois, *Le théâtre français sous Louis XIV* (Paris, 1874), pp. 105 ss.

Um funcionário, por quinze soldos, sem temer vaia,
Pode frequentar a plateia para atacar Átila.

Aqui os *clercs*, os jovens escriturários dos tribunais de justiça e dos escritórios administrativos, são mostrados como membros típicos do público do *parterre*. Em seu dicionário, publicado no fim do século, Furetière escreve: *Parterre signifie aussi l'aire d'une salle de comédie où le peuple l'entend debout* [Plateia significa também o pavimento de uma casa de espetáculos onde o povo fica em pé], e acrescenta: *le parterre serait le plus beau lieu pour entendre la comédie, sans les incommodes qui s'y trouvent, sans les querelles qui y arrivent* [a plateia seria o melhor lugar para assistir a uma peça, não fossem os desordeiros que aparecem por lá e as brigas que ocorrem]. Esses testemunhos indicam que o *parterre* deve ter sido um lugar turbulento, e isso é confirmado por todos os outros relatos do século XVII que pude encontrar a respeito. Desde fins do século XVI até bem entrado o século XVII, o Hôtel de Bourgogne era um lugar de reputação duvidosa, no qual nenhum cidadão respeitável, e sobretudo nenhuma mulher de boa condição social, punha os pés.[18] Um prólogo publicado em 1610 pelo comediante burlesco Bruscambille nos dá uma ideia do tratamento a que o público estava sujeito e da atmosfera geral nos teatros do período.[19] Em seu *Prologue sur l'impatience des spectateurs*, ele escreve:

---

[18] Esta era a situação até mesmo nos últimos anos da *confrérie de la passion*. Ver Parfaict, *op. cit.*, v. 3, pp. 224 ss., sobretudo p. 237, nota a; e Eugène Rigal, *Alexandre Hardy* (Paris, 1889), cap. 2.

[19] *Prologues tant sérieux que facétieux*. Bruscambille era um nome artístico; seu verdadeiro nome era Deslauriers. Não pude consultar o livro, lendo apenas alguns excertos em Parfaict, *op. cit.*, IV, pp. 224 ss., em J.-A., Dulaure, *Histoire civile, physique et morale de Paris*, 3ª ed. (Paris, 1825), v. 6, pp. 86 ss.; e finalmen-

*La cour et la ville*

[...] *à peine entrés dans ce lieu de divertissement, dès la porte, vous criez, à gorge déployée: commencez, commencez [...] nous avons bien eu la patience de vous attendre de pied ferme, et de recevoir votre argent à la porte d'aussi bon cœur, pour le moins, que vous nous l'avez présenté [...]. Mais c'est encore bien pis quand on a commencé: l'un tousse, l'autre crache, l'autre pette, l'autre rit, l'autre gratte son cul: il n'est pas jusqu'à Messieurs les Pages et les Laquais qui n'y veulent mettre le nez; tantôt faisant intervenir des gourmades réciproqués, maintes fois à faire pleuvoir des pierres sur ceux qui n'en peuvent mais [...]. Pour ces sortes de gens, je les réserve à leurs maîtres, qui peuvent, au retour, par une fomentation d'étrivières, appliquées sur les parties postérieures, éteindre l'ardeurs de leur insolence [...]. Il est question de donner un coup de bec en passant à certains péripathétiques qui se pourmeinent pendant que l'on représente: chose aussi ridicule que de chanter au lit, ou de siffler à table. Toutes choses ont leur temps, toute action doit se conformer à ce pourquoy on l'entrepend. Le lit pour dormir, la table pour boire, l'hôtel de Bourgogne pour ouir et voir, assis ou debout, sans bouger, non plus qu'une nouvelle épousée [...].*

[...] mal entrais nesse local de diversão, bem ali na soleira, já vos pondes a gritar a plenos pulmões: comecem, comecem [...] — nós tivemos a paciência de aguardá-los sem fraquejar e receber vosso dinheiro na porta com pelo menos a mesma boa vontade com que o entregastes [...] Mas é muito pior depois de começada a peça: um tosse, outro cospe, outro peida, outro ri, outro coça o traseiro: até os pajens e lacaios querem meter

---

te em Rigal, *op. cit.*, p. 145. Ver também a bibliografia de Rigal. Os diálogos de Bruscambille também são interessantes na medida em que mostram o advento da metáfora grotesca na linguagem da farsa popular; exemplo: ... *je vous conjure... de recevoir un clystère d'excuses aux intestins de votre mécontentement...*

o nariz; ora trocando golpes, ora jogando pedras naqueles que são incapazes de responder [...] Quanto a esse tipo de gente, eu os despacho para seus donos, que podem, em troca, aplicar-lhes um cataplasma de couro de estribo nos fundilhos e arrefecer-lhes o ardor da insolência [...] Também caberia administrar um corretivo a certos peripatéticos que andam para lá e para cá durante a encenação: coisa tão absurda quanto cantar na cama ou assobiar na mesa. Tudo tem seu tempo, toda ação deve ter um porquê para ser executada. A cama para dormir, a mesa para beber, o Hôtel de Bourgogne para ouvir e ver, sentado ou em pé, tão imóvel quanto uma recém-casada [...].

Parece claro que uma parte do público de Bruscambille incluía um forte elemento do que chamamos a ralé da cidade. Mediante a influência de Alexandre Hardy e de seus sucessores imediatos, esse estado de coisas foi gradualmente remediado nas décadas seguintes. Mas foi um processo bem gradual e o *parterre* era difícil de educar. Quando um teatro foi instalado em sua vizinhança em 1633, os moradores das ruas Michel-le-Comte e Grenier-Saint-Lazare conseguiram fechá-lo — sua petição referia-se à obstrução do tráfego em ruas estreitas povoadas de *plusieurs personnes de qualité et officiers de cours souveraines* [várias pessoas de qualidade e funcionários das cortes soberanas] e reclamava dos roubos e atos de violência que resultavam da presença de um estabelecimento como aquele.[20] Esta atitude foi sendo modificada ao longo do tempo, graças sobretudo a Corneille — cujo *Polyeucte* exerceu uma influência particular nesse sentido — e ao patrocínio de Richelieu, que toma medidas para

---

[20] Parfaict, *op. cit.*, V, 50.

*La cour et la ville*

simultanemente purificar e reabilitar o teatro. Um decreto de 1641 proibia os atores, entre os quais já se incluíam artistas famosos como Mondory e Bellerose, de empregar palavras e objetos obscenos, ao mesmo tempo que lhes conferia plenos direitos civis.[21] Essa foi a primeira de uma série de medidas, que se estenderam ao longo do século, cujo objetivo principal era educar o público. As autoridades eram obrigadas a tomar providências contínuas contra o turbulento *parterre*, contra pajens e lacaios, contra soldados baderneiros, contra a populaça de todo tipo. Encontramos numerosos relatos de rixas e tumultos nos teatros, de indivíduos e grupos que forçam a entrada sem pagar, de porteiros feridos e assassinados. Parfaict fala até mesmo de um autor que se gabava de que quatro porteiros tinham sido assassinados na estreia de sua peça, dando assim a medida do sucesso.[22] É verdade que Chappuzeau, em 1674, escreve como se tudo isso fosse coisa do passado:

> *Les portiers [...] en pareil nombre que les contrôleurs et aux mêmes portes, sont commis pour empêcher les désordres qui pourraient survenir, et pour cette fonction, avant les défenses étroites du Roy d'entrer sans payer, on faisoit choix d'un brave, mais qui*

---

[21] Parfaict, VI, 131. Cf. Lyonnet, *Les premières de Corneille* (Paris, 1923), p. 94 ss. Sobre a posição dos músicos e dos cantores, ver Mélèse, op. cit., pp. 382 e 417.

[22] Parfaict, VI, 150. Cf. também os dois *filous* na cena da *Comédie de la comédie* (1661) de Dorimon em Parfaict, IX, 31. Sobre as desordens nos anos 60 e 70, cf. Moland, *Vie de Molière*, p. 230. Sobre o protesto bem-sucedido de Molière contra o direito dos *officiers de la Maison du Roi* de assistir aos espetáculos sem pagar e sobre as desordens relacionadas a isso, ver Parfaict, X, 94, nota. Um incidente semelhante, envolvendo o embaixador da Savoia em 1700, é descrito por Mélèse, *op. cit.*, p. 63. Outras desordens e incidentes, *ibid.*, pp. 215 ss.

*d'ailleurs sceust discerner les honnestes gens d'avec ceux qui n'en portent pas la mine. Ils arrestent ceux qui voudraient passer outre sans billet [...]. L'hostel de Bourgogne ne s'en sert plus, à la réserve de la porte du théâtre, et en vertu de la déclaration du Roy elle prend les soldats du régiment de ses gardes autant qu'il est nécessaire; ce que l'autre troupe, qui a des portiers, peut aussi faire au besoin. C'est ainsi que tous les désordres ont été bannis, et que le bourgeois peut venir avec plus de plaisir à la Comédie.*[23]

[Os porteiros [...] em número idêntico ao dos guardadores de cadeiras e nas mesmas portas, são contratados para prevenir possíveis desordens e, para este fim, de acordo com as estritas ordens do rei para proibir a admissão sem pagamento, o indivíduo escolhido é um tipo musculoso que também sabe distinguir as pessoas respeitáveis daquelas de outra estirpe. Eles detêm os que tentam entrar sem o bilhete [...]. O Hôtel de Bourgogne não os emprega mais, a não ser na entrada principal, e, por causa das ordens do rei, utiliza tantos soldados vindos do regimento de sua guarda quantos forem necessários; e a outra trupe,[24] que tem porteiros, pode fazer o mesmo quando for necessário. Deste modo as desordens foram banidas, e o burguês pode ir com mais prazer ao teatro.]

Mas o decreto do rei a que se refere Chappuzeau[25] acabara de ser publicado, e o relato nos mostra como a medida era ne-

---

[23] Samuel Chappuzeau, *Le théâtre français*, ed. Monval (Paris, 1875), p. 147. Os decretos mencionados acima estão citados na p. 153.

[24] A referência é a um teatro recém-fundado no Hôtel Guénegaud, resultando de uma fusão do Marais com os remanescentes da companhia teatral de Molière.

[25] Reproduzido em Mélèse, *op. cit.*, p. 419.

*La cour et la ville*

cessária; o mais importante, como se pode ver no trecho anteriormente citado de Furetière[26] e em outras fontes, é que não surtiu resultados duradouros. Em 1687, os atores da Comédie Française (fundada em 1680) foram expulsos de seu teatro e tiveram grande dificuldade para encontrar um lugar apropriado. Em cada bairro tiveram de enfrentar os protestos de parte da população e em particular do clero.[27]

O relato de Chappuzeau mostra ainda que o *parterre* incluía também uma outra classe da população que precisava de proteção contra a plebe indisciplinada — ou seja, a burguesia. O velho público de lacaios, soldados, pajens, jovens escriturários e outros tipos de baixa condição, sempre propenso ao tumulto, estava sendo gradualmente substituído pela média burguesia. Ele nunca desapareceu completamente e ainda empresta um certo tempero à atmosfera dos teatros franceses; enquanto permanece dentro de certos limites, tem muitas vezes a simpatia e a aprovação divertida do burguês malicioso (*malin*). Mas dessa data em diante a burguesia tornou-se o elemento predominante no *parterre*, que também era frequentado por escritores e críticos, ou ao menos por aqueles que não tinham alcançado grande proeminência. É sem dúvida alguma a esse vasto público burguês do *parterre*, com sua porção de literatos, que se refere Molière — lembrem-se as palavras de Dorante. Mas ele não foi o primeiro a expressar este ponto de vista. O *parterre* é louvado nos mesmos termos num livro de Charles Sorel publicado em 1642, no auge do sucesso de Corneille:[28] na verdade, é muitas vezes um lugar barulhento com sua *presse de mille marauds qui s'y trouve mêlés*

---

[26] Ver acima, p. 228.

[27] Carta de Racine a Boileau, 8 de agosto de 1687.

[28] *La maison des jeux*, citado em Parfaict, VI, pp. 128 ss., também em Lyon-

*parmi les honnêtes gens* [enxame de milhares de vagabundos misturados com gente respeitável] a provocar tumultos; mas, ainda assim, isto não deve fazer com que se deixe de frequentar o *parterre*, pois é o melhor setor do teatro para ver e ouvir, melhor do que a maioria dos camarotes; e também não é preciso torcer o nariz, pois *l'on y trouve quelquefois de fort honnêtes gens, et mêmes la plupart de nos poètes, qui sont les plus capables de juger des pièces, ne vont point ailleurs* [muitas vezes iremos encontrar pessoas altamente respeitáveis por ali, e na verdade a maior parte de nossos poetas, que são os mais capazes de julgar as peças, sempre pode ser encontrada ali]. Vinte anos depois, juízos favoráveis como este tornaram-se frequentes — e justamente sobre o *bourgeois*. Um defensor de *Le cocu imaginaire (Sganarelle)* de Molière, que fora violentamente atacada, declara que as comédias de Molière eram excelentes, *puisque la cour les a non seulement approuvées, mais aussi le peuple qui dans Paris sait parfaitement bien juger sur ces sortes d'ouvrages* [pois não só foram aprovadas pela corte mas também pelo povo que, em Paris, é perfeitamente capaz de julgar este tipo de obra] — e prossegue dizendo que o sucesso de *Sganarelle* era tanto mais considerável já que a peça fora apresentada no verão, durante as festividades do casamento do rei, quando quase todas as *gens de qualité* [pessoas de qualidade] estavam ausentes de Paris: *il s'y est trouvé néanmoins assez de personnes de condition pour remplir plus de quarante fois les loges et le théâtre du Petit-Bourbon, et assez de bourgeois pour remplir autant de fois le parterre* [e no entanto havia muitas pessoas de qualidade, o bastante para encher mais de quarenta vezes os camarotes e o teatro do Petit-Bourbon, e um número suficiente de

---

net, *op. cit.*, pp. 92 ss. Não consultei o livro; cf. as indicações bibliográficas no começo do livro de Rigal sobre Hardy (Paris, 1889).

*La cour et la ville*

burgueses para lotar o *parterre* outras tantas vezes].[29] Aqui, tal como em muitos documentos dessa época, o *burgeois* figura como o ocupante por excelência do *parterre*, e não se faz nenhuma distinção entre *bourgeois* e *peuple*; ambos são contrastados com as *personnes de qualité* ou *de condition*. Não encontramos nenhuma evidência de que o gosto do burguês diferisse, substancial e fundamentalmente, daquele do público cortesão; estou inclinado a pensar que não diferia. Citemos alguns testemunhos. Nos anos 1640, menciona-se várias vezes que o burguês encontrava dificuldades para habituar-se à tragédia e a suas regras, que preferia as mudanças de cena, as aventuras romanescas, os cenários elaborados. Mas o mesmo valia para muitos nobres. Um pouco mais tarde, a moda foram os dispositivos mecânicos, *pièces à machines*. Em sua *Muse historique* de 1661, Loret fala dos *changements de théâtre, dont le bourgeois est idolâtre* [mudanças de cena, idolatradas pelo burguês]; mas os gostos da corte não eram diferentes. Em relação à burguesia, La Fontaine escreveu:

> *Des machines d'abord le surprenant spectacle*
> *Éblouit le bourgeois et fit crier miracle;*
> *Mais la seconde fois il ne s'y pressa plus,*
> *Il aima mieux* le Cid, Horace, Héraclius.[30]

> A princípio o surpreendente espetáculo
> Deslumbrou o burguês como se fosse um milagre;
> Mas da segunda vez ele não se aventurou mais,
> Preferindo *Le Cid, Horace, Héraclius*.

---

[29] Parfaict, VIII, 391. Sobre o respeito de Regnard pelo *parterre*, cf. Mélèse, *Théâtre*, pp. 210 ss. e *Répertoire*, pp. 335 ss.

[30] La Fontaine, *Epîtres*, XII, linhas 11 ss. Ver também o resto da *Epître* e Despois, *Le Théâtre français sous Louis XIV* (Paris, 1874), pp. 335 ss.

Se levarmos também em conta o entusiasmo crescente do rei por balés, óperas e representações teatrais, somos obrigados a concluir que não havia diferença fundamental entre o gosto da burguesia e o da aristocracia, pelo menos não no sentido de que o burguês preferisse os gêneros menores e não apreciasse o estilo elevado e sublime. Absolutamente não. Corneille e Racine desfrutaram da admiração do burguês. Quando em 1660 o Hôtel de Bourgogne fez uma apresentação gratuita para celebrar a paz de Saint-Jean-de-Luz, a peça escolhida foi uma tragédia clássica, o *Stilicon* de Thomas Corneille, que é descrita como *contribuant de bonne grâce, au plaisir de la populace* [contribuindo favoravelmente ao prazer do populacho].[31]

Mas o que era exatamente um *bourgeois* na França do século XVII? Encontramos alguns representantes dessa classe nas comédias de Molière. Gorgibus em *Les précieuses ridicules*, Monsieur Jourdain em *Le bourgeois gentilhomme*, Chrysale em *Les femmes savantes* são burgueses; as famílias em *L'avare* e *Le malade imaginaire* são burguesas. Todos são membros de velhas e prósperas famílias burguesas. Mas aprendemos muito pouco sobre os fundamentos práticos de sua existência — sobre os quais teremos mais a dizer adiante — e também não podemos vê-los como típicos frequentadores de teatro. Possuímos, no entanto, uma ampla evidência a indicar um grupo específico de burgueses parisienses como frequentadores característicos do *parterre*: são os *marchands de la rue Saint-Denis*. Segundo uma história relatada por Marmontel,[32] já Corneille almejava um *parterre composé de marchands de la rue Saint-Denis* [plateia composta pelos co-

---

[31] *Muse historique* de 21 de julho de 1660. Cf. Parfaict, VIII, 366. Certamente era parte do repertório corrente.

[32] Littré, no verbete *parterre*, citando Marmontel, *Œuvres*, v. VI, p. 327.

merciantes da rua Saint-Denis]. Posteriormente os testemunhos abundam. Em 1662, por exemplo, D'Aubignac polemizou com o jovem Corneille, que sugerira que, antes de criticarem seu *Persée et Démétrius*, seus detratores deveriam tentar escrever peças melhores: *voudroit-il suspendre sa réputation jusqu'au temps que tous les marchands de la rue Saint-Denis eussent fait des comédies meilleures que les siennes?* [Será que ele deseja deixar em suspenso sua reputação até que todos os comerciantes da rua Saint-Denis arrumem tempo para escrever melhores comédias do que as dele?].[33] A *Zélinde* de Visé [1663], uma comédia atacando *L'école des femmes*, transcorre na casa de um *marchand de dentelles de la rue Saint-Denis* [comerciante de rendas da rua Saint-Denis], por sua vez um frequentador assíduo do *parterre*; ele fala de *quinze ou seize marchands dans cette rue qui [...] depuis 30 ans [...] ont vu toutes les comédies que l'on a jouées; et [...] tout ce qu'il y a d'illustres bourgeois à Paris se rapporte au sentiment de ces Messieurs* [quinze ou dezesseis comerciantes desta rua que... nos últimos trinta anos... assistiram a todas as comédias que foram representadas; e... os mais ilustres burgueses de Paris citam as opiniões destes cavalheiros].[34] O mais interessante, talvez, seja um trecho de Boursault sobre a primeira apresentação de *Britannicus* (1669), de Racine: o *parterre* não estava tão lotado quanto temia, pois um outro evento *ayant attiré à son spectacle tout ce que la rue Saint-Denis a de marchands, qui se rendent régulièrement à l'Hôtel de Bourgogne, pour avoir la principale vue de tous les ouvrages qu'on*

---

[33] Parfaict, IX, 183.

[34] Cf. Michaud, *Les débuts de Molière à Paris* (Paris, 1923), pp. 229 ss. Uma reimpressão de *Zélinde* pode ser encontrada em *Molière und seine Bühne, Molière-Museum*, ed. Dr. H. Schweitzer, com introdução e notas de H. Fritsche (Wiesbaden, 1881), pp. 19-68.

*y représente, je me trouvai à mon aise...* [atraíra todos os comerciantes da rua Saint-Denis que vão regularmente ao Hôtel de Bourgogne para ter a melhor visão de todas as obras ali apresentadas; em consequência, senti-me à vontade...].[35] Mais uma vez os comerciantes da rua Saint-Denis são mostrados como frequentadores regulares das estreias.

Não me parece muita imprudência pensar neste frequentador proverbial do *parterre* como típico. Esses aficionados do teatro eram o povo? Certamente não, nem no sentido cristão-medieval nem no emprego moderno da palavra: não eram nem o "proletariado" nem a "nação". São apenas uma parcela do povo. Não eram ainda a "burguesia" nem mesmo a "pequena burguesia" no sentido da luta de classes,[36] mas tão somente os donos de loja, os *boutiquiers* e, mais especificamente, os negociantes de artigos de luxo e de moda. No século XVII, o *quartier Saint-Denis* era aproximadamente o que a *rue de la Paix* é hoje em dia, ou pelo menos o que era recentemente. Era o bairro dos alfaiates, dos negociantes de luvas e rendas, dos joalheiros; aí ficavam os melhores negociantes de instrumentos óticos, de instrumentos musicais, de artigos finos de vidro, além de um *fabricant de mouches* e do mestre Jean Bourgeois, *épinglier de Sa Majesté la*

---

[35] Parfaict, X, 430. Cf. também o trecho de *Parnasse réformé* (1669) de Guéret citado por Mélèse em *Théâtre*, p. 133. Infelizmente não pude consultar diretamente a comédia em um ato de Champmeslé, *La Rue Saint-Denis* (1669).

[36] No entanto, este conceito já começava a se formar. Minha edição do dicionário de Furetière (1727) traz o seguinte no verbete *bourgeois*: *Les ouvriers appellent aussi bourgeois celui pour lequel ils travaillent* [Os operários também chamam burguês aquele para quem trabalham]. Exemplos: *Il faut servir le bourgeois. Le maçon, l'artisan tâchent toujours à tromper le bourgeois* [É preciso servir o burguês. O pedreiro, o artesão sempre buscam enganar o burguês].

*Reine*.[37] São todos burgueses abastados que dependiam, para sua prosperidade, dos consumidores de artigos de luxo, isto é, da "sociedade". Trata-se de uma classe que lamentou a partida da corte durante a Fronda e que ajudou, consideravelmente, a paralisar o poder de resistência da cidade. É gente de grande influência. Quando os ônibus sugeridos por Pascal foram introduzidos em Paris, esses comerciantes foram os primeiros a pedir uma linha que passasse por seu bairro.[38] Apesar de sua riqueza, raramente compravam um camarote — e quando o faziam, como ficamos sabendo em *Zélinde*, era sobretudo para proteger suas mulheres da multidão, do tumulto e da vizinhança indesejável. Eles próprios preferiam o *parterre*, que oferecia uma boa visão do palco e era barato.[39] Nisto eram motivados pela parcimônia burguesa e sem dúvida também por uma certa modéstia (igualmente burguesa). O domínio aberto e sem disfarces dos negociantes prósperos só se deu muito mais tarde; os melhores ca-

---

[37] Devo estes detalhes às investigações que M. Albert-Marie Schmidt teve a gentileza de conduzir a meu pedido. Ele relata, entre outras coisas, que o estabelecimento de rendas mais conhecido empregava cinquenta trabalhadores de Bruges e Veneza.

[38] Carta de Gilberte Périer em *Lettres, opuscules et mémoires de Mme. Périer et de Jacqueline...*, ed. Faugère (1845), p. 83; reproduzida na pequena edição de Brunschvicg de *Pensées et opuscules* de Pascal, p. 247.

[39] Lugares de preço médio também eram encontrados: os bancos na rampa inclinada atrás do *parterre* (*amphithéâtre*) parecem ter sido geralmente ocupados pela burguesia, embora às vezes fossem também reservados para príncipes da família real quando vinham com uma grande comitiva. E havia também os camarotes superiores. Em relação aos preços e número de lugares no último teatro de Molière, o reconstruído Palais Royal, cf. William Leonard Schwartz, "Molière's theatre in 1672-1673", *Publications of the Modern Language Association*, LVI (1941), pp. 395 ss.

marotes, para não mencionar os lugares no palco, ainda eram vistos como uma prerrogativa da aristocracia e da *robe* superior.

O que nos diz esta investigação sobre o *parterre*? Que o *parterre* não representava o povo, pelo menos não no sentido em que passamos a usar a palavra, mas uma classe disposta a fundir suas ideias com as da corte, a seguir sua liderança e, por esnobismo e ambição, a adotar suas atitudes. Ainda não consideramos o elo de ligação, a classe amplamente ramificada constituída pelos funcionários (*robe*), cujas camadas baixa e média pertenciam ao *parterre*, enquanto a camada mais alta figurava entre as *gens de condition*. Apenas com o estudo da *bonne bourgeoisie*, ainda ligada aos negócios, verificamos que, sociologicamente, o *parterre* era um apêndice da sociedade da corte e que *la cour et la ville* formavam uma unidade. O burguês no *parterre* fazia somente uma ideia negativa e formal de sua própria classe — ele conhece suas limitações, as barreiras sociais que o cercam —, *il se connaît*, como diziam na época. Mas tinha afinidades com a sociedade da corte, e foi isto que tornou possível a admirável unidade de estilo e gosto que caracterizou este grande século. Até aqui parece que estamos de volta à tese de Taine sobre a corte como a verdadeira força dominante na cultura francesa clássica. Mas a seguir deixaremos claro que este não é o nosso ponto de vista. Acreditamos antes que o espírito dominante derivava espontaneamente de ambas as classes e não pode ser identificado com apenas uma delas. Mas em primeiro lugar temos que acrescentar alguma evidência interna ao que estamos tentando mostrar em termos sociológicos, ou seja, que o *parterre* estava bem distante do povo e não representava nenhuma classe independente.

Se o *parterre* fosse composto de pessoas do povo, teria rejeitado os temas do teatro clássico. Pois ele não dava ao homem comum algo que estivesse relacionado com a sua vida: não refletia nem suas preocupações diárias, nem um mito vivo, nem a história de seu país.[40] Tipos populares aparecem em algumas comédias, mas em papéis burlescos com o objetivo claro de divertir os seus superiores sociais, nunca em tom sério. As comédias mais refinadas e toda a tragédia lidavam com assuntos inteiramente estranhos ao povo. Pressupunham em suas audiências um estado de espírito que estava começando a se afirmar, mas apenas entre as classes superiores — hoje diríamos "refinadas" ou "cultas". A opinião crítica era formada nesse âmbito e não temos nenhum indício de que o *parterre* tenha alguma vez se revoltado contra isso. Não havia nenhuma palavra especial para o adjetivo "culto"; palavras como *poli, galant, bel-esprit, honnête* aproximavam-se dele por ângulos diferentes, mas não o esgotam. Frequentemente a noção era expressa pela palavra *savant*, implicando o conhecimento como o fundamento do bom gosto. Mas esse conhecimento não estava limitado aos estudiosos; de fato, a erudição pode até ser um estorvo — como podemos ver em *Les femmes savantes*, em particular no diálogo entre Clitandre e Trissotin (IV, 3). Em *Le misanthrope* (III, 1), Molière zomba dos marqueses que podiam fazer tudo sem ter estudado nada, que emitiam opiniões sobre todos os tipos de assuntos que jamais estudaram seriamente:

> *Pour de l'esprit, j'en ai, sans doute, et du bon goût*
> *A juger sans étude et raisonner de tout;*
> *A faire aux nouveautés, dont je suis idolâtre,*
> *Figure de savant sur les bancs du théâtre...*

> Pois tenho espírito e muito bom gosto
> Para julgar sem estudo, pensar sem esforço;
> Diante das novidades que idolatro
> Faço figura de sábio nos bancos do teatro...

---

[40] Ver Rousseau, *La nouvelle Héloïse*, segunda parte, carta 17.

Mas no fundo os *marquis* estavam certos. O juízo necessário era conferido pelo espírito do século, que também compreendia o conhecimento requisitado. Espírito e conhecimento eram inculcados pelos colégios jesuítas, pelos tutores e preceptores e, acima de tudo, pelas relações sociais. Certas noções de mitologia e história clássicas, que poderiam passar por eruditas no século XVI, transformaram-se, no século XVII, em patrimônio comum da sociedade educada. Graças à corrente que vai de Malherbe a Vaugelas e aos salões das *précieuses*, o uso correto da linguagem tornara-se apanágio de toda a boa sociedade — os estudiosos da linguagem serviam ao *bon usage*, isto é, ao bom uso da língua em sociedade. Desde a virada do século, sobretudo, os critérios para julgar uma obra de arte, a ação e as personagens de uma peça, os sentimentos e as ideias nela expressados, expandiram-se de um pequeno grupo de homens cultos para toda a sociedade refinada, graças a traduções e paráfrases dos mais importantes textos da Antiguidade e, simultaneamente, às próprias obras de arte, assim como às discussões públicas entre literatos e diletantes. E ao longo desse processo, as regras cultas da estética humanista foram adaptadas às necessidades da sociedade refinada. O conflito entre a espontaneidade popular e os princípios cultos da arte, ainda dominante no século XVI, perdeu sua força; ambos desapareceram quase completamente, substituídos por uma frente unânime da opinião pública educada. Até seus conflitos internos, por violentos que pudessem ser, apoiavam-se num fundamento comum que excluía os incultos. O resultado foi uma crítica estética culta; basta considerar suas palavras-chave mais significativas e correntes, *vraisemblance* (verossimilhança) e *bienséance* (decoro), para constatarmos o quanto ela estava distante do "povo".

A *vraisemblance*, na qual se fundamentava essencialmente o novo argumento em favor das regras de unidade, assinalava um novo modo de pensar que julgava inverossímeis e dignas de objeção as mudanças de cena, uma vez que o palco era exíguo e sempre o mesmo, bem como a extensão do tempo, em vista da brevidade do espetáculo. Esta noção de *vraisemblance* é típica de uma sociedade culta. Combina o racionalismo arrogante que se recusa a ser apanhado pela ilusão com o desprezo pelo *indocte et stupide vulgaire*, cujo desejo é cair nas malhas da ilusão. A terceira unidade, a unidade racional da ação, contém um problema mais fundamental. Não havia necessidade de pensá-la em relação ao drama medieval, pois essa unidade já estava nele implícita. A unidade estava encarnada na história do mundo e da salvação, desde Adão até Jesus e o Juízo Final. Estava sempre presente no espírito do espectador e, acima de tudo, lhe era sempre comunicada pela organização do palco. Qualquer lugar, qualquer época, qualquer objeto, qualquer nível do estilo ajustava-se à sua moldura abrangente. Só quando esta moldura se perdeu, quando deixou de haver um povo cristão e uma visão cristã homogênea do mundo, foi que se tornou necessário preocupar-se com a unidade. O drama medieval e toda a arte medieval podiam tratar do que quisessem com uma grande liberdade. Dentro da moldura não havia barreiras; tempo e lugar podiam mudar à vontade; todos os tipos de acontecimentos podiam ocorrer lado a lado graças a sua referência comum. E, acima de tudo, ninguém fazia objeção ao cotidiano, ao baixo e ao cômico em meio ao sério e ao trágico. Tudo possuía relação com o todo e tinha seu lugar necessário dentro dele. Isto nos leva ao segundo critério, *bienséance*.

A noção de *bienséance* (decoro) abrange uma mistura de considerações éticas e estéticas, cimentadas por um sentido de tato sutilmente desenvolvido. Nela, moralidade, regras de comportamento social e medida estética mal se distinguem. A moralidade prática, a moralidade que lida com o comportamento ético e antiético, é certamente o elemento mais fraco da *bienséance*, enquanto o mais forte é um pudor puramente social, principalmente em relação ao vocabulário. É o que podemos discernir em *La critique de L'école des femmes* e, com mais seriedade, em algumas palavras memoráveis de Corneille. O fracasso de sua *Théodore* foi atribuído em parte à ameaça de prostituição que pesa sobre Théodore. *Dans cette disgrâce*, escreveu Corneille em seu *Examen*,[41]

> *j'ai de quoi congratuler à la pureté de notre scène, de voir qu'une histoire qui fait le plus bel ornement du second livre de Saint-Ambroise, se trouve trop licencieuse pour y être supportée. Qu'eût-on dit, si, comme ce grand Docteur de l'Église, j'eusse fait voir cette vierge dans le lieu infâme [...].*

> [Nessa catástrofe só posso congratular nosso palco por sua pureza, quando vejo que um conto que é o mais belo ornamento do segundo livro de Santo Ambrósio é licencioso demais para ser nele tolerado. O que teriam dito se, como o grande doutor da Igreja, eu tivesse mostrado a donzela naquele lugar infame...]

Aliás, esse aspecto moral da crítica nunca obteve sucesso quando se tratava de uma obra importante, pois tinha de lutar contra o culto das paixões. Os críticos que tentaram banir o amor de Chimène ou a declaração de Phèdre a Hippolyte com base na *bienséance* foram logo reduzidos ao silêncio. Bem mais influente como critério de crítica era um outro componente da *bienséance*, a conveniência. Um rei é malvisto por não se comportar com suficiente realeza, uma princesa, por mostrar intimidade demais com os que lhe eram íntimos, e assim por diante; isto foi levado

---

[41] *Œuvres*, ed. Marty-Laveaux, v. V, p. 11.

até o absurdo, como, por exemplo, quando se argumentou que Oreste, em *Andromaque*, na condição de filho do rei, não devia aparecer como um mero enviado. Porém a mais importante exigência de *bienséance* era que nenhum índice físico da fragilidade e da mortalidade da criatura humana deveria ser mostrado no teatro trágico; apenas na comédia, a título de elementos cômicos e dentro dos limites da decência, tais coisas podiam ser toleradas. A morte de Phèdre no palco — ela já aparece agonizante para fazer a sua confissão — estava bem perto do limite aceitável. Em nenhuma hipótese um herói trágico poderia aparecer fisicamente debilitado. Ninguém pode ser velho, doente, frágil ou deformado — não há lugar nesse palco para Lear ou Édipo, a não ser que se submetessem aos ditames da *bienséance*. A separação de estilos foi levada muito mais longe que no teatro antigo, que, em tantos outros aspectos, lhe serviu de modelo. *Je n'ai pas laissé de trembler*, diz Corneille no prefácio de seu *Oedipe*, falando do *Édipo* de Sófocles,[42]

> *quand je l'ai envisagé de près, et un peu plus à loisir que je n'avais fait en le choisissant. J'ai connu que ce qui avait passé pour miraculeux dans ses siècles éloignés, pourrait sembler horrible au nôtre, et que cette éloquente et curieuse description de la manière dont ce malhereux prince se crève les yeux, et le spectacle de ses mêmes yeux crevés, dont le sang lui distille sur le visage, qui occupe tout le cinquième acte chez ces incomparables originaux, ferait soulever la délicatesse de nos dames [...] j'ai tâché de remédier à ces désordres [...].*

---

[42] *Œuvres*, v. VI, p. 126. Corneille não aceitava essa tendência de sua época, demonstrando uma certa resistência. Em *Le Cid*, Don Diègue aparece, pelo menos por um momento, como um velho arruinado. Cf. também a sangria nasal de Átila, da qual ele morre.

[não pude evitar um arrepio quando o considerei de perto e um pouco mais à vontade do que eu tinha feito ao selecioná--lo. Reconheci que o que passara por miraculoso naqueles séculos remotos poderia ser um objeto de horror no nosso, que a narrativa eloquente e curiosa de como o infeliz príncipe furara seus olhos e o espetáculo do sangue correndo dos olhos sobre seu rosto — que tudo isto, que ocupa todo o quinto ato do original incomparável, poderia ofender a delicadeza de nossas damas (...) Tentei remediar estas desordens (...).]

Por aqui se vê como eram fundamentalmente distintos o público e, por conseguinte, a estrutura das tragédias grega e francesa. Apesar de suas inúmeras diferenças, o teatro grego e o teatro cristão-medieval guardam semelhanças e contrastam com a tragédia francesa em sua franca representação da fragilidade da criatura humana. Fica muito claro que o suporte do teatro francês não poderia ser "o povo", mas sim a sociedade polida. Uma olhadela em qualquer *préface* ou em qualquer polêmica da época mostra que os assuntos discutidos, embora tratados de um modo entre superficial e facilmente inteligível, são endereçados apenas à sociedade culta. Essa crítica estética, que se espalhou por toda a Europa e cuja eminência, apesar de abalada, ainda se faz presente, surgiu no classicismo francês, ao mesmo tempo que surgia o novo senhor do teatro, *le public*.

E agora podemos nos perguntar: qual era a base da unidade íntima desse público, como ele se tornou um todo unificado e como chegou à sua cultura característica? Para responder a estas questões, devemos reexaminar separadamente os dois componentes, *la cour* e *la ville*, e tentar verificar como cada um deles encaminhou-se para essa cultura comum.

A corte de Luís XIV era formada quase inteiramente por nobres. O poder político estava de fato nas mãos de alguns funcionários de origem burguesa; mas a atmosfera social da corte era ditada pela nobreza. A história dessa classe, que se desenvolveu a partir do regime militar e da ordem econômica do feudalismo, já foi contada muitas vezes. Ao longo dos percalços econômicos e militares da Baixa Idade Média e do Renascimento, ela foi perdendo gradualmente sua função de governar e proteger; na França, em particular, a unidade do Estado foi alcançada em oposição aos nobres. Eles conservaram um prestígio tradicional, fortemente psicológico, os postos mais importantes no aparato militar e marcantes privilégios de natureza administrativa e fiscal; mas tinham perdido as bases reais do poder. Foram incapazes de manter o caráter fechado de seu estamento — muitos membros da burguesia conseguiram ingressar nela pela compra de títulos de nobreza, pelo casamento, por decreto real e por usurpação direta. Os limites inferiores permaneceram fluidos. Com seu poder e seus postos, os nobres perderam também as bases de sua riqueza; muitos empobreceram e contraíram dívidas, e, embora ainda tivessem suficiente prestígio para obter ajuda em caso de necessidade, isto não resultava mais de seu próprio poder, mas do favor de outros, sobretudo do rei. Sua autonomia fora irrevogavelmente perdida; o rei, de cujo favor seu bem-estar material dependia amplamente, não dava à classe a que pertenciam nenhum poder de fato. Este processo começara muito antes da ascensão de Luís XIV: já podia ser notado desde o século XIV, e o papel da nobreza feudal nas guerras de religião e na Fronda foi uma última tentativa de resistência, inútil e desordenada. Richelieu dissera, em especial no seu *Testament politique*, que a nobreza devia ser salva; mas ele não tinha nenhuma intenção de restaurar seu poder feudal original. Pelo contrário, queria transformá-la numa casta de elite a serviço do rei. Mas este plano estava condenado ao fracasso. A nobreza continuou alijada de qualquer função básica no Estado; não se tornou, como na Prússia, a classe administrativa orgânica — pois a venalidade dos postos e o poder consolidado de longa data pela *robe* burguesa impediram os nobres de obter o monopólio das posições administrativas. Luís XIV arrematou esse processo destruindo o poder regional da nobreza com sua indicação de intendentes e obrigando os nobres a viver na corte, que era o único lugar em que os membros desta classe, antes independentes e hostis ao poder central, poderiam agora encontrar riqueza, estima e emprego — quer de natureza militar, quer de natureza decorativa, ou de ambas. Na corte os nobres mostraram sua capacidade de formar uma sociedade — mas foram incapazes de emprestar a essa sociedade um caráter aristocrático bem definido, pois eles mesmos já haviam deixado de ser aristocratas, a não ser num sentido formal e negativo.

Lado a lado com o desenvolvimento econômico e político — embora mais lentamente —, uma mudança cultural ocorrera dentro da nobreza. A cultura das cortes medievais desintegrara-se havia muito tempo, enquanto a cultura humanística não conseguira conquistar a nobreza francesa. No começo do século XVII, os nobres — a julgar por muitas das declarações que chegaram até nós — eram amplamente hostis à educação, afirmando que um *gentilhomme* só precisava conhecer o comércio das armas.[43] Mas isso iria mudar ao longo do século. A ideia, efetiva na Itália desde os tempos de Dante, de uma aristocracia "natural" baseada na educação e no valor inerente, teoricamente desligada do nascimento, embora mais facilmente acessível aos bem-nascidos, para quem representava uma obrigação, agora chega-

---

[43] Ver a carta de Saint-Evremond para o Comte d'Olonne, sem data mas certamente escrita no fim do ano de 1650, em *Œuvres mêlées* (Amsterdã, 1706), v. I, p. 118, reimpressa em Lanson, *Choix de lettres du 17ᵉ siècle* (Paris, 1913), p. 448.

*La cour et la ville*

va à França, mas numa forma tardia que enfatizava muito mais a perfeição social do que a individual. Esta noção de uma aristocracia natural fizera de fato sua aparição na França um século antes; fora um valor muito vivo no círculo de Margarida de Navarra. Mas o tumulto e o fanatismo das guerras religiosas, o caráter peculiar dos filhos de Henrique II, a vitória final do rústico Henrique de Navarra — em suma, a ausência de uma classe que pudesse promover e sustentar uma atitude deste tipo impediu-a de amadurecer antes do começo do século XVII. Essa mudança social tomou forma no salão de Madame de Rambouillet e daí irradiou sua influência. Madame de Rambouillet era neta da grande família romana dos Savelli, e suas aptidões sociais eram sem dúvida uma herança da tradição do Renascimento italiano. Mas ela era, ou tornou-se, uma francesa; o tipo de sociedade que criou era totalmente francês e muito afastado do espírito do Renascimento. Em lugar da grande sala dos príncipes seculares e espirituais, dos patronos magníficos de artistas e poetas, ela criou o *salon*:[44] um lugar onde um grupo de homens e mulheres, essencialmente iguais e sem guardar entre si nenhum laço de dependência econômica, encontravam-se em termos de intimidade social. Seu círculo compreendia membros da mais alta aristocracia e os principais representantes da vida cultural; era *le rendez-vous de ce qu'il y avait de plus galant à la cour et de plus poli parmi les beaux-esprits du siècle* [o encontro do que havia de mais distinto na corte e de mais refinado entre os melhores talentos do século].[45] Embora os *beaux-esprits* pudessem extrair alguma

---

[44] O termo é moderno — naqueles dias chamava-se *ruelle, alcôve, réduit, cercle, cabinet* —, embora *salon* tivesse o significado italiano de sala ampla, suntuosa.

[45] Tallement des Réaux, *Historiettes*, ed. Monmerqué, v. III, p. 214.

vantagem indireta pelo fato de frequentarem o *salon*, estavam livres da dependência econômica que caracterizava o Renascimento italiano — basta pensar na corte da casa de Este; de fato, a maior parte deles era formada de homens prósperos e independentes.[46] O Hôtel de Rambouillet foi, portanto, a primeira casa com aquela atmosfera que os estrangeiros, até o nosso século, consideram como típica da sociedade francesa — uma atmosfera composta de refinamento cultural, igualdade, calor social, polidez, adaptação da vida interior do indivíduo ao cultivo das relações socialmente adequadas e ocultamento de abismos impróprios. O *salon* Rambouillet via a si mesmo como aristocrático, e de fato o era; era um poder independente, separado da corte e dos grupos sociais mais baixos, e este poder residia em grande parte nos nomes famosos de seus frequentadores. Mas os detentores desses grandes nomes não tinham mais nada daquela arrogância altiva de seus ancestrais feudais. Em suas relações com seus amigos burgueses cultos, o sentimento de hierarquia de classe dissolvia-se numa atitude pouco perceptível, mas cuidadosamente cultivada por ambos os lados, em que as distâncias eram mantidas. Ainda assim, o que mantinha o *salon* não era sua cultura — isto seria unilateral e moderno demais —, mas a noção muito discutida, e muitas vezes definida, de *honnêteté*. Não era um ideal de classe, pois essencialmente não era algo que dependesse do nascimento ou da maneira de viver de nenhuma casta em particular. Frases como *un honnête homme aux Indes* ou *les honnêtes gens de l'antiquité*[47] mostram que a palavra referia-se a um puro

---

[46] À medida que o século avançava, a sustentação econômica da arte passou a depender cada vez mais exclusivamente do rei e do *public* — mas o rei era o Estado, de cuja proteção *todas* as classes e profissões dependiam.

[47] Madame de Rambouillet é citada como autora da primeira frase, Tal-

ideal de personalidade. Ao longo do século veio a ser aplicada a membros de um grupo cada vez mais amplo da sociedade. De fato, o conceito de *honnêteté* nada tinha que ver com a situação de classe ou posição econômica. Estava ao alcance de qualquer pessoa desejosa e capaz de cultivar a sua pessoa interior e exterior de acordo com o espírito da época. O resultado era um homem depurado de todas as qualidades particulares, não mais um membro de uma classe, de uma profissão, de uma religião, mas precisamente um *honnête homme*. Por certo isso implicava o reconhecimento e a manutenção de distâncias; um *honnête homme* devia *se connaître*, saber o seu lugar na sociedade; para o *honnête homme* burguês, este autoconhecimento era essencial; se ele o possuísse, era aceito como igual na confraria dos *honnêtes hommes*. *Rien du poète dans son commerce, et tout de l'honnête homme* [Nada de poeta em seu comércio, e tudo de um homem honesto], disse Saint-Simon, que era um bom juiz, em louvor de Racine[48] — querendo dizer que este poeta de origem burguesa adaptava-se perfeitamente à sociedade, conhecia seu lugar nela e era, portanto, um membro de pleno direito. Tratava-se de um ideal absoluto voltado diretamente para a pessoa humana. É verdade que se aplicava basicamente às relações entre pessoas; mas não se restringia a nenhuma classe. Quando Luís XIV começou

---

lement, *op. cit.*, p. 225; a segunda frase encontra-se em Jean de Balzac, *Lettres familières à M. de Chapelain* (Leiden, 1656), p. 105: (...) *puisque j'entre dans la confidence de Lucrèce, d'Horace et des autres honnestes gens de l'antiquité* (...) O latim *honestus* foi usado no mesmo sentido na época imperial (em Petrônio ou Sêneca, por exemplo).

[48] *Mémoires*, para 1699. Cf. Pascal, *Pensées*, 38 (ed. Brunschvicg). De interesse em relação a Racine, é preciso assinalar também as observações de Spanheim, embaixador de Brandemburgo (*Relation de la cour de Louis XIV en 1690*) [Paris, 1900], reproduzido em Mélèse, *Théâtre*, p. 85).

a governar, encontrou essa nobreza que perdera seus instintos feudais como classe e preservara apenas um senso de suas prerrogativas formais e materiais. Este aspecto fica claro com o autorretrato do jovem marquês Acaste em *Le misanthrope* (ato III, cena 1), que já citei em outro contexto.

> *Parbleu, je ne vois pas, lorsque je m'examine*
> *Où prendre aucun sujet d'avoir l'âme chagrine.*
> *J'ai du bien, je suis jeune, et sors d'une maison*
> *Qui se peut dire noble avec quelque raison;*
> *Et je crois, par le rang que me donne ma race,*
> *Qu'il est fort peu d'emplois dont je ne sois en passe;*
> *Pour le coeur, dont surtout nous devons faire cas,*
> *On sait, sans vanité, que je n'en manque pas...*

> Juro, não vejo, quando me examino
> Nenhuma coisa que possa tirar meu ânimo.
> Eu vivo bem, sou jovem, pertenço a um brasão
> Que se proclama nobre com a maior razão;
> Em virtude desta minha ascendência
> Para quase tudo tenho competência;
> Quanto ao coração, das forças sempre a mais alta,
> Sem modéstia, é coisa que não me falta...

O que nos impressiona aqui não é tanto a vaidade (talvez perdoável num jovem agraciado com uma boa fortuna) quanto a total falta de seriedade, qualidade que, caso estivesse presente, certamente se faria notar nesta visão de conjunto que o protagonista lança sobre si mesmo. Essa falta de seriedade não é um traço pessoal; pertence a Acaste como membro de sua classe. Ele não é sério porque sua classe não o encaminha para nenhum ofício ou tarefa — mas também, é claro, porque ele mesmo não é capaz de remediar essa deficiência. Ele não tem consciência dela. O fato de ser bem-nascido dá-lhe o direito de reclamar uma posição de destaque; tem as boas graças do rei, que lhe dará uma posição quando chegar a hora certa. No momento, Acaste vive no vazio e gasta as suas forças em divertimentos. Está disponível para tudo; o único valor a que está ligado é um sentido de decoro, uma *bienséance* desprovida de conteúdo. É um membro de sua classe, e isso faz dele uma figura vazia mas reconhecida, sem nenhuma base econômica, política ou orgânica. Como toda sua classe, ele não tem função, mas está pronto para servir, isto é, para ocupar qualquer posição ornamental, "de acordo com sua linhagem", que o rei venha a escolher para ele. A nobreza é uma classe sem função, mas mesmo assim reconhecida como uma classe privilegiada e, para todos os efeitos, ocupando uma posição de real poder. Nota-se aqui a tendência do século de obscurecer as realidades funcionais e orgânicas, sua inclinação para o nominal e o decorativo. A mesma tendência responde pela visão predominante do poder como legítimo pelo mero fato de estar em vigência — uma visão que, se houvesse qualquer unidade discernível entre função e poder, jamais teria assumido a forma radical representada, por exemplo, pelas formulações de Pascal. Essa mesma concepção é fundamental em outros moralistas, como La Bruyère, e sublinha a imagem geralmente aceita dos grandes deste mundo, tal como aparece nas tragédias. Mas estas considerações nos levariam além do que é necessário aqui. Observemos apenas que a nobreza era uma classe sem função, mas que ostentava as insígnias do poder. Esta é *la cour*.[49]

---

[49] Aqui não é preciso falar da pequena nobreza, bastante empobrecida e vivendo permanentemente nas províncias. Ver os primeiros capítulos de *L'ancien régime* de Taine. Um quadro da vida social nas províncias pode ser encontrado na deliciosa *La Comtesse d'Escarbagnas*, de Molière.

Uma análise de *la ville* é bem mais difícil. Já vimos que não era constituída por pessoas do povo. O povo não tem voz nesse século,[50] e ainda levará muito tempo até que se faça ouvir. Já vimos também que nem mesmo o *parterre* era formado pelo povo. Nem o *parterre* nem o comerciante burguês, que tentamos retratar acima, equivalem a *la ville*, que é um conceito bem mais amplo. *La ville* era a grande burguesia, as pessoas cultas cujo simples nascimento não lhes garantia o acesso à corte. Mas apenas uma parte dessa grande busguesia permanece ligada ao mundo da indústria e do comércio; a outra parte é a mais importante. Sobre esta última, *la robe*, não é fácil obter informação porque os estudos históricos e sociológicos acerca do assunto não dizem o que queremos saber. Os historiadores e pensadores políticos fornecem um quadro geral dos estamentos, de sua estrutura e hierarquia, mas nos dizem muito pouco sobre os fatos de suas vidas; os economistas falam do colbertismo, das relações de produção e da administração financeira, mas em termos tão gerais que nunca sabemos como as pessoas viviam de fato. E relativamente pouca atenção foi dada à fina camada superior da burguesia que constituía o *public* urbano e representava o elemento dominante na *ville*. O bem documentado livro de Bernard Groethuysen, *Origines de l'esprit bourgeois en France* (1927), tem como ponto de partida as condições do século XVIII; mostra uma burguesia ativa na indústria e no comércio, adquirindo consciência de sua importância econômica e moral e a caminho de tornar-se a classe dominante da sociedade. Mas isso não corresponde à realidade do século XVII, quando no máximo podemos discernir o começo indeciso do poder burguês — embora,

---

[50] Tanto quanto sei, La Bruyère é o único autor que revela ocasionalmente consciência disto.

*La cour et la ville*

é claro, como já foi mostrado (Wolters, Bergsträsser), a política econômica absolutista de Colbert constituísse a base do desenvolvimento futuro. Seja como for, a parte dominante da grande burguesia no período clássico não era formada pelo homem de negócios cheio de confiança que, um século depois, conduziria sua classe à hegemonia política e cultural. Pelo contrário. O aspecto estritamente funcional da burguesia — seu caráter econômico, que se afirmara com moderação nos períodos iniciais da história da França e que mais tarde prevaleceria como a fonte de seu poder — era tanto quanto possível esquecido ou mascarado no século XVII.

Neste sentido é instrutivo verificar a origem social dos líderes intelectuais da época. Já que o clero não era mais o repositório do mundo cultural, que agora passa a recrutar seus membros junto ao público culto, nossas investigações podem lançar alguma luz sobre a estrutura social do público.

São poucos os que pertenciam inequivocamente à velha aristocracia feudal, e estes, em sua maior parte, floresceram no período anterior a Luís XIV. São: La Rochefoucauld, Bussy-Rabutin, Saint-Evremond, Madame de Sévigné, Balzac, Méré, Racan, Tristan L'Hermite, La Calprenède, Scudéry e Saint-Cyran; a única figura posterior em que posso pensar é Fénelon, e ele é um pós-clássico. Em sua maioria esmagadora, são de origem burguesa; a maior parte deles descendia da *robe* e muitos ocupavam cargos. Na enumeração que segue, dei — acertadamente, espero — menos importância ao fato de um indivíduo possuir um título de nobreza ou reivindicar uma ascendência nobre do que a forma de vida efetiva no período de que tratamos. Deve-se ter também em vista que, aos olhos de seus contemporâneos, esse grupo estava longe de ser homogêneo; havia diferentes classes de *robe* (*grande, moyenne, petite*) e várias gradações dentro de cada classe; certos bairros de Paris, como o Marais, eram habitados pela *grande robe*, outros eram associados à *petite robe* (Place Maubert); e não estou sequer convencido de que seja correto designar todas as pessoas que ocupavam posições na administração ou no judiciário como membros da *robe*. Vauban, em *La Dîme royale*, faz uma distinção entre *Gens de Robe* [qui sont]... *Officiers de Justice, de Finance et de Police* [Gente da *Robe* (que são)... Oficiais de Justiça, de Finanças e de Polícia] e *Bourgeois* [...] *vivans de leurs Charges* [Burgueses vivendo de seus cargos]. Contudo, como mostraremos mais tarde, o grupo tem um certo caráter homogêneo para nossos objetivos. Aqui estão os nomes em ordem alfabética: Arnauld (funcionário da aristocracia em Auvergne, de uma família de grande vitalidade, prolífica e altamente respeitada, conhecida desde o começo do século XVI); Boileau (o pai era *greffier* [escrivão] *de la Grand' Chambre au Parlement de Paris*); Bossuet (funcionário da aristocracia da Borgonha); Bourdaloue (família de funcionários de Bourges); Chapelain (o pai era *conseiller garde-notes*); Conrart (o pai era um calvinista rigoroso; fui incapaz de descobrir sua ocupação, mas ele destinou originalmente seu filho para um *emploi de finance*); Corneille (família de funcionários de Rouen); Descartes (parece ter possuído um título de nobreza, mas, de acordo com Nicéron,[51] seu pai era um *conseiller au Parlement de Bretagne*, portanto, presumivelmente, *grande robe*); Furetière (começou como advogado); Gomberville (o pai era um *boursier* — espécie de notário — *de la Chambre des Comptes*); La Bruyère (o pai era secretário do rei, de uma antiga família de funcionários; ele próprio foi *trésorier du roi* em

---

[51] *Mémoires pour servir à l'histoire des hommes illustres de la République des Lettres...* (Paris, 1727-45), 43 vols. O resto de nossos dados é tomado quer das biografias individuais, quer das grandes coleções biográficas francesas de Michaud e Hoefer (*Biographie universelle* e *Nouvelle biographie universelle*).

*La cour et la ville*

Caen e, mais tarde, tutor na casa dos Condé); La Fontaine (o pai era *maître particulier des eaux et forêts* em Château-Thierry); Le Maistre e seu irmão de Saci (filhos de um *maître de comptes*; o próprio Le Maistre foi advogado); Malebranche (o pai era *sécrétaire du roi et trésorier des cinq grosses fermes* no período de Richelieu, um alto e bem-remunerado posto na administração financeira); Malherbe (sua família, ao que parece, pertencia originalmente à aristocracia feudal, mas seu pai era *conseiller au présidial de Caen*; sua esposa era viúva de um *conseiller* e filha de um *président*); Massillon (filho de um notário em Hyères); Maynard (o pai era *conseiller au Parlement de Toulouse*); Ménage (o pai era *avocat du roi* em Angers); La Mothe le Vayer (segundo Nicéron, veio de uma família de Le Mans que, por muitos anos, forneceu membros respeitados à *robe*); Nicole (o pai era advogado em Chartres); Pascal (seu pai e Périer, seu cunhado, eram membros da *grande robe*); Gui Patin (família de advogados, notários e *conseillers*); Patru (advogado); Perrault (o pai era *avocat au parlement*; ele e seu irmão ocuparam altas posições nas finanças); Racine (a posição de *contrôleur du grenier à sel* — um funcionário da administração do monopólio do sal — em La Ferté-Milon pertencia hereditariamente à sua família); Rotrou (família de funcionários da Normandia, seu pai era *rentier*); Scarron (o pai era *conseiller au Parlement*); Sorel (o pai era *procureur au Parlement*); Vaugelas (família elevada à nobreza; seu pai, Favre, foi um jurista famoso). Um último grupo, extremamente pequeno, compreende por fim homens cujos pais ainda tinham ocupações burguesas. Eram Fléchier (família de pequenos negociantes); Molière (seu pai, um *marchand-tapissier*, comprara o título de *valet de chambre du roi*); Quinault (filho de um padeiro) e Voiture (o pai era um rico negociante de vinhos).

Podemos deixar de lado o grupo dos nobres. A grande maioria dos outros descendia das várias categorias da *robe*. Para entender como isto era possível, é preciso lembrar que a maioria das posições oficiais eram venais e podiam tornar-se hereditárias mediante o pagamento de certas taxas. Esta prática começara no fim da Idade Média; depois de longas batalhas, tornou-se dominante no século XVI, quando os funcionários burgueses adquiriram pela primeira vez peso político, moral e social; foi definitivamente legitimada e organizada pelo *édit de la Paulette* de 1604.[52] Por razões políticas e fiscais, a monarquia encorajou este processo a despeito de suas sérias desvantagens e perigos,[53] e já que a demanda por cargos era sempre muito grande, novas posições iam sendo criadas. Os compradores de cargos vinham da burguesia, que conquistara uma prosperidade sem precedentes através da expansão da circulação monetária e do estímulo à produção daí resultante. A exemplo daqueles de outras épocas e países, esses burgueses caracterizavam-se pelo desejo de escapar de sua classe e estabilizar sua riqueza. Queriam que seus filhos

---

[52] Este é um sumário bem aproximado de um desenvolvimento altamente complexo e confuso. Cf. Holtzmann, *Französische Verfassungsgeschichte* (Munich, 1910) (Below-Meinecke, *Handbuch der mittelalterlichen und neueren Geschichte*, v. III, 4), e Paul Viollet, *Droit public*, v. IV: *Le Roi et ses ministres* (Paris, 1912).

[53] Richelieu escreveu em seu *Testament politique* (cap. IV, seção 1): *Au nouvel établissement d'une république, on ne saurait sans crime n'en bannir pas la vénalité, parce qu'en tel cas la raison veut qu'on établisse les lois les plus parfaites que la société des hommes peut souffrir. Mais la prudence ne permet pas d'agir de même pied en une ancienne monarchie, dont les imperfections ont passé en habitude et dont le désordre fait (non sans utilité) partie de l'ordre de l'Etat* [Numa república recentemente estabelecida seria um grave erro não eliminar a venalidade, pois numa situação assim a razão requer da instituição as leis mais perfeitas que a sociedade humana possa suportar. Mas a prudência proíbe a mesma política numa velha monarquia, cujas imperfeições tornaram-se hábito e cuja desordem (não sem utilidade) forma uma parte da ordem do Estado].

*La cour et la ville*

desfrutassem uma posição social mais alta e uma profissão mais valorizada do que a deles. Queriam evitar que os filhos arriscassem suas fortunas em novos negócios; o Estado estava começando a oferecer empréstimos a uma taxa de juro fixa, e a figura típica do *rentier* surgia pela primeira vez. A par com a prosperidade, o Humanismo e seu ideal do *otium cum dignitate* também estimulavam a fuga dos burgueses de sua classe. O sistema de *survivances* (o direito de sucessão nos postos) dava origem a dinastias funcionais, ao nepotismo e a uma nova consciência estamental. A pressão dos caçadores de cargos chegou a tal ponto que o Estado mal conseguia atender à demanda. Criaram-se cargos que exigiam pouca ou nenhuma atividade; ao lado de cargos que constituíam uma profissão real, havia nomeações puramente decorativas que deixavam seus ocupantes em completo ócio — como já era o caso de muitas posições na Igreja e na corte. Além disso, a situação econômica de muitas famílias se modificara entre os reinados de Luís XIII e Luís XIV. A partilha de propriedades entre muitos filhos, o tratamento instável dado aos *rentiers* pela administração financeira do Estado e outras circunstâncias tinham reduzido a riqueza de certas famílias da alta burguesia, embora para a maior parte isso significasse apenas que sua renda não era mais igual a seu padrão de vida. Mas agora esses burgueses são *honnêtes gens*, a quem jamais ocorreria reparar suas fortunas por meio da atividade econômico-produtiva — em vez disso, procuravam a ajuda do rei ou de seu círculo, postos mais lucrativos, pensões, sinecuras. Tornaram-se totalmente parasitários.

Esse fenômeno de fuga em massa da vida produtiva mostra-nos um novo aspecto da *ville*, que aponta para o que ela tinha em comum com *la cour*. Mais uma vez, uma classe inteira distanciava-se de seus fundamentos econômicos e orgânicos. O ideal do *honnête homme*, ao qual a alta burguesia também aspirava, era um ideal de universalidade, hostil a todas as ocupações específicas. Naturalmente, essas observações não se referem à *robe* em sua totalidade; a situação não era tão clara e simples assim. Ainda existiam famílias e grupos inteiros que mantinham uma tradição de dedicação a seu trabalho e à sua classe e forneciam excelentes funcionários para a administração e o aparato judiciário; e de fato eram eles que conduziam nos bastidores os negócios do Estado. Mas eram poucos, foram ficando cada vez mais isolados à medida que o século avançava e não determinavam o quadro social geral. O homem interessado e competente em sua ocupação passou a ser olhado cada vez mais como um rabugento, um tolo, uma criatura mesquinha e desprezível. Quando um juiz, um advogado ou um médico aparecem no palco, é sempre num papel cômico e repugnante. Se Dandin, o juiz cômico em *Les plaideurs* de Racine — que, é preciso dizê-lo, ainda tem a consciência de classe da *robe* que torna possível o desprezo pela aristocracia parasita: *Qu'est-ce qu'un gentilhomme? Un pilier d'antichambre...* [O que é um gentil-homem? Uma pilastra de antecâmara...] —, se Dandin fosse uma exceção, se em algum lugar de toda a literatura da época um homem dedicado à sua ocupação fosse considerado seriamente, não se justificaria citar Dandin como um exemplo. Mas ele é apenas um retrato particularmente bem-sucedido no meio de uma galeria de figuras semelhantes. Pode-se afirmar com segurança que o espírito da época desprezava a atividade prática da vida profissional; um *honnête homme* devia ocultá-la e reduzi-la ao mínimo, e um comportamento capaz de ocultar o menor traço dessa atividade era uma grande vantagem pessoal — *rien du poète, tout de l'honnête homme*, é o elogio que Saint-Simon faz a Racine.[54] A passagem da

---

[54] Ver as observações de Méré em relação a *métier* e *honnêteté* enquanto opostos irreconciliáveis (cf. Pascal, *Pensées et opuscules*, na pequena edição de

atividade produtiva para o funcionalismo era apenas uma expressão desta atitude, na qual raramente entravam em jogo a inclinação e o talento, ao passo que eram decisivos os proventos e a ambição social.[55]

Nossa fonte de informação mais acessível sobre as atitudes da alta burguesia é Molière, em suas peças que tratam diretamente desse ambiente: *L'avare*, *Le bourgeois gentilhomme*, *Les femmes savantes* e *Le malade imaginaire*.[56] Todas estas famílias estão em ótima situação e nenhuma delas jamais diz palavra alguma sobre a atividade econômica produtiva, pois a usura de Harpagon é a ocupação de um *rentier*. Nunca ficamos sabendo nada a respeito da ocupação destas famílias burguesas — certamente já não têm mais nenhuma. A origem da riqueza de uma família só é discutida uma vez, em *Le bourgeois gentilhomme*, quando Madame Jourdain resolve lembrá-la a seu marido esnobe: *Descendons-nous tous deux que de bonne bourgeoisie?* [...] *Et votre père n'était-il pas marchand aussi bien que le mien?* [...] [Algum de nós descende inteiramente da *bonne bourgeoisie*? Seu pai também não era um comerciante como o meu?]. E na presença de sua filha: [...] *ses deux grand-pères vendaient du drap auprès de la porte Saint-Innocent* [seus dois avós vendiam tecidos na Porte Saint-Innocent]. Monsieur Jourdain recusa-se a ouvir; ele está decidido a casar sua filha com um nobre a qualquer custo e fica lisonjeado quando lhe dizem que seu pai era um *gentilhomme* que procurava roupa para seus amigos — contra pagamento — apenas para ser aten-

---

Brunschvicg, 116). A "naturalidade" do *honnête homme* consistia precisamente em sua capacidade de estar à vontade em toda parte.

[55] Ver Charles Normand, *La bourgeoisie française au 17$^e$ siècle* (Paris, 1908).

[56] *Le misanthrope* situa-se na sociedade da corte — e a família de Orgon em *Tartuffe* pertence ou à nobreza ou às mais altas categorias da burguesia.

cioso. Monsieur Jourdain é um tolo completo, uma caricatura nada típica do *honnête homme* burguês — em sua paixão pela nobreza ele esquece seus limites, *il se méconnait*.[57] Mas até mesmo Madame Jourdain, com todas as suas vigorosas qualidades burguesas, não quer que sua filha volte à classe dos comerciantes; ela deseja para genro o burguês Cléonte, que, em contraste com Monsieur Jourdain, representa o senso comum. Cléonte, no entanto, está longe de "exercer uma profissão". Quando Monsieur Jourdain lhe pergunta se é um *gentilhomme*, ele responde:

> *Monsieur, la plupart des gens, sur cette question, n'hésitent pas beaucoup; on tranche le mot aisément. Ce nom ne fait aucun scrupule à prendre, et l'usage aujourd'hui semble en autoriser le vol. Pour moi, je vous l'avoue, j'ai les sentiments, sur cette matière, un peu plus délicats. Je trouve que toute imposture est indigne d'un honnête homme, et qu'il y a de la lâcheté à déguiser ce que le ciel nous a fait naître, à se parer aux yeux du monde d'un titre dérobé, à se vouloir donner pour ce qu'on n'est pas. Je suis né de parents,*

---

[57] Um *honnête homme* não deve tentar erguer-se acima de sua posição e sobretudo não deve tentar ser original. Já em *L'Astrée*, parte 1, livro X (edição da Bibliotheca Romanica, pp. 560-1), lemos: *L'ambition que chacun doit avoir est de bien faire tout ce qu'il doit faire et en cela être le premier de sa condition* [...]. *Toutes choses devant se contenir dans les termes où la nature les a mises; et comme il n'y a pas apparence qu'un rubis pour beau et parfait qu'il soit puisse devenir un diamant, ainsi celui qui espère de s'élever plus haut, ou pour mieux dire de changer de nature et se rendre autre chose q'il était, perd en vain le temps et la peine* [...] [A ambição que cada um deve ter é a de fazer bem tudo que deve fazer e nisto ser o primeiro de sua condição... Todas as coisas devendo conter-se nos termos com que a natureza as dotou; e como não há sinal de que um rubi, por mais belo e perfeito que seja, possa transformar-se em diamante, assim aquele que espera elevar-se mais alto, ou melhor dizendo, mudar de natureza e tornar-se algo diferente do que é, perde em vão seu tempo e seu trabalho...].

*sans doute, qui ont tenu des charges honorables; je me suis acquis, dans les armes, l'honneur de six ans de service, et je me trouve assez bien, pour tenir dans le monde un rang assez passable: mais, avec tout cela, je ne veux point me donner un nom où d'autres, en ma place, croiraient pouvoir prétendre; et je vous dirai franchement, que je ne suis point gentilhomme.*

[Senhor, a maior parte dos homens não hesita um só momento quando lhe fazem esta pergunta; estão sempre prontos a dizer sim. As pessoas não têm escrúpulos ao aceitar esse título, e o uso que fazem dele hoje em dia parece autorizar essa esperteza. De minha parte, devo confessar-lhe que meus sentimentos sobre o assunto são um pouco mais delicados. Acredito que a impostura de qualquer espécie é indigna de um *honnête homme*, e que é covardia disfarçar a condição em que Deus nos pôs neste mundo, enfeitar-se aos olhos do mundo com um título roubado, tentar passar por aquilo que não somos. Certamente nasci de pais que ocuparam cargos honrosos; tive a honra de servir durante seis anos no exército e tenho fortuna suficiente para manter uma posição razoável na sociedade: mas com tudo isto a meu favor, não tenho nenhum desejo de dar a mim mesmo um título que outros, em meu lugar, se sentiriam justificados em reivindicar; e por isso lhe digo francamente que não sou um *gentilhomme*.]

Este jovem burguês conhece sua classe, é um *honnête homme qui se connaît*. Ele rejeita a ascensão social de arrivistas como Monsieur Jourdain (a segunda geração de ricos cujos pais ainda eram comerciantes de tecidos). Mas se mantém igualmente distante do povo, daqueles que trabalham para viver, ou de alguma ocupação concreta. Ele não nos diz que sua família é respeitada na indústria de sedas ou no comércio de vinhos; não, *ils ont tenu des charges honorables*; ele próprio serviu ao exército como oficial durante seis anos; e é bastante rico *pour tenir dans le monde un rang assez passable*. Pertence à segunda geração, é um típico neto; com um pouco de cautela, podemos transpor o tipo social que ele representa para a Alemanha anterior à Primeira Guerra Mundial. Exceto que, na Alemanha, esse tipo não constituía a regra; a energia burguesa nativa triunfava habitualmente, levando de volta os jovens da grande burguesia para a atividade econômica e para as atitudes correspondentes. Na França, mais de um século antes da Revolução, já era diferente; a fuga da vida econômica era a regra. Qualquer preocupação relativa a uma atividade econômica concreta, qualquer sugestão de uma atitude burguesa é inconcebível para este jovem. Sua classe, como a nobreza de Acaste em *Le misanthrope*, é *un rang qu'on tient dans le monde*. Como seus pais, ele irá comprar ou herdar uma *charge honorable*. O comportamento do jovem Cléante, em *L'avare*, é também sugestivo nesse sentido: o que ele faz para se libertar da opressão de seu pai avarento? Toma emprestado de agiotas em nome de seu pai, *pour donner furieusement dans le marquis* [para viver furiosamente feito um marquês]. Nas ricas famílias burguesas de Molière, a atividade econômica e o ganha-pão são vistos como algo abjeto, de que não se deve falar. Essa atividade aparece apenas com Harpagon, de uma forma ilegítima e extremamente repulsiva; a riqueza é algo estático, algo fixo e imutável que apenas está ali à sua disposição. O único modo que os jovens, nas peças de Molière, têm para obter dinheiro é enganando seus pais. Mas a educação continua a desfrutar grande estima. Não podemos nos deixar enganar pelas lições grotescas de Monsieur Jourdain; ele é um arrivista que não sabe como um *honnête homme* de sua época faz para adquirir uma educação. O essencial sobre esse assunto é revelado em *Les femmes savantes*, e mais uma vez não devemos nos deixar enganar pelas famosas explosões de Chrysale. Com seu vil egoísmo — *ma viande, mon pot, mon rôt, mes rabats* [minha carne, minha panela, meu assado, meus descontos] — ele é uma figura tão cômica quanto Trissotin, e a exclamação de Philaminte: *quelle bassesse, o ciel, et d'âme et de langage* [que baixeza, ó céu, de alma e de linguagem], está em perfeita sintonia com o espírito da época. Como sempre, o ponto de vista de Molière está no equilíbrio representado pelo meio. Henriette e Clitandre representam esse equilíbrio, e Clitandre irá exprimi-lo várias vezes (ato I, cena 3 e, acima de tudo, em sua discussão com Trissotin, ato IV, cena 3). Esse ideal de refinamento e bom gosto era o resultado da imersão na cultura humanística que se espalhara com o aumento da prosperidade, apossando-se tanto da nobreza quanto da alta burguesia, enquanto o próprio Humanismo passava da erudição para a educação. Na França, este processo parece ter começado com a tradução de Plutarco da autoria de Amyot — *sa merci, nous osons à cette heure et parler et écrire, les dames en régentent les maîtres d'écoles, c'est notre bréviaire* [graças a ela, não temos mais vergonha de falar e escrever hoje em dia; as damas com ela instruem os mestres-escolas; é o nosso breviário], escreveu Montaigne.[58] Sob a influência do cartesianismo, a nova cultura passou a incluir um certo conhecimento de física e até de filosofia; a linha divisória entre os padrões de pensamento dos aristocratas, dos eruditos e da classe média foi sendo gradualmente rompida; o povo permanecia calado e uma sociedade refinada de nobres e burgueses prósperos, tendo moldado a educação segundo seus interesses, impera sozinha: *la cour et la ville*.

Em seu *Roman bourgeois*, Furetière nos dá outro retrato, nada simpático, da burguesia parasitária, para a qual contribuiu, sem dúvida, o temperamento mesquinho e rancoroso do autor.

---

[58] *Essais*, II, 4.

Furetière mostra-nos um círculo de pequeno-burgueses grosseiramente materialistas, egoístas e ambiciosos. Nele, claro, ganha-se dinheiro, mas não com o honesto esforço produtivo, não com a indústria e o comércio, e sim com a fraude e a tramoia parasitárias. Os personagens são advogados que enriquecem à custa de seus clientes; são absolutamente inescrupulosos e muitos não têm sequer o menor treino ou aptidão para a profissão que exercem. As manobras que fazem para chegar a suas posições, os negócios escusos e as intrigas torpes podem estar distorcidos ou exagerados; mas deve haver uma boa dose de verdade nesse retrato, pois o próprio exagero requer um certo fundo de autenticidade. Alguns trechos iluminam de forma considerável as questões de que tratamos aqui. No começo do livro encontramos uma escala de dotes: *Tariffe ou évaluation des partis sortables pour faire facilement des mariages* [Tabela ou avaliação de partidos convenientes para obter casamentos com facilidade] — indicando que tipo de partido uma jovem pode obter em nove tipos de dotes. Os comerciantes estão cotados nos dois tipos mais baixos, competindo apenas com as mais baixas camadas da *robe*; nos níveis mais altos só os membros da *robe* são considerados partidos convenientes, e a lista nos dá uma ideia do prestígio relativo atribuído às várias *charges*.[59] Esta lista confirma amplamente nosso levantamento

---

[59] *1: Un marchand du Palais, ou un petit commis, sergent ou solliciteur de procez; 2: un marchand de soye, drappier, mouleur de bois, procureur du Chastelet, maître d'hôtel et secrétaire de grand seigneur; 3: un procureur en Parlement, huissier, notaire ou greffier; 4: un avocat, conseiller du Trésor ou des Eaues et Forests, substitut du Parquet et général des Monnoyes; 5: un auditeur des Comptes, trésorier de France ou payeur des Rentes; 6. un conseiller de la cour des Aydes ou conseiller du Grand Conseil; 7. un conseiller au Parlement ou un maistre des Comptes; 8. un maistre des Requestes, intendant des Finances, greffier et secrétaire du Conseil, président aux Enquestes; 9. un président au Mortier, vray marquis, sur-intendant, duc et pair.*

*La cour et la ville*

das ocupações das famílias dos escritores. Apenas os funcionários contavam como burguesia, como *ville*; os que estavam engajados em ocupações produtivas eram desclassificados. Ainda assim, não tenho dúvida de que o "público" incluía muitos daqueles que estavam engajados na vida econômica, como, por exemplo, os *marchands de la rue Saint-Denis*; mas estes não tinham consciência de classe; queriam ascender socialmente e, quando era possível, compravam uma *charge honorable* para seus filhos. Os membros da burguesia que faziam parte do "público" eram parasitas e não tinham função — ao menos em seus desejos e ideais, mas frequentemente também de fato. A diferença entre burguesia e nobreza, entre *gens du commun* e *gens du bel air*, é muitas vezes sublinhada no *Roman bourgeois*, mas apenas na medida em que os personagens pequeno-burgueses do livro não dominam o tom elevado das relações sociais e das formas de galanteio do jogo amoroso vigentes nas esferas mais altas; suas características de classe são indicadas apenas negativamente. Neste livro não há sinal de nenhuma autoconsciência burguesa ponderada e positiva que possa ser contrastada com o tom elegante, a munificência, a galanteria e a frivolidade dos nobres. Ao contrário, os jovens desta classe média entregam-se com abandono aos ideais que consideram aristocráticos, embora a essa altura esses ideais tivessem deixado de ser nobres para se tornarem puramente sociais: um interesse por sutilezas da moda, um gosto por versos galantes e, acima de tudo, amor à maneira dos preciosos. Um cavaleiro dá um exemplar de *Astrée* para uma jovem inexperiente que fora mantida longe da vida social até então, e, num piscar de olhos, sua vida muda completamente; ela se transforma em Astrée, enquanto seu cavaleiro representa o papel de Céladon. Os romances preciosos foram da maior importância para a formação da burguesia culta; através desses idílios bucólicos, os jovens burgueses aprendiam a ponderar e a lidar com seus próprios sentimentos, a deles extrair um senso de dignidade e a ansiar por uma vida inteiramente à parte, devotada somente ao amor. Ajudavam também a alimentar aquele estado de espírito que desprezava a realidade concreta como indigna de um homem de sentimentos nobres, mas que, apesar disso, aspirava à riqueza e a uma vida nas esferas sociais mais altas, o único lugar no qual o paraíso do amor sublime poderia ser alcançado.

Resumindo, *la cour et la ville* compunham uma unidade que ganhou contornos ao longo do século XVII e que pode ser chamada, no sentido moderno, um público. As duas partes desta unidade eram certamente distintas no plano formal, mas a linha divisória entre elas foi muitas vezes transgredida e, acima de tudo, cada uma das partes perdera suas bases autênticas. A nobreza perdera sua função e se reduzira apenas a um círculo em torno do rei; a burguesia, ou pelo menos a parte dela que pode ser designada como *la ville*, também se encontrava alienada de sua função original como classe produtiva. A ausência parasitária de qualquer função e o ideal cultural comum levavam *la cour et la ville* a fundir-se numa camada homogênea.[60] Por fim, tentemos ainda responder à seguinte pergunta: como pôde esse público servir de suporte para a tragédia francesa?

Como afirmamos, essa camada do público formou-se com base na expansão do bem-estar e do ideal de vida humanista; mas há uma causa mais profunda, de resto já mencionada acima, que determinou decisivamente a estrutura interna do público, levou

---

[60] A partir deste ponto, a tradução reproduz os parágrafos finais da primeira versão de "*La cour et la ville*", publicada em 1933 sob o título de *O público francês do século XVII*; na versão definitiva de 1951, o autor preferiu omiti-los; ver, neste volume, as indicações bibliográficas completas em "Nota sobre os textos". [N. T.]

*La cour et la ville*

seu humanismo a um caminho específico e singular, e efetivamente lhe conferiu suas características mais essenciais. Essa causa mais profunda é a descristianização. Não emprego o termo para me referir a indivíduos que tomam distância da fé cristã, por mais que isso deva ter acontecido em muitos casos; este fenômeno escapa à investigação científica e mesmo, como problema íntimo, ao julgamento alheio. O termo "descristianização" possui aqui um sentido sobretudo mundano e remete ao longo processo de descristianização da vida mundana que, na França, tem um desfecho provisório com as guerras de religião. Nas camadas do público que nos interessam aqui, a imagem científica do mundo, a concepção de política, a ordem social, o sentido do trabalho e mesmo do ócio diário haviam ganhado autonomia; todos esses domínios haviam se desvinculado dos conteúdos cristãos que embebiam o conjunto da vida desde a cristianização da Europa, mais de um milênio antes. Na França, porém, esse distanciamento não se deu de modo consciente e revolucionário, mas inconsciente e paulatino, de tal modo que, ao fim das guerras de religião, as instituições católico-eclesiásticas continuavam em pé, poderosas e sem rival à altura; também na vida cotidiana seguia em vigor um sem-número de rituais devotos; por fim, e talvez isto seja o principal, a nova consciência em formação desenvolvia-se na esteira da tradição cristã. Mas a consciência de um estranhamento entre o mundo e a fé cristã manifesta-se com toda nitidez nas formas contemporâneas de vida religiosa, em especial no âmbito das camadas cultivadas; se alguns — como se vê nos esforços dos jesuítas — tentam, muitas vezes de modo temerário, adaptar o cristianismo ao novo mundo, outros mais, num anseio passional por uma fé inteiriça, sentem redespertar uma vontade de recusa do mundo. Na visão destes últimos, a corrupção essencial do mundo ganha uma força renovada e assume um lugar central, como talvez tivesse na época de Santo Agostinho, mas não na alta Idade Média; é por essa via que a polêmica sobre a graça divina adquire seu poder de comoção; e por essa via se compreende como se tornara difícil o lugar do cristão no mundo, nesse mundo cultivado em que o cristianismo já não era o espírito da vida, mas uma esfera da vida entre outras, quase sempre em contradição com estas. Mas não apenas a relação com o cristianismo, também a relação do homem com o mundo cotidiano passa por transformações decisivas. Não mais iluminada e vivificada pelo cristianismo, a vida cotidiana perde sua dignidade. Ela é um dado com o qual temos de nos haver — mas ela não se vincula mais ao homem como reino divino da criatura. Justamente, o indivíduo tenta agora se desvencilhar de seu império, servir-se dela sem por isso ter de se entregar a ela. No ponto em que a descristianização se faz sentir assim, encontramos a obra de Descartes; nela percebe-se claramente o desenvolvimento de que falamos.

Descartes é o primeiro a se interrogar na condição de homem que interroga. Ele se vale do *reditus ad se ipsum* [retorno a si mesmo] agostiniano de modo a garantir para si próprio um espaço de liberdade indubitável; Descartes renova assim a situação agostiniana do homem diante de Deus, do homem solitário diante de um Deus real; mas seu objetivo é a liberdade autônoma, e Deus é ao mesmo tempo um adversário de quem é preciso defendê-la. Pois em Descartes a onipotência divina é tão tremenda que acaba por se tornar a verdadeira ameaça à liberdade. Em contraste com a tradição, o Deus cartesiano não está preso às verdades universais nem necessariamente em harmonia com elas: ao contrário, elas só são verdadeiras na medida em que Ele o quer. Os princípios mais universais da lógica e da matemática poderiam ser outros, se Ele o quisesse; mais ainda: um dos três argumentos da dúvida hiperbólica, talvez o mais importante, reside na possibilidade de que Deus seja um *genius malignus* que nos tivesse criado de tal forma que sempre nos equivocássemos, mesmo quanto às verdades primeiras. A esse Deus onipotente, impenetrável, sem graça ou redenção que o mitigue, Descartes contrapõe o único espaço de indubitável liberdade humana: a consciência de si. Por mais que tudo o que penso sobre o mundo exterior a mim seja engano, eu mesmo, na medida em que tenho consciência desse pensar, sou inatacável. Assim, Descartes não constitui a esfera da liberdade humana a partir de Deus, mas contra Deus, e a hipérbole máxima da onipotência divina serve apenas à autoafirmação heroica da liberdade humana. O conhecimento dessa liberdade e o bom uso dela constituem a máxima virtude: a *générosité* — ou *magnanimité* — *"qui fait qu'un homme s'estime au plus haut point qu'il se peut légitimement estimer"* [que faz com que um homem se estime no mais alto grau em que ele possa legitimamente se estimar].[61] A liberdade na autoconsciência define, na prática, nossa liberdade e ao mesmo tempo seus limites: o poder de voltar nossos desejos apenas àquelas coisas que dependem somente de nós — isto é, única e exclusivamente a nossos pensamentos —, e não (ou muito comedidamente) àquelas que independem de nós — isto é, às coisas fora de nós, a todo o mundo exterior, inclusive, é claro, ao nosso corpo; pois todo esse mundo depende da onipotência suprema de Deus e se furta ao nosso poder. A *générosité*, entendida como virtude, é portanto a afirmação da esfera da liberdade humana diante de Deus e o bom entendimento de seus limites. Mesmo essa esfera de liberdade só é nossa porque Deus assim o quis: mas não se deve deduzir daí uma simpatia ou bondade divina, pois Deus é impenetrável; nossa liberdade é uma experiência cujo fundamento

---

[61] Descartes, *Traité des passions* III, art. 153.

nos é desconhecido; ela surge para nós como um fato que apreendemos com espanto, com *admiration*; ela é um processo passivo, uma *passion*, pois a virtude da *générosité* repousa, para Descartes, sobre uma *passion*, a *admiration*. Bem ao contrário da *megalopsychia* [magnanimidade] aristotélica, que era uma virtude *poiética*, essa admiração por si mesmo, consciente de seus limites, mas ilimitada dentro dessa esfera (*"qui fait qu'un homme s'estime au plus haut point qu'il se peut légitimement estimer"*), é uma *passion de l'âme*.[62]

Entra assim em cena uma consciência de si — no duplo sentido do termo — que, à diferença da *megalopsychia* "ingênua" de Aristóteles, é reflexiva e adquirida por via de uma luta. Luta contra a tradição cristã da qual ela provém e com a qual ela contrasta agudamente, por mais que Descartes se esforce por encobri-lo. O fundamento mais profundo desse antagonismo me parece dado já desde o ponto de partida: se Santo Agostinho, à maneira "ingênua" da Antiguidade, só vê o homem que se volta para si mesmo como criatura, isto é, como parte do mundo, Descartes não subsume a consciência de si ao mundo: só assim ela pode servir de fundamento para a filosofia; pois o mundo está sujeito à onipotência divina e, portanto, sujeito à dúvida; a filosofia só é possível na medida em que é possível subtrair o pensamento a essa onipotência. Assim, Descartes se vê, como homem que pensa, fora do mundo da natureza e nisso faz repousar todo o seu orgulho.

---

[62] Sobre o problema da *génerosité* cartesiana, leia-se É. Gilson, *La doctrine cartésienne de la liberté et la théologie* (Paris, 1913). Pude dar essa formulação a minhas hipóteses graças à leitura de um manuscrito sobre "Die Herkunft des philosophischen Selbstbewußtseins" (destinado à revista *Logos* 22.3), que o autor, Gerhard Krüger, pôs amavelmente a minha disposição.

*La cour et la ville*

Essa modalidade de consciência de si é comum a todo o século XVII francês. Precursor em tantos aspectos, Montaigne não a manifesta: ele se vê em termos ingenuamente intramundanos. Ao contrário, no século XVII o isolamento do eu em relação ao mundo natural e histórico — decerto sem a fundamentação metódica de Descartes e de modo muito mais inconsciente — é a atitude esperada e exigida de todas as personalidades de que temos notícia. Não é o caso de falar de uma influência de Descartes; quarenta anos atrás, a propósito das tragédias de Corneille, Lanson apontou com muita agudeza que nelas não está em jogo uma vaga noção de racionalismo, mas de *générosité* como atitude difundida, que Descartes não concebe, mas recolhe.[63] Ela se vincula estreitamente ao esvaziamento das funções estamentais, que destruíra a vida intramundana comum a todos os homens, antes vinculados pelo trabalho e pela ordem social, e que convertera o seu convívio em mera fórmula; mais profundamente ainda, ela se vincula à descristianização, que transformara o mundo dos pecadores cristãos, unidos pelo pecado e pela esperança de redenção — justamente, a moral cartesiana abomina o pecado e o arrependimento —, num mundo regido pela *honnêteté*. Mas o homem é *honnête* por si só e não necessita de comunidade ou de ajuda para isso; é tão somente o *fruto* dessa virtude que se manifesta em sociedade. A formação e o cultivo da personalidade já eram conhecidos do Renascimento e, em maior medida do que em geral se concede, também da Idade Média. Mas antes tratava-se de formar o caráter intramundano, terreno e ativo do homem; agora há uma norma largamente consensual, uma honra e uma dignidade comuns a muitos, mas que cada qual

---

[63] "Le héros cornélien et le généreux de Descartes", in *Revue d'Histoire Littéraire de la France* (1894), reimpresso em *Hommes et livres* (1895).

possui por si só e que deve fundamentar o comportamento e a afirmação de si no mundo. Em consequência, o indivíduo constitui-se menos como pessoal natural e antes como pessoa moral; ele o faz de modo autônomo; não singularmente, à mercê do destino e do caráter, porém, como muitos outros mais, insistindo sobre si mesmo, sobre a própria *gloire*. Seu invólucro intramundano, o corpo, mostra-se tão pouco quanto possível em suas características propriamente funcionais, fisiológicas, que a vida forma e deforma, e antes como puro signo da pessoa moral e social, intacta em sua integridade isolada e autossuficiente.

O surgimento da pessoa moral extramundana a partir da pessoa intramundana, da criatura corpórea, natural e histórica se dá por um percurso intricado que em parte se passa fora da França mas que só parece alcançar esse grau de pureza na França clássica. Sua fundamentação teórica é obra de Descartes, mas na prática e ao menos em parte ela precede seus escritos e sua influência. Descartes chega a ela a duras penas, lutando em duas frentes: em termos universais, contra o mundo exterior, submetido à potência divina; em termos particulares, contra uma certa parte do mundo exterior, isto é, seu próprio corpo. Mas, na prática, a autonomia da pessoa moral, sua libertação do mundo cotidiano já se preparava desde muito antes. No classicismo francês, ela é o pressuposto geral, o ar que os homens respiram. Para os clássicos, a vida no mundo, em termos morais, não consiste em mais do que observar fórmulas e uivar com os lobos; a vida não é nem uma participação humilde e divinamente ordenada no pecado, uma submissão cristã às vias do mundo, nem tampouco, à maneira do que virá a acontecer, uma recusa enérgica, ativa e progressista da visão de um mundo corrompido. Entende-se assim o tipo característico do moralista, que essa época levou à perfeição clássica. O que caracteriza o moralista é o pessimismo profundo e a universalidade formal de suas máximas e

## La cour et la ville

retratos. Ambos decorrem de uma observação aguda e de uma penetração psicológica no comportamento humano, ao mesmo tempo que se deixa inteiramente de lado a inserção vital dos homens observados no contexto que dá sentido a suas ações — donde a atmosfera de perspicácia e clareza, mas também de secura. Somos tentados a julgar verdadeiros e perfeitos cada um dos retratos e máximas, mas não é fácil aceitá-los como símbolos de uma realidade mundana integral. A energia do moralista está no desvelamento crítico do comportamento humano, e nisso vai toda sua paixão — ao passo que, em todo o século XVII, o elogio concedido a um indivíduo soa sempre hiperbólico e decorativo, quando não perfeitamente frio. A paixão do moralista concentra-se toda na censura. Mas quem lhe conferiu essa autoridade que ele maneja com tanta clareza e secura? Obviamente, ele mesmo, na medida em que, como pessoa moral, ele se distancia e se contrapõe aos contextos históricos em que vivem as criaturas humanas, em que agem os homens e ele mesmo. O Alceste de Molière é bom exemplo disso, ao menos se deixarmos de lado o fato de que, no seu caso, o distanciamento não se consuma por inteiro. Alceste só parece risível a seu criador, Molière, por causa da extravagância, da inépcia e do fracasso prático; mas a posição moral de Alceste parece-lhe inatacável, como mostram as falas de Philinte e Elianthe. Molière só pode lhe opor a débil filosofia de Philinte: é preciso uivar com os lobos e sorrir ao infortúnio. Quem és tu, que vês todos ao redor como objetos de tua ira moral? — esta pergunta não lhe chega aos ouvidos.[64]

---

[64] A pessoa de Molière é importante para nosso argumento, pois ele, mais que outros contemporâneos, parece-nos mundano, formado e gasto pela vida — sem contudo deixar, a não ser por descuido, que nada disso transpareça na obra, e sem extrair da vida, até onde posso ver, nada além de um desespero duro e se-

A tragédia clássica, que encontrou apoio junto ao público contemporâneo, é a expressão mais perfeita dessa descristianização, do surgimento de um novo universo de valores ideais. Quanto mais ideais e sublimes fossem, quanto mais se ampliava a camada de homens que se deixavam tomar por eles, tão mais perigosos esses valores se tornavam para a vida cristã. Alguns autores religiosos de então, especialmente Nicole e, mais tarde, Bossuet, reconheceram e exprimiram o fato melhor do que ninguém.[65] Os adversários religiosos logo sentiram a força e o apoio da grande tragédia francesa junto ao público; na medida em que, de modo inaudito, transformava as grandes paixões em objeto de admiração entusiástica para qualquer espectador sensível e criava um mundo sublime independente das ideias cristãs. Perceberam também que a paixão amorosa, quase sempre louvada na tragédia, não representava o perigo mais grave para a vida cristã. Diz Bossuet: *"Ainsi tout le dessin d'un poète, toute la fin de son travail, c'est qu'on soit, comme son héros, épris des belles personnes, qu'on les serve comme des divinités; en un mot, qu'on leur sacrifie tout, si ce n'est peut-être la gloire, dont l'amour est plus dangereux que celui de la beauté même"* [Assim todo o desígnio de um poeta, toda a finalidade de seu trabalho, está em que o espectador seja, como o herói, tomado por belas personagens, que lhes sirva como a divindades; em uma palavra, que lhes sacrifique tudo,

---

co. Como soa estranha e inesperada a resposta que Arnolphe dá a Agnès, quando ela lhe conta sobre a morte de um gatinho: *"C'est dommage; mais quoi!/ Nous sommes tous mortels, et chacun est pour soi"* [Que triste; mas que fazer!/ Somos todos mortais, e cada um é por si]. Arnolphe diz estas palavras sem pensar, está com a cabeça em outro lugar; mas isso não muda nada.

[65] Nicole, *De la comédie* (1659) e *Lettres sur l'hérésie imaginaire* (1667); Bossuet, *Maximes et réflexions sur la comédie* (1694).

com exceção talvez da glória, cujo amor é muito mais perigoso que o da beleza].[66] Este amor bem mais perigoso constituía o conteúdo último da tragédia francesa e o polo oposto de toda fé cristã. *Gloire* e *générosité*, as grandes virtudes trágicas da época, insistem na integridade e na independência do indivíduo, que não tolera deus ou destino acima de si mesmo.[67] Mas o que escapou aos críticos religiosos mais perspicazes e atentos ao essencial foi a percepção de que a tão lamentada mundanização era, em outro sentido, também uma desmundanização. Junto com a religião, perdeu-se também a inserção cotidiana do homem em seu mundo histórico particular. Não havia lugar, no mundo sublime das paixões, para a realidade cotidiana, e o protagonista, de pessoa histórica submetida ao curso do mundo, passava a ser uma pessoa moral autônoma. Toda pertinência histórica, toda vinculação a circunstâncias concretas é reduzida ao mínimo na tragédia francesa, e todos os ofícios e condições são puramente nominais; o mundo social ambiente só aparece na medida em que interessa imediatamente à ação passional; a moderação e o alívio que o curso sereno da vida cotidiana oferece é posto de lado. Aqui não há estações, dia e noite, sol e chuva, sono e refeição; a unidade de tempo e lugar significa também sua abolição.[68]

Assim, o mesmo público que tentamos caracterizar mais acima como cultivado e despido de função social pôde servir de

---

[66] Bossuet, *op. cit.*, primeiro parágrafo do quarto capítulo. Há passagens semelhantes já em Nicole.

[67] Ver, a respeito, meu ensaio "Racine und die Leidenschaften", in *Germanisch-romanische Monatsschrift* (1926) ["Racine e as paixões", neste volume].

[68] Cf. Lessing, *Hamburgische Dramaturgie*, seção 46, e Leo Spitzer, "Die klassische Dämpfung in Racines Stil", in *Romanische Stil- und Literaturstudien* (Marburg: Elwert, 1931), vol. II, p. 148.

suporte à tragédia. Assim, ainda, uma camada que, por sua situação econômica e social, facilmente poderíamos julgar trivial e incapaz de grandes ímpetos pôde criar uma forma literária que é tudo, menos trivial e superficial. Pois a tragédia francesa não é feita de tédio e pompa, como se pensava e no fundo ainda se pensa na Alemanha, nem é meramente normativa e classicista, como quer a tradição francesa. Aquele público de "pessoas morais" criou para si uma grande forma, em que justamente a pessoa moral, na fortaleza extramundana de sua *gloire* e *générosité*, podia se ver representada e realizada. O público francês criou para si um mundo além da história e da vida cotidiana, em que a pessoa moral podia viver por si, morrer sozinha e triunfar para si e para seus semelhantes.

## Sobre o lugar histórico de Rousseau

A obra e a vida de Rousseau já foram, segundo me parece, suficientemente investigadas para não deixar mais lugar ao simples conflito de opiniões. Não importa quão diverso e contraditório Rousseau se mostre a nós, ou ainda quantas distorções os polemistas ou os eruditos de pendor excessivamente analítico tenham afirmado a seu respeito, o fato é que o essencial de suas ideias acha-se bem divulgado e examinado. O que tenho a oferecer não é, portanto, uma nova análise dos elementos que se divisam em sua figura e muito menos uma nova interpretação, mas apenas uma formulação mais nítida da visão que me parece corrente, com o fim de situar o autor num panorama europeu e fixar mais precisa e amplamente o seu lugar histórico. Tenho em mente a seguinte formulação: dentre os grandes nomes da história das ideias na Europa, Rousseau é o primeiro que, apesar de uma constituição interior inteiramente cristã, não logrou permanecer cristão.

A tese contém três afirmações: primeiro, que Rousseau era cristão por constituição interior, isto é, um cristão *in potentia*; segundo, que ele não logrou atualizar esse cristianismo potencial; terceiro, que ele foi, tanto quanto sabemos, o primeiro a sofrer tal destino. Gostaria de esclarecer muito brevemente essas três afirmações, supondo que sua obra e sua vida sejam de conhecimento geral e, portanto, apenas mencionando os dados relevantes. Bastará desdobrar o conteúdo das três afirmações (e logo da própria tese) para tornar inequívoco meu intento. Uma demonstração completa é desnecessária, se é que não me engano em afirmar que esta seja apenas uma formulação mais nítida da visão corrente sobre Rousseau.

É mais fácil explicar o que se entende por cristianismo constituicional ou potencial a partir de seu contrário. Na época e no país de Rousseau aparecem pela primeira vez homens abertamente não cristãos: sentem-se seguros em seu modo de vida e procuram ordená-lo a seu gosto por meio de preceitos racionais. Não o fazem somente em causa própria, mas também em vista dos demais — não por um operoso amor ao próximo, mas por um sentido de utilidade social. Esperam assim melhorar o mundo e finalmente levá-lo à perfeição. Já não se consideram a si mesmos como pecadores e ao mundo como mau por natureza. Suas esperanças também não se dirigem mais à redenção do Mal e à realização do Bem, mas sim a uma existência terrena bem-ordenada: a razão deve vencer os preconceitos humanos, ao passo que a experimentação sistemática e aplicada deve vencer a resistência da natureza, até que, algum dia, o mundo terreno seja inteiramente moldado pelo espírito humano. Por mais imperfeito que tudo seja, tudo é ainda fundamentalmente reparável; algum eventual pessimismo refere-se apenas aos obstáculos e ao longo tempo necessário para alcançar os objetivos. Mas estes são fundamentalmente alcançáveis e, pensando assim, não há como não crer que se esteja no caminho certo. Para o cristão, pelo contrário, o mundo é essencialmente mau e distante do Bem, incapaz de alcançá-lo por suas próprias forças — o próprio cristão se figura como pecador. Suas boas obras não provêm dele próprio e não servem em última instância a este mundo: elas provêm da Graça divina e servem à sua manifestação, bem como a mostrar digno de redenção aquele que as pratica (na medida em que tal mérito seja inteligível e manifestável sobre a Terra). Em meio a este mundo, o cristão é feito de inquietude e incerteza, sua condição é passageira, parcial e sombria, seu fim maior está no além — e, entretanto, é aqui que se decide, única e irrevogavelmente, seu destino eterno: uma decisão dramática quanto à sua inclusão entre os eleitos ou entre os condenados. Desse modo, a descristianização significou igualmente uma desdramatização dos eventos terrenos, que agora se transformam em curso meramente mundano das coisas e portanto, como logo se fez ver, em algo muito mais fluente, natural e livre do medo. A mentalidade mundana do homem iluminista não indica primariamente uma adesão mais forte e intensa ao mundo terreno — supô-lo seria um grave erro. Com a abolição do além, também o outro polo, o aqui, perde muito de sua força. O século iluminista não é pobre apenas em profundidade espiritual, mas também em sensibilidade intramundana; no sentido mais autêntico da palavra, ele é "superficial".

Ora, mesmo em iluministas famosos encontra-se algum resquício de cristianismo. Voltaire, por exemplo, deixa transparecer, na tolice de seus argumentos contra os fósseis encontrados nos Alpes, uma espécie de temor nervoso de que, afinal de contas, o Dilúvio universal tivesse de fato ocorrido.[1] Seu antissemitismo, tão pouco de acordo com suas convicções iluministas, pode ser facilmente interpretado a partir de um terror diante da famosa argumentação da apologética cristã: ele despreza, na figura do povo condenado, o testemunho vivo da cristandade. Num tal homem, atavismos assim são dignos de nota — mas permane-

---

[1] Ver o conto *O homem dos quarenta escudos* e o verbete "Inundação" do *Dicionário filosófico*. [N. T.]

cem atavismos, sem força suficiente para alterar-lhe uma fisionomia que, ao longo de seus estágios e variações, corresponde sempre à imagem do não cristão desenvolvida mais acima.

As coisas são diferentes com Rousseau. O cristianismo permeia-lhe toda a substância humana. Ele não se sente seguro no mundo, e sim cheio de temor e inquietude; seu impulso à auto-humilhação e ao desprezo de si forçosamente faz lembrar a contrição do pecador cristão; o mundo iluminista, bem-ordenado e confortável em que se moviam os filósofos, parece-lhe mau por natureza, aliás, tão mau como o universo inteiro.

Ao que tudo indica, sua insegurança no mundo é suficientemente explicável a partir de causas sociológicas e psicológicas, sem que uma explicação religiosa se faça necessária. Mais exatamente, consideram-se os motivos da sensibilidade cristã como algo de segundo plano, derivados de raízes sociológicas e psicológicas. Rousseau era pobre, provinha de uma família em decadência, e a desordem material e moral de sua juventude só havia agravado sua posição social; sua formação cultural fora irregular, e ele conquistara por si só e sem método o pouco de cultivo de que seu gênio precisava; não dominava inteiramente as formas exteriores do contato social; tinha uma necessidade doentia de autoafirmação e sofria de anomalias sexuais. Apesar de tudo isso, o sucesso de seus escritos e de sua pessoa levaram-no a uma alta sociedade que não encontra rival na história em autoconfiança e estilização da vida — mesmo as desordens desta eram formalmente reguladas. Não é portanto de admirar que sua posição fosse singular; que ele não se sentisse à vontade e se portasse de modo instável, escandaloso ou intolerante; que as consequências de seu comportamento enredassem-no ainda mais, até o ponto em que o desprezo de si e a incerteza se convertessem em misantropia desconfiada e delírio de grandeza. Um distúrbio nervoso, cujos sintomas manifestaram-se desde cedo, apodera-se progressivamente dele, sem entretanto subjugá-lo inteiramente. Não temos aqui um quadro clínico corriqueiro para os psiquiatras, onde poderíamos no máximo aventar a hipótese de uma moléstia hereditária? Que direito temos de falar, não de um complexo de inferioridade ou de um delírio persecutório, mas de um cristianismo potencial?

Algumas considerações metodológicas bastam para fundamentar tal direito; na verdade, como toda metodologia genuína, elas vão direto ao nó da questão. Enquanto figura estabelecida na história das ideias, Rousseau não poderia jamais ser compreendido por via sociológica ou psicológica. Uma tentativa de explicação psicológica equivaleria a dissociá-lo daquele contexto (a saber, o da história das ideias) onde todos o localizamos e em vista do qual ele merece nossa atenção, para incluí-lo num outro contexto, referente às predisposições neurológicas, ao qual ele decerto também pertence, mas onde só o psiquiatra pode observá-lo e onde imediatamente se esvai todo o interesse que ele, Jean-Jacques Rousseau, possa despertar. Não há dúvida de que ele era portador de tal predisposição — um número assustador de homens vem manifestando-a desde então; mas devemos por isso afirmar que, do ponto de vista da história das ideias, Rousseau se acha entre eles? Talvez. Talvez a própria frequência desse fenômeno neurológico de insegurança doentia seja explicável a partir da crise geral do cristianismo, ainda em curso — questão que não examinarei; mas só nessa medida pode-se dizer que Rousseau se encontra no mesmo caso desse tipo de doentes ou, antes, que eles se encontram no mesmo caso que ele. Na verdade, a classificação psicológica ou psiquiátrica não é suficiente, seja para compreender inteiramente a pessoa de Rousseau (uma vez que a classificação é meramente negativa e não esclarece a configuração intelectual em que, nele e apenas nele, os pressupostos psíquicos se atualizaram e configuraram historicamente), seja para indicar seu lugar histórico, a relação de seu perfil histórico com outras figuras e com o curso da história. À topologia histórica interessa apenas esclarecer as relações de ordem intelectual, por princípio independentes dos pressupostos contingentes e existenciais que favoreceram ou não as realizações intelectuais dos indivíduos em questão — até porque esses pressupostos podem ser muito diversos para indivíduos que exibem um perfil intelectual igual ou semelhante.

No interior do curso histórico em questão, isto é, no interior da história das ideias na Europa, a insegurança no mundo terreno constitui um motivo cristão, particularmente forte nos períodos críticos do cristianismo, quando este se confronta com grandes grupos humanos vivendo em segurança e tranquilidade não cristãs. Para os indivíduos de inclinações cristãs, a insegurança chega então às raias de uma inquietação torturante, de uma incapacidade estupefata de compreender a serenidade em que o mundo a seu redor parece tão bem instalado. Tenha-se em mente o exemplo de Pascal. Mas Rousseau enfrenta uma situação mais difícil: ele não tem amigos jansenistas a seu lado. Entre os vários ramos cristãos, entre Genebra e Madame de Warens, sua insegurança torna-se vaga e incontrolável. Tal como os conheceu, nenhum deles possuía uma força religiosa produtiva, capaz de indicar-lhe um caminho. Mas ele jamais pôde conformar-se à autoconfiança de seus contemporâneos; ela seguiu parecendo-lhe um martírio, do qual buscava escapar.

E nunca mais ele pôde conformar-se consigo mesmo. Considerava-se um pecador; não um homem que pode ser bom ou mau, tampouco alguém que, aqui e ali, por erro ou por um egoísmo explicável, faz algo de mau — e sim um pecador que, ao lado de uma ardente nostalgia do Bem, arrasta consigo uma porção inexplicavelmente má e que procura, renovadas vezes e sempre em vão, libertar-se dela. O extremo das aberrações a que se rebaixou só é ultrapassado por uma autoflagelação inédita até então. Que o maior e mais humano pedagogo da era moderna tenha deixado à míngua seus próprios filhos; que o homem que se considerava — e não sem certa justiça — o espírito mais nobre de seu século tomasse por companheira uma mulher tão vulgarmente má e despida de espírito; que acreditasse nas mais absurdas intrigas dela e de outros; que retribuísse com ódio e ingratidão a qualquer ato de boa vontade: tudo isso e muito mais são extremos cujo absurdo remete exemplarmente à imagem do pecador cristão em sua queda, regeneração e nova queda. E a autobiografia que tem por objeto essas reviravoltas e toma emprestado o título das *Confissões* de Santo Agostinho oferece-nos, na tensão entre seus polos, uma concepção do homem familiar à ética cristã, mas estranha a seus contemporâneos descristianizados. Seus atos o impelem indecifravelmente ao bem ou à danação, por razões desconhecidas, sem fim e sem motivo.

 O mundo sempre lhe pareceu mau por natureza e não apenas temporariamente imperfeito — em contraste completo com a crença no progresso típica de seu século. Sua hostilidade à civilização é uma teoria do pecado original apenas parcialmente secularizada. O mundo se encontra em estado de corrupção, perdeu algo de irrecuperável e sua pureza se esvaiu para sempre. Rousseau jamais esperou poder recuperá-la por meio dos preceitos que preconizava. Mesmo no final da vida, foi veemente contra os críticos que lhe atribuíam algo do gênero.

 E entretanto esses detratores não deixavam de ter certa razão: boa parte de sua obra tem, ao menos por seus efeitos, um caráter iluminista, e bem se podia extrair dela um sistema de preceitos e uma esperança na perfectibilidade da natureza terrena. Pois Rousseau não pôde seguir o caminho que por séculos estivera aberto aos homens de sua índole: a cristologia, que oferecia ao homem degradado no mundo da Queda um espelho de si mesmo e uma esperança de redenção, não lhe dizia nada. Pascal ainda pudera entregar-se a ela, mesmo que não sem tormento e convulsão interiores. A fé cristã mal constituiu um problema para Rousseau. O que fora alimento espiritual agora é letra morta. No cristianismo, Rousseau só enxerga o dogma, estreito demais para um peito atormentado, indigno de um ânimo nobre. Um século a menos e um homem como ele teria sido um grande crente; talvez heterodoxo, mas um cristão com todo o ímpeto de seu coração ardoroso. É inútil enumerar quais válvulas de escape ele encontrou — isso já é do conhecimento de todos; trata-se aqui apenas de pôr em evidência o fato de que, naquele momento, as igrejas cristãs já não estavam em condições de satisfazer aquelas necessidades que justamente o cristianismo havia despertado na Europa. Os filhos legítimos já não retornavam à mãe.

Resta apenas esclarecer que Rousseau foi o primeiro. Provavelmente sempre houve não cristãos na Europa cristã. Desde 1500, aproximadamente, eles já podiam dar a entender publicamente sua distância em relação ao cristianismo — ainda que isso não se fizesse com alarde ou palavras inequívocas. Aos poucos se formaram certas esferas da vida — as mais importantes, na verdade: a economia, a ciência natural, a filosofia, a política — que se subtraíam à penetração completa do cristianismo. O surgimento em massa de não cristãos no século XVIII francês não é tão significativo em si mesmo: eles lutavam menos pela causa, que de há muito se estabelecera, do que por reconhecimento público e notoriedade geral. Por essa razão o enfoque do livro de Groethuysen[2] sobre a visão de mundo burguesa no século XVIII me parece, do ponto de vista da história das ideias, mais profícuo e substancial do que a história literária tradicional. Mas um

---

[2] Trata-se de *Origens do espírito burguês na França*. [N. T.]

fenômeno como Rousseau, não importa o quanto esteja ligado à situação geral e dela derive, permanece algo de novo. Já desde o começo da crise do cristianismo europeu (pode-se datá-la diferentemente; estou inclinado a localizá-la muito precocemente, pois acredito que, nos fenômenos históricos, coincidem o apogeu e o início da crise) haviam se destacado cristãos de espírito inovador, que encontravam na própria crise o estímulo ao desenvolvimento. Tais homens acabaram por forçar os limites da *una sancta* e ocasionaram vários cismas; mas uma nova onda de fé cristã se formava a partir deles. Que um homem dessa mesma espécie, nascido na Europa, embebido de humilhação, desprezo do mundo, necessidade de penitência e redenção não encontrasse mais lugar para si em nenhuma igreja cristã; que ele não fundasse uma nova igreja cristã; que em seus transportes de desespero e esperança não se encontre uma só palavra sobre o sacrifício de Cristo, o pecado original e o Juízo Final — isto me parece decisivo para os rumos da Europa na segunda metade do século XVIII.

# A descoberta de Dante no Romantismo[1]

Deixar não o próprio poeta falar — e nem sequer falar sobre o poeta —, mas, *tríton ti apò toû poietoû*, falar daqueles que por sua vez falaram sobre o poeta — isso parece com certeza uma empreitada pouco viva, indireta e algo melancólica. Porém a história das opiniões, as vicissitudes de uma fama de seis séculos são assunto que basta por si mesmo, com total independência da obra de Dante que lhe dá ensejo: um espelho das vicissitudes do próprio espírito, como a poesia dificilmente pode oferecê-lo, pois justamente a maior e mais bela poesia jamais é tão só e meramente espelho do tempo quanto as opiniões sobre ela; e depois, uma tal consideração nos torna, de um modo produtivo, céticos em relação a nossas próprias opiniões, e nos incita a examinar o que nelas é preconceituoso e por demais passageiro.

Da história das opiniões sobre Dante escolhi um período relativamente curto, o Romantismo e seus predecessores; o mais importante período, contudo, pois redescobriu Dante, e, no essencial, na forma vigente ainda hoje. Ocorre que, antes, por lon-

---

[1] Aula inaugural em Marburg (sobre o tema "Dante e os românticos"). Para o tratamento metódico e bibliográfico do assunto, remeto-me a Arturo Farinelli, *Dante in Spagna-Francia-Inghilterra-Germania*, Turim, 1922.

go tempo pouco se lhe deu atenção. Desde Michelangelo, para quem a *Comédia* foi vivo alimento e muitas vezes fonte de inspiração, Dante decaiu gradualmente; o Barroco tardio e o Iluminismo eram frios, acadêmicos e racionais demais para sentir a sua grandeza; embora não tenha sido propriamente esquecido, foi descurado e menosprezado; a sua obra parecia mais ou menos uma barafunda absurda, de mau gosto, contrária às regras e inacessível — em suma, impalatável para uma sociedade culta, com o que se admitia ao mesmo tempo que, nos horizontes de seu próprio estágio cultural supostamente inferior, ele realizara algo de importância. Inúmeras vezes exprimiu-se essa opinião, de forma mais mordaz, como se pode imaginar, por um francês, por Voltaire; este zomba abertamente das invenções disparatadas e bárbaras na *Comédia*, e acusa Dante de extravagância e mau gosto. Só que, ao escrever isso, o renascimento de Dante já não estava mais distante; um renascimento que, para louvar Dante, não empregava argumentos muito diversos do que o Iluminismo para condená-lo. Pois se até então fora uma censura ser chamado de poeta bárbaro, poeta dos tempos ainda rústicos de seu povo, isso agora se tornara uma glória; e se até então o colorido demasiado forte e o exagero da expressão eram tidos como de mau gosto e extravagantes, agora se despreza o bom gosto e estima-se o extravagante. Não que o novo estilo ou a índole dos pré-românticos tivesse descoberto novas qualidades em Dante, por meio das quais se produziu uma reviravolta do juízo, mas no essencial foram os mesmos argumentos que fundaram o juízo até então de desprezo e a partir dali de entusiasmo. Daí que, em ambas orientações, os juízos raramente aludam ao conjunto da *Comédia* e a seu verdadeiro propósito, mas sim a passagens isoladas e seu respectivo valor poético, com o que o valor poético começou a ser considerado como algo autônomo, diverso do valor teológico, moral, filosófico.

O representante primeiro, ainda solitário, da visão romântica foi Giambattista Vico, um napolitano algumas décadas mais velho que Voltaire; morreu em 1744, já senhor de idade. Ele é o verdadeiro fundador da estética moderna e o precursor do movimento romântico, na medida em que foi o primeiro a formular suas ideias, bem antes de Herder e com igual profundidade e consequência, ainda que sua filiação intelectual e em última instância também seu propósito fossem totalmente diversos. A caminho de fundar uma filosofia da história — ou, como ele dizia, uma eterna história ideal, segundo a qual deviam suceder no tempo as histórias de todos os povos individuais em seu surgimento, ascensão, grandeza, declínio e fim —, nesse caminho, descobrira ele que os primeiros homens, os homens primitivos, não tinham vivido, tal como supunham as utopias iluministas, numa situação primeva paradisíaca, bem-aventurada e racional, que deveriam ter sido antes bestas selvagens, despidos de toda a razão — mas que em compensação eram bem mais ricos em superlativa força sensível, expressando tudo numa forma de imensa evidência sensível, plástica, direta e viva, numa linguagem que era um retrato da natureza para eles viva e vivificada, cujas palavras não pareciam ser o símbolo convencional para o referente, senão o próprio referente — pessoas cuja força sensível elementar era ao mesmo tempo refreada pelos seus cultos mágicos, de modo que sua primeira linguagem própria não foi a prosaica, mas uma linguagem hínico-rítmica, e cuja vida inteira — religião, direito, costumes, ações — realizava-se em fórmulas fantástico-sensíveis. Esses tempos primevos são para Vico o verdadeiro tempo da poesia, a era poética, pois então eram os homens "poetas por natureza"; e dos poetas subsequentes pode-se dizer que foram poetas tanto maiores quanto mais próximos estiveram da era poética. Nesse caminho, Vico torna a revelar Homero (antes que F. A. Wolf) como o poeta dos tempos poético-heroicos da Grécia, e situa a seu lado, para a era da barbárie rediviva, como ele chama a Idade Média, Dante, o Homero toscano. Tal como Homero foi ingênuo, heroico e sublime, livre da brandura dos tempos ilustrados e das sofisticações do entendimento, assim também foi Dante. E tal como Homero tinha prazer em batalhas e lutas desumanamente cruéis, assim também Dante inventou os assombrosos e terríveis castigos infernais. Ora, não escapou de todo a Vico que Dante é bem mais conceitual, dogmático e erudito em seu propósito e execução que Homero; porém, em seu completo desconhecimento da poesia medieval de outros países e da cultura do *Trecento*, acreditava ele — tal como alguns ainda hoje, incapazes de fazer valer essa desculpa — não ser essa a verdadeira natureza de Dante, podendo-se deixá-la de lado. Dante, assim pensa ele, seria um poeta ainda maior se nada soubesse de escolástica e latim.

Na concepção que Vico tem de Dante já está contido tudo de essencial que o *Sturm und Drang* e a *communis opinio* do Romantismo manifestariam sobre o mesmo tema. Mas Vico permaneceu desconhecido, e assim não foi ele, mas Herder, que criou a nova mentalidade. O parentesco próximo das ideias de Vico com as de Herder foi várias vezes ressaltado nos últimos tempos; também Herder voltou-se contra a concepção e estilo racionalista e metódico-racional da poesia e explicou-a, em vez disso, como manifestação original do espírito dos povos e como produto da sensibilidade fantástica. Mas aqui se revela também a fundamental diferença entre Vico e seu herdeiro alemão: enquanto o primeiro nunca sai em busca do específico, mas sempre do mais genérico, e em sua tentativa de uma metafísica da história universal só fez como que por acaso tal ou qual descoberta histórica específica, surge já em Herder, e mais ainda no Romantismo alemão, um esforço por compreender e captar o individual do espírito do povo em seus fenômenos específicos.

## A descoberta de Dante no Romantismo

Acontece que Herder, contudo, não conheceu bem Dante, e suas declarações elogiosas não são muito substanciais. Interessante é uma das primeiras. Johann Jakob Dusch, em suas *Briefen zur Bildung des Geschmacks an einen jungen Herrn von Stande* [*Cartas para a formação do gosto a um jovem senhor de condição*] (1756), falara várias vezes de Dante; dissera, por exemplo, numa declaração muito característica do período de transição, que "o pior dos projetos desafia todas as críticas mediante o colorido que lhe sabe dar a mão de um Shakespeare ou de um Dante e insinua-se como que à força no templo do gosto". A tentativa de Dusch de justificar a epopeia didática como forma poética suscitou a irritação de Herder. A nova mentalidade via no relato épico-popularesco algo bem mais excelso, puramente poético, que no racional-didático: "Como pode o autor", escreve Herder em sua resenha, "tomar passagens dogmáticas, intercaladas numa epopeia, como uma forma, como a forma épica de poemas didáticos? Homero tais não tinha [...]; em Milton, em Dante, em Ariosto temos de ignorá-las". Dez anos mais tarde surge a tragédia de Gerstenberg sobre Ugolino, que adota como tema um dos últimos cantos do *Inferno* — a morte por inanição de Ugolino e seus filhos no cárcere da torre. Com o sucesso dessa tragédia criou-se a noção popular de Dante na Alemanha, que se funda portanto inteiramente nas aterradoras passagens do *Inferno*. Com tudo isso, está traçada a tendência das posteriores opiniões românticas. Dante não será recebido como Shakespeare, nem prática nem teoricamente; somente poucos conhecem a sua obra, e o juízo é este, que se distingue do de Voltaire apenas pelo sinal trocado da avaliação: o plano da *Comédia* é infeliz ou, no mínimo, anacrônico, a estrutura e o conteúdo dogmático, aberrações que se explicam pela época de Dante; mas devem-se perdoar essas faltas devido à grande força poética de passagens esparsas, pensando-se a maioria das vezes somente naquelas do

*Inferno*. No geral, essa foi também a opinião de Goethe, que nunca privou de uma relação efetivamente íntima com Dante e cuja admiração pela *Comédia*, ou ao menos por alguns trechos dela, mescla-se a uma antipatia instintiva por um temperamento tão diverso do seu. Tedioso, ambíguo, sombrio — grandiosidade repulsiva, muitas vezes abjeta —, tais eram na certa seus verdadeiros sentimentos, e quando nos últimos anos de sua vida lhe enviaram de várias partes traduções e ensaios que reclamavam sua simpatia, ele não foi além de um frio e reservado reconhecimento. Mesmo a frase dita a Eckermann em 1828, segundo a qual Dante nos parece grandioso por ter uma cultura de séculos atrás de si — uma frase na qual se parece sugerir uma noção da efetiva posição histórica de Dante, por considerá-lo não mais como o poeta bárbaro dos primórdios, mas como o produto de culturas antigas —, também essa frase já não é desconcertante em 1828. Goethe não tinha absolutamente nenhuma relação com a cultura intelectual e sensível do *Trecento*, toda a sua postura em relação à Itália é prova disso, e aquela locução nada mais é que um fruto da leitura de um dos escritos de Abeken, Schlosser ou Rosenkranz, que comparavam a poesia medieval alemã com a italiana, *Titurel* com a *Comédia* — não, porém, uma noção efetiva da codificação da cultura europeia ou mediterrânea que a *Comédia* contém. Diante da tendência à aproximação comparativa entre a *Comédia* e o *Fausto*, nunca é demais repetir que eles são absolutamente incomparáveis e não têm nada a ver um com o outro. Fausto procura a si mesmo em milhares de caminhos, os guias de Dante conduzem-no por trilhas tão estreitas que qualquer desvio seria perdição eterna; Fausto sente em si mesmo e na própria atividade terrena a plenitude instável do divino, a reflexão de Dante encontra para além de toda atividade a configuração concreta e inabalável da ordem divina; as figuras e cenas no *Fausto* são histórias de almas individuais, absurdas, sem relação com os vivos, as da *Comédia* são um além objetivo e ordenado.

Entre as primeiras e as últimas declarações de Goethe ocorre a verdadeira descoberta ou redescoberta de Dante por algumas das grandes cabeças do Romantismo alemão. Ela só se tornou efetiva em alguns dos homens proeminentes na Alemanha, e mais tarde também na Itália; para uma repercussão universal, os escritos dos grandes críticos românticos eram genéricos e especulativos demais, muito pouco amparados numa verdadeira reflexão e conhecimento do texto, e por isso muito pouco inclinados a provar no próprio objeto suas grandes ideias gerais. Ao contrário, a admiração deles por Dante e os seus primorosos fragmentos de tradução despertaram justamente o interesse por trechos poéticos isolados do poema e deram novo alimento e grande difusão àquele desfrute parcial e desarticulado de Dante — que, sem dúvida, é também uma porta de entrada. Os românticos instauraram desde o início como que um culto a Dante; o nome de Dante surge então ao lado dos de Shakespeare e Goethe, por vezes também ao lado de Shakespeare e Cervantes, numa tríplice constelação da nova poesia europeia. E pela primeira vez desde o fim da onipotência da imagem de mundo católica, os Schlegel, Schelling e Hegel experimentaram a unidade do grande poema, sentiram a *Comédia* não como antologia de belas passagens, mas como o mais poderoso edifício poético uniforme de nossa era; possuíam, porém, demasiado pendor para a construção especulativa e muito pouca fidelidade ao objeto, de modo que seus fragmentos críticos descambavam muitas vezes do mais significativo esboço para o arbitrário e o sofístico. Friedrich Schlegel a princípio vê Dante, no ensaio sobre o estudo da poesia grega, como bárbaro gótico — aos conceitos góticos do bárbaro deve a gigantesca obra de Dante sua estranha arquitetura; contudo, ele formula essa ideia comum no Pré-Romantismo num contexto novo, espirituoso e um tanto invulgar, que já é sugerido na palavra "conceitos". É que ele julga provir a arte da Idade Média não diretamente da natureza, como a antiga, mas de "conceitos", pensando na escolástica e no alegorismo da Alta Idade Média. Isso talvez seja algo extravagante e exagerado, mas nisso, nessa declaração de Friedrich Schlegel (à parte a interessante relação com o ensaio de Schiller sobre a poesia ingênua e sentimental), reside uma descoberta ou revelação histórica, de vez que ele não encara mais a Idade Média, a exemplo de todo o século XVIII (nisso Vico e Herder não diferem de Voltaire), como primórdio puramente bárbaro — intuindo antes a convergência de forças vivas dos povos jovens e do legado de ideias e concepções quase espectralmente petrificadas. Noutra passagem, mais tardia, Friedrich Schlegel chama Dante de santo fundador do antigo estilo da arte moderna, porque ele, retornando à Antiguidade, une religião e poesia. Com isso ele levanta o tema que seu irmão August Wilhelm e sobretudo Schelling aproveitariam; desperta neles o sentido para essa união, de religião e poesia, e sob esse signo foi possível ver a *Divina comédia* em seu conjunto como um todo unitário. Friedrich não avançou no tema, e sua admiração por Dante parece em épocas posteriores ter dado lugar a uma certa antipatia.

August Wilhelm teve uma relação bem mais próxima e objetiva com a *Comédia*, e Friedrich chama o irmão, em 1818, de decano de toda ciência dantesca. Ele não apenas escreveu sobre Dante, mas sobretudo o traduziu, e suas versões são as mais belas antes de Stefan George — embora ele, o que é compreensível mas não satisfatório, omita na *terzina* a anunciante rima do meio e só rime o primeiro e terceiro versos. Esses fragmentos de tradução, que ele publicou em diversos lugares e só foram reunidos no terceiro volume de suas obras completas na edição Böcking, lhe deram muito o que fazer, e ele esteve sempre a retrabalhá-los; as traduções de outros no início do século possuem nítida influência sua. Ele planejou por uns tempos uma versão completa; mas somente do *Inferno* existe uma parte considerável traduzida, do *Purgatório*, pouco e do *Paraíso*, quase nada. O que é curioso, pois numa carta a Schiller em 1795 ele afirma que "nos últimos cantos do *Purgatório* [estão] quase as mais belas e graciosas passagens de todo o poema", e enaltece o *Paraíso* como "a parte mais difícil, mais profunda, mais sublime e mais brilhante" da *Divina comédia*. Essa declaração, numa época em que só o *Inferno* determinava o conceito geral da *Comédia*, revela seu trato efetivo com o grande poema; ele mesmo, aliás, qualificava como sua tarefa "penetrar na composição da essência alheia, conhecê-la tal qual é, espreitar como veio a ser". Porém, o grande livro sobre Dante que planejou, e que Friedrich esperava dele, jamais virou realidade, e seus fragmentos esparsos não oferecem muito mais que um entusiasmo amorfo, no qual Dante é louvado como o grande profeta do catolicismo e, tal como parafraseia Waiblinger em zombaria, como o centro de todo o Romantismo. No círculo dos dois Schlegel surge por volta de 1800 uma exaltação bastante vaga e caprichosa de Dante, e Karoline inaugura o mau hábito de elogiá-lo à custa de seu mestre Virgílio.

As mais relevantes palavras sobre Dante escritas nessa época procedem de Schelling. Elas estão em seu ensaio "Dante in philosophischer Beziehung",[2] que exerceu grande influência sobre os Schlegel e outros, sobretudo Hegel; em tempos recen-

---

[2] "A *Divina comédia* e a filosofia", in Friedrich von Schelling, *Obras escolhidas* (São Paulo, Nova Cultural, 1989), tradução de Rubens Rodrigues Torres Filho. [N. T.]

tes, Vossler reportou-se a ele no livro em homenagem a Leo S. Olschki. Sem dúvida Schelling seria muito mais talhado que August Wilhelm Schlegel para escrever o grande livro sobre Dante que o Romantismo nos ficou devendo. Ele também parte, é verdade, do tema a que primeiro aludiu Friedrich Schlegel; no início do ensaio, ele chama a *Comédia* o santuário onde se aliam religião e poesia. Mas vai muito além. À pergunta pelo gênero da *Comédia*, responde dizendo que gênero ela não tem, é comparável apenas a si mesma; a identidade de todo o tempo, ou de toda a época, de Dante é seu conteúdo. E o cerne de todo o problema ele só o ataca quando declara o mundo moderno, de cuja poesia a *Comédia* é profética e exemplar, como o mundo dos indivíduos, no qual o particular é ponto de partida e onde a exigência necessária é esta, que o indivíduo, através da máxima singularidade, volte a tornar-se universalmente válido — através da perfeita particularidade, absoluto. Ocorre assim em Dante uma união do alegórico com o histórico, *na medida em que os personagens, já pelos lugares em que são postos pelo poeta, e que são eternos, adquirem uma espécie de eternidade.* O saber acumulado na *Comédia*, como imagem do universo na perfeita concórdia de si mesmo, é a mais original e a mais bela fantasia. E a tão precisas palavras sucedem então alguns pensamentos fortemente especulativos e místicos: na Santíssima Trindade, na tripartição da *Comédia* ele vê a expressão simbólica da tipologia intrínseca de toda ciência e toda poesia, na qual o *Inferno* representa o reino da natureza, o *Purgatório*, o reino da história, o *Paraíso*, o reino da arte. E embora torne a definir a *Comédia*, não como obra isolada de uma era particular, mas como exemplar pela sua validade universal, como sistema da teologia *in concreto* e arquitetonicamente realizado — ele busca ainda assim circunscrever os gêneros das partes isoladas ao chamar plástico o *Inferno*, pitoresco o *Purgatório* e musical o *Paraíso* — coisa que bem se pode sentir, sem que esses termos venham a parecer concludentes ou elucidativos.

Seja como for, o ensaio de Schelling é de longe o que de mais importante se escreveu no Romantismo propriamente dito sobre Dante e a *Comédia*; não só porque ele viu o grande poema como um todo; isso também já o haviam sentido os dois Schlegel; mas foi ele quem — com a ideia de que os personagens da *Comédia*, já pelo lugar em que aparecem, adquirem uma espécie de eternidade — tocou o núcleo do seu objeto e o sentido da própria *Comédia*. Pois a *Comédia* tem um sentido; sem dúvida não um sentido encoberto, político, herético ou sabe-se lá o que mais (se o propósito for esse, sempre se encontrarão vários sentidos), mas um sentido central e abrangente, a saber, nosso mundo terreno e histórico em sua forma verdadeira e eterna, que o juízo divino desvelou. Desde o colapso da validade ecumênica da ideologia católica, desde aquela Idade Média para a qual essa intuição era espontânea, Schelling foi o primeiro a compreendê-la e sugeri-la. Mas ela não foi muito frutífera. August Wilhelm Schlegel adotou dele, é certo, a interpretação da Santíssima Trindade e da alegoria; mas o essencial ele ignorou, e em todo o século não se ouviu eco algum — com uma única, porém poderosa, exceção: Hegel escreveu nas preleções sobre Estética uma página sobre Dante livre das digressões especulativas de Schelling e resumindo as ideias em poucas palavras exatas, é a meu ver o quanto há de decisivo a ser dito sinteticamente sobre a *Comédia*. Eis a página:

> Em vez de um acontecimento específico, ele [o poema] tem a ação eterna, a finalidade absoluta, o amor divino em sua ocorrência imperecível e seus círculos invariáveis por objeto, por palco o inferno, o purgatório, o céu, e mergulha o mundo vivo da ação e sofrimento humanos, e, mais exatamente,

dos atos e destinos individuais, nessa existência imutável. Todos os interesses e fins individuais e particulares dos homens desaparecem ante a grandeza absoluta da finalidade e do destino de todas as coisas, mas ao mesmo tempo surge de maneira perfeitamente épica o que do contrário seria o mais passageiro e mais fugaz do mundo vivo, vasculhado objetivamente em seu íntimo, julgado em seu valor e não valor pelo conceito supremo, por Deus. Pois tais como foram os indivíduos em suas atividades e sofrimentos, em suas intenções e êxitos, assim também são eles ali, para sempre, petrificados como estátuas de bronze. Dessa maneira, o poema engloba a totalidade da vida mais objetiva: a situação eterna do inferno, da purificação, do paraíso, e sobre essa base indestrutível movimentam-se as figuras do mundo real, segundo o seu caráter particular, ou antes, movimentaram-se, e agora, com suas ações e seu ser, estão imobilizadas na justiça eterna e são eternas elas próprias. Enquanto os heróis homéricos perduram em *nossa* lembrança por meio da musa, esses personagens criaram sua situação *para si*, para sua individualidade, e são eternos não em nossa representação, mas *por si próprios*. A imortalização pela Mnemósine do poeta tem aqui um valor objetivo, o do próprio juízo de Deus, em cujo nome o mais ousado espírito de seu tempo condena ou beatifica todo o presente e o passado. A esse caráter do objeto já pronto por si tem de conformar-se a própria exposição. Ela só pode ser uma peregrinação através de regiões firmadas para todo o sempre, as quais, embora inventadas, decoradas e povoadas com a mesma liberdade da fantasia com que Hesíodo e Homero plasmaram seus deuses, devem ainda assim fornecer um quadro e um relato daquilo que propriamente foi visto [...].

Com esta página Hegel encerra a história da redescoberta de Dante pelo Romantismo alemão. O que veio a seguir foi aplicação prática aos detalhes, interpretação e tradução do poema e pesquisa sobre o destino de seu criador. Essa prática, em sua orientação e eficácia, prendeu-se bem mais à *communis opinio* do Romantismo que às ideias de Schelling e Hegel. Não foi diferente na França, onde nas principais cabeças, de Chateaubriand a Sainte-Beuve, Dante é louvado exclusivamente como o poeta romântico do sublime, do grotesco e do pavoroso, a despeito de alguns verdadeiros conhecedores como Villemain e Fauriel, que se opunham a esse preconceito em relação ao *Inferno*. Na Inglaterra, sob o influxo de refugiados italianos, sobretudo de Ugo Foscolo, mas depois também de Mazzini, manifestou-se um forte interesse por Dante, cuja tradição persiste ainda hoje; estudos relevantes lá surgiram; mas mesmo na bela e apaixonada simpatia de Shelley reflete-se o popular preconceito romântico, e da Inglaterra pós-romântica, da Inglaterra pré-rafaelita, provém o abominável equívoco de ler o todo da *Comédia* como cifra politicamente herética.

Na própria Itália, desde o fim do século XVIII, a admiração por Dante reacendeu — sendo que, ao lado das forças atuantes no resto da Europa, também foram decisivas as forças político-nacionais, pois Dante foi o primeiro poeta que renovou o sentimento universal ítalo-romano e o remodelou em sentimento nacional italiano. Mais tarde as ideias de Hegel encontrariam solo fértil na Itália. Elas influenciaram particularmente o mais importante crítico italiano do século XIX, Francesco de Sanctis, cuja interpretação da *Comédia* supera de longe, em conhecimento do texto e compreensão dos detalhes, todos os românticos alemães — mas a quem a interpretação global de Hegel permaneceu alheia. A grande ideia de Schelling e Hegel sobre a *Comédia* como o mundo terreno objetivamente vasculhado em seu íntimo, até onde sei, caiu então em esquecimento e só foi reanimada em épocas recentes. Tentei mostrar, em outra ocasião, qual é o seu significado para a interpretação da *Comédia*.[3] Caso venha a se impor sobre a noção vigente de Dante e de sua obra, essa ideia poderá renovar e prolongar por muito tempo a esperança que o poeta nutria para si: *vita tra coloro che questo tempo chiameranno antico* [vida entre aqueles que este tempo chamarão antigo].

---

[3] O autor remete a seu livro *Dante als Dichter der irdischen Welt* [Dante como poeta do mundo terreno], de 1929. [N. T.]

# *As flores do mal* e o sublime

*Spleen*

*Quand le ciel bas et lourd pèse comme un couvercle*
*Sur l'esprit gémissant en proie aux longs ennuis,*
*Et que de l'horizon embrassant tout le cercle*
*Il nous verse un jour noir plus triste que les nuits;*

*Quand la terre est changée en un cachot humide,*
*Où l'Espérance, comme une chauve-souris,*
*S'en va battant les murs de son aile timide*
*Et se cognant la tête à des plafonds pourris;*

*Quand la pluie étalant ses immenses traînées*
*D'une vaste prison imite les barreaux,*
*Et qu'un peuple muet d'infâmes araignées*
*Vient tendre ses filets au fond de nos cerveaux,*

*Des cloches tout à coup sautent avec furie*
*Et lancent vers le ciel un affreux hurlement,*
*Ainsi que des esprits errants et sans patrie*
*Qui se mettent à geindre opiniâtrement.*

*Et de longs corbillards, sans tambours ni musique,*
*Défilent lentement dans mon âme; l'Espoir,*
*Vaincu, pleure, et l'Angoisse atroce, despotique,*
*Sur mon crâne incliné plante son drapeau noir.*

*Spleen*

Quando o céu baixo e carregado pesa como uma tampa
Sobre o espírito gemebundo à mercê de longos tédios
E, cingindo todo o círculo do horizonte,
Verte um dia negro mais triste que as noites;

Quando a terra é transformada em masmorra úmida,
Na qual a Esperança, como um morcego,
Vai roçando as paredes com sua asa tímida
E batendo a cabeça contra os tetos pútridos;

Quando a chuva, ostentando sua imensa cauda,
Imita as barras de uma vasta prisão,
E um povo mudo de infames aranhas
Vem estender seus fios no fundo de nossos cérebros,

[então] os sinos saltam de súbito com fúria
E lançam aos céus um urro terrível,
Como espíritos errantes e sem pátria
Que se põem a gemer obstinadamente.

E longos féretros, sem tambor nem música,
Desfilam lentamente em minha alma; a Esperança,
Vencida, chora, e a Angústia atroz, despótica,
Sobre meu crânio inclinado finca sua bandeira negra.

 Este poema consiste em um único movimento e mesmo, apesar do ponto final após a quarta estrofe, em uma única frase, constituída de três orações temporais subordinadas, cada uma delas ocupando uma estrofe inteira e começando com *quand*, e de uma oração principal com várias subdivisões, que se desdobra nas duas últimas estrofes. O metro alexandrino deixa claro que se trata de um poema sério, para ser recitado lenta e gravemente; há figuras alegóricas grafadas com letras maiúsculas, como *Espérance, Espoir, Angoisse*; e há também epítetos e outras figuras retóricas ao gosto clássico (*de son aile timide*). A unidade sintática, o ritmo grave e as figuras retóricas combinam-se para emprestar ao poema uma atmosfera de sublime sombrio, em perfeita consonância com o profundo desespero que expressa.

As orações temporais descrevem um dia chuvoso com nuvens baixas e pesadas. Estão repletas de metáforas: o céu como uma tampa pesada fechando o horizonte, deixando-nos sem perspectiva na escuridão; a terra como uma masmorra úmida; a Esperança como um morcego esvoaçante preso entre paredes pútridas; as gotas de chuva como grades de uma prisão; e dentro de nós um povo emudecido de aranhas repulsivas, tecendo suas teias, simbolizam um desespero apático e profundo que se apossa de nós. Todas essas metáforas têm um caráter simbólico tão eficaz que parecem excluir qualquer possibilidade de uma vida mais feliz. O *quand* perde seu significado temporal e soa como uma ameaça; como o poeta, começamos a duvidar se ainda surgirá um novo dia de sol; pois a Esperança, o pobre morcego, também está aprisionada e perdeu contato com o mundo além das nuvens — se é que esse mundo existe! Mesmo um leitor não familiarizado com outros poemas de Baudelaire, que não saiba como ele evoca constantemente o horizonte bloqueado, a prisão úmida e pútrida do inferno, que não saiba o pouco caso que ele faz do sol quando este está brilhando, conseguirá entender o desespero irrevogável da situação a partir dessas três estrofes. O horror sem esperança tem seu lugar tradicional na literatura: é uma forma particular do sublime; podemos encontrá-lo, por exemplo, em alguns dos poetas trágicos e dos historiadores da Antiguidade, e naturalmente em Dante, sempre dotado da mais alta dignidade artística.

Mas já nas primeiras estrofes encontramos coisas que dificilmente parecerão compatíveis com a dignidade do sublime. Um leitor moderno quase não se dá conta delas, pois está acostumado a esse estilo, fundado por Baudelaire, em que tantos poetas, cada um à sua maneira, se instalaram depois como em sua própria casa. Mas os contemporâneos de Baudelaire, mesmo os que cresceram habituados às ousadias dos românticos, devem ter se espantado ou mesmo horrorizado já às primeiras estrofes. No primeiro verso, o céu é comparado a uma tampa, à tampa de uma panela ou talvez de um caixão — embora a primeira comparação seja mais provável, pois em outro poema, "Le Couvercle", Baudelaire escreve:

> *Le Ciel! couvercle noir de la grande marmite*
> *Où bout l'imperceptible et vaste Humanité.*
>
> O Céu! tampa negra da grande panela
> Na qual ferve a imperceptível e vasta Humanidade.

É certo que Victor Hugo proclamara alguns anos antes que a diferença entre palavras elevadas e coloquiais estava superada, mas ele não tinha ido tão longe assim, e muito menos Alfred de Vigny, que era talvez entre todos os românticos o mais voltado para o tom do horror sublime. É claro que prisões úmidas, em ruínas, morcegos e aranhas estão perfeitamente em consonância com o estilo romântico, mas apenas como requisitos de novelas e peças históricas, não diretamente no presente imediato, não ao lado ou dentro do poeta — mas somente como símbolo. A última palavra é *cerveaux*, um termo médico. Não há, claro, nenhuma intenção realista; pelo contrário, a imagem de aranhas no cérebro é irrealista e simbólica, e por isso mesmo ainda mais degradante: o poeta angustiado e desesperado vê assim negada a dignidade interna conferida por palavras como *âme* ou *pensée*.

As três estrofes iniciadas por *quand* são de um silêncio carregado. A quarta, que dá início à oração principal, traz um sú-

*As flores do mal* e o sublime

bito clamor: sinos furiosos saltam e lançam um urro tenebroso ao céu. Sinos que saltam furiosamente e urram para o céu! Mal se pode pensar em algo mais violento e estridente; uma combinação dessas agride a noção tradicional da dignidade do sublime. Com efeito, *hurler* foi empregado pelos românticos num sentido orgiástico;[1] parece ter estado na moda em certos círculos literários na década de 1840; mas combinações desse tipo não aparecem em lugar algum. Sinos de igreja que urram e saltam com fúria: setenta anos depois uma imagem assim seria chamada de surrealista. Vale lembrar que não estamos no nível estilístico da sátira, onde se pode falar leviana e depreciativamente do "repicar dos sinos", mas numa atmosfera de profunda seriedade e amargo tormento, isto é, no nível estilístico do trágico e do sublime. Nos versos seguintes, os sinos irão emitir sons que podem ser caracterizados como um persistente gemido choroso; *geindre* é um choro infantil, furioso, absurdo e vão; ninguém ouve os espíritos sem lar. E enquanto ainda soa esse estrépito absurdo, começa a última estrofe. Mais uma vez parece haver um silêncio total, a procissão de carros fúnebres, *sans tambours ni musique*, desfila lentamente pela alma do poeta — desta vez é a alma, *mon âme*, cujas últimas forças se esgotam com essa visão (uma procissão de lembranças, uma vida desperdiçada, cheia de culpa). A Esperança desistiu de procurar uma saída; ela está chorando; a Angústia atroz planta sua bandeira negra sobre o crânio inclinado, e assim termina este magnífico poema. A última estrofe, especialmente o último verso, supera todo o resto pela abjeção ex-

---

[1] Em E. Raynaud, *Charles Baudelaire* (Paris, 1922), p. 105, encontramos a seguinte citação de uma peça escrita por volta de 1840: *Quel plaisir de tordre/ Nos bras amoureux,/ Et puis de nous mordre/ En hurlant tous deux*. Lembramos-nos também do poema de Leconte de Lisle sobre os cães selvagens, "Les Hurleurs".

trema, pela força da representação elevada de um colapso total. Pois o ritmo e as imagens da procissão e do vencedor hasteando uma bandeira na cidade capturada ao inimigo são próprios ao estilo elevado; mas o vencedor é a Angústia, nada resta do poeta, nem alma, nem cérebro, nem mesmo a cabeça; o que se inclinou sob a bandeira preta foi apenas um crânio, *mon crâne incliné*. Ele perdeu toda a dignidade, não diante de Deus, pois não há Deus, mas diante da Angústia.

Em nossa análise tentamos expor duas ideias sob forma antitética. Em primeiro lugar, a antítese entre simbolismo e realismo. Obviamente o objetivo do poeta não é dar uma descrição precisa e realista da chuva e de uma prisão úmida e em ruínas, de morcegos e aranhas, do toque dos sinos e de um crânio humano inclinado. Não tem importância alguma saber se ele de fato ouviu sinos tocando num dia chuvoso. O todo é uma visão do desespero, e a exposição dos detalhes é puramente simbólica. Os dados têm tão pouca importância que os símbolos podem ser deslocados sem que haja perda; a Esperança primeiro aparece como um morcego, mas no fim, quando chora na derrota, ela sugere antes a imagem de uma criança que a de um morcego. Deste modo, não podemos chamar o poema de realista se por realismo entendemos uma tentativa de reproduzir a realidade exterior. Mas como no século XIX a palavra "realismo" estava associada principalmente à representação vívida de aspectos feios, sórdidos e repugnantes da vida; já que isto constituía a novidade e o significado do realismo, a palavra era aplicável às imagens feias e repulsivas, sem preocupação com o fato de elas fornecerem uma descrição concreta ou metáforas simbólicas. Importava que a evocação fosse vívida e, sob este aspecto, o poema de Baudelaire é extremamente realista. Embora as imagens evocadas sejam inteiramente simbólicas na sua intenção, elas dão forma concreta a uma realidade terrível e horrenda — mesmo quando

*As flores do mal* e o sublime

a razão nos diz que esses símbolos não podem ter nenhuma realidade empírica. Obviamente, não há ninguém com o nome de Angústia que possa hastear uma bandeira preta sobre um crânio inclinado; mas a imagem do *crâne incliné* é tão poderosa que vemos o retrato repulsivo. O mesmo é verdade em relação às aranhas no cérebro ou aos sinos que saltam num lamento. Estas imagens impressionam com uma força realista de que não podemos escapar — nem o poeta quer que alguém escape.

A outra ideia enfatizada em nossa análise é a contradição entre o tom elevado e a indignidade tanto do tema como um todo quanto de seus muitos detalhes. Este contraste perturbou muitos de seus contemporâneos como uma ruptura de estilo; foi violentamente atacado na época, mas acabou por se estabelecer desde então. Os críticos modernos, desde a época de Baudelaire mas de modo mais persistente nos últimos anos, tentaram negar a hierarquia dos objetos literários, sustentando que não há objetos sublimes e objetos baixos, mas apenas bons e maus versos, boas e más imagens. No entanto, a formulação é equivocada; ela obscurece o que surgiu de significativo no curso do século XIX. Na estética clássica, o tema e a maneira de tratá-lo foram divididos em três categorias: o grandioso, trágico e sublime; depois, o médio, agradável e suave; e por fim, o baixo, ridículo e grotesco. Dentro de cada uma dessas três categorias havia muitas gradações e casos especiais. Uma classificação deste tipo corresponde à sensibilidade humana, ao menos na Europa; não pode ser eliminada à força de argumentos. O que o século XIX realizou — e o século XX levou ainda mais adiante — foi mudar a base da correlação: tornou-se possível abordar com seriedade temas que até então pertenciam à categoria média ou baixa e tratá-los séria e tragicamente, figurar artisticamente sua essência e seu curso. Os temas de Flaubert ou Cézanne, Zola ou Van Gogh, não são "neutros"; não se pode dizer que sua originalidade consista unicamente na novidade ou na perfeição de suas técnicas; não há técnica nova ou genial sem novos conteúdos. O fato é que esses temas tornaram-se sérios e grandiosos por meio da intenção formal. O mesmo pode ser dito das *Flores do mal* de Baudelaire. No dia 28 de fevereiro de 1866, ele escreveu a Ancelle: *Dans ce livre atroce, j'ai mis toute ma pensée, tout mon coeur, toute ma religion (travestie), toute ma haine...* [Neste livro atroz, eu pus todo meu pensamento, todo meu coração, toda minha religião (travestida), todo meu ódio]. Ele não escreveria assim se não tivesse visto toda a tragédia, a profundidade e grandeza humanas de seu tema e se não tivesse procurado expressá-las em seus poemas. É fútil perguntarmos até que ponto ele simulou e exagerou; a pose e o exagero eram parte inerente ao homem e a seu destino. Todos os artistas modernos (desde Petrarca pelo menos) sentiram-se inclinados a dramatizar a si mesmos. O processo artístico requer uma elaboração dos temas, um processo de seleção, que enfatiza certos aspectos da vida interior do artista e deixa outros de lado. Não era fácil para Baudelaire viver consigo mesmo e pôr-se a trabalhar. Ele tinha a tendência a exagerar seu estado e a exibir o que legitimamente sentia ser original e único. Mas sua concentração em certos temas que eram nitidamente seus e a força de sua expressão não deixam margem a qualquer dúvida sobre sua autenticidade fundamental.

Ele é autêntico, e concebe seus objetos de maneira grandiosa; sua poesia é de estilo elevado. Mas mesmo entre aqueles cujas intenções eram semelhantes, ele é um caso extremo; distingue-se até mesmo de Rimbaud por sua estagnação interior, sua falta de desenvolvimento. Ele foi o primeiro a tratar como sublimes certos assuntos que pareciam por natureza inadequados a tal tratamento. O *spleen* de nosso poema é desespero sem remédio, não se deixa reduzir a causas concretas ou aliviar de alguma maneira. Uma pessoa vulgar poderia ridicularizá-lo; um moralista ou um médico poderiam sugerir várias maneiras de curá-lo. Mas com Baudelaire seus esforços seriam inúteis. Ele cantou em estilo elevado a ansiedade paralisante, o pânico diante do emaranhado sem esperança de nossas vidas, o colapso total — um empreendimento altamente honroso, mas também uma negação da vida. A língua alemã tem um termo apropriado para esse *spleen*: *das graue Elend*, a "miséria cinzenta". Essa miséria é trágica? Não deveríamos precipitadamente indiciar como filisteus os críticos contemporâneos que rejeitaram essa forma de poesia; o que Platão teria pensado sobre ela? O próprio Baudelaire encontrou um termo muito semelhante para seu *spleen*, *ma triste misère*. Está no poema "Le mauvais moine"; depois de um retrato meio irônico dos monges medievais, que pintavam quadros sobre a morte e as verdades da religião para se consolarem da ascética austeridade de suas vidas, ele conclui assim:

> — *Mon âme est un tombeau que, mauvais cénobite,*
> *Depuis l'éternité je parcours et j'habite;*
> *Rien n'embellit les murs de ce cloître odieux.*
>
> *O moine fainéant! quand saurai-je donc faire*
> *Du spectacle vivant de ma triste misère*
> *Le travail de mes mains et l'amour de mes yeux?*
>
> — Minha alma é um túmulo que, mau cenobita,
> Desde a eternidade eu percorro e habito;
> Nada embeleza as paredes deste claustro odioso.
>
> Ó monge ocioso! quando afinal conseguirei fazer
> Do espetáculo vivo de minha triste miséria
> O trabalho de minhas mãos e o amor de meus olhos?

Estes versos trazem um problema novo, embora já implícito no que foi dito antes. É característico da "miséria cinzenta" que ela nos deixe incapacitados para qualquer atividade. Mesmo aqueles que lidam com tais depressões com mais êxito do que Baudelaire têm de se esforçar ao máximo para levar adiante qualquer atividade rotineira; a maior parte deles é auxiliada por seu ambiente ou por alguma ocupação que os obriga a fazer determinadas coisas em horas determinadas. Em muitos casos esse tipo de atividade ameniza ou supera a "miséria cinzenta". Mas Baudelaire não pertencia a nenhum ambiente nem tinha uma ocupação que demandasse atividade regular. Em vez disso, ele exigiu de si mesmo algo bem mais difícil, algo quase impossível — e conseguiu: transformar sua *triste misère* em poesia, saltar diretamente de sua miséria para o sublime — *d'en faire le travail de ses mains* e também *l'amour des ses yeux*. Sua paixão por expressar a si mesmo conduziu-o a uma luta sem tréguas com sua "miséria cinzenta", luta em que ele foi várias vezes vitorioso; não sempre, nem o bastante para expulsá-la completamente; pois, de modo inaudito, a "miséria cinzenta" não era apenas o inimigo, mas também a condição e o objeto de sua atividade. Seria difícil pensar em algo mais paradoxal. A miséria que o paralisava e o degradava era a fonte de uma atividade poética que parece dotada da mais alta dignidade, ao mesmo tempo que lhe conferia não só o tom sublime produzido pelo fato de trabalhar sob condições assim tão desesperadas, como também as rupturas de estilo que provêm diretamente do tema.

A miséria do poeta possui ainda outras manifestações, das quais a mais dolorosa é a sua sexualidade. A sexualidade era um inferno para ele, um inferno de desejo degradante (*Lusthölle*, inferno do desejo — creio que Thomas Mann usa esta expressão em *Doutor Fausto*). Aqui, mais uma vez, iremos recorrer aos textos e começar com um poema sem nenhum conteúdo erótico concreto:

*As flores do mal* e o sublime

*Je te donne ces vers afin que si mon nom*
*Aborde heureusement aux époques lointaines,*
*Et fait rêver un soir les cervelles humaines,*
*Vaisseau favorisé par un grand aquilon,*

*Ta mémoire, pareille aux fables incertaines,*
*Fatigue le lecteur ainsi qu'un tympanon,*
*Et par un fraternel et mystique chaînon*
*Reste comme pendue à mes rimes hautaines;*

*Être maudit à qui, de l'abîme profond*
*Jusqu'au plus haut du ciel, rien, hors moi, ne répond!*
*— O toi qui, comme une ombre à la trace éphémère,*

*Foules d'un pied léger et d'un regard serein*
*Les stupides mortels qui t'ont jugée amère,*
*Statue aux yeux de jais, grand ange au front d'airain!*

Ofereço-te estes versos para que, se meu nome
Alcançar com êxito as épocas longínquas
E em alguma noite fizer sonhar os cérebros humanos,
Nau favorecida por um grande aquilão,

Tua memória, semelhante às fábulas vagas,
Fatigue o leitor como um tímpano e,
Por uma corrente fraterna e mística,
Siga como que pendente de minhas rimas altivas;

Ser maldito a quem, do abismo profundo
Ao ápice dos céus, nada senão eu responde!
— Ó tu que, como uma sombra de rastro efêmero,

Pisas com pés lépidos e olhar sereno
Os estúpidos mortais que te julgaram amarga,
Estátua de olhos de azeviche, grande anjo de semblante brônzeo.

Do ponto de vista sintático, este poema consiste num único e amplo movimento: à oração principal, simples e solene (*Je te donne ces vers*), subordina-se uma longa e intrincada oração final cujo sujeito só irá aparecer no início da segunda estrofe (*Ta mémoire*); a esta se segue, nos tercetos finais, a apóstrofe em três partes (*Être maudit à qui...*; *O toi qui...*; *Statue...*). O conteúdo não parece menos elevado: o poema é solenemente dedicado à amada, de modo que ela possa, em alguma época no futuro distante, partilhar de sua fama. O leitor recordará passagens semelhantes em poetas anteriores, Horácio, Dante, Petrarca, Ronsard ou Shakespeare (alguns críticos chegaram até a mencionar Corneille e Byron), em que eles falavam em estilo elevado de sua fama futura, às vezes em conjunto com sua amada. As palavras *Je te donne ces vers*, seguidas pela imagem de um navio chegando ao porto após uma longa viagem, parecem inteiramente condizentes com esta tradição do sublime. A concentração num momento particular (*un soir*), quando a fama do poeta provocará seu efeito, evoca um famoso soneto de Ronsard. Mas então o leitor, preparado para a grandeza e a dignidade, fica chocado com a palavra *cervelles* (na primeira versão este verso dizia *fait travailler un soir les cervelles humaines*); o valor da fama duradoura do poeta torna-se estranhamente dúbio, e já aqui se enuncia o que na próxima estrofe se tornará uma certeza: a fama de que o poeta irá falar não vai enriquecer as gerações futuras e alegrar seus corações; irá irritá-las e atormentá-las (*Ta mémoire... fatigue le lecteur ainsi qu'un tympanon*), enredando o futuro leitor num emaranhado daninho. A desagradável lembrança da amada a quem o poema é solenemente dedicado permanecerá ligada aos versos orgulhosos do poeta *par un fraternel et mystique chaînon* — em outras palavras, a lembrança não é orgulhosa nem elevada, mas baixa e desagradável, e será martelada na mente do leitor com uma insistência perversa. O poema todo é uma peça de amarga malícia, não apenas contra a amada (empregamos a palavra porque não há outra disponível), mas também contra o futuro leitor; pois agora, retroativamente, o *afin que* dos primeiros versos adquire um significado insidioso: o objetivo do poeta em suas *rimes hautaines* é pérfido, ele quer tiranizar o futuro leitor e vingar-se da amada. Na apóstrofe final, o último tema é desenvolvido explicitamente; pois a apóstrofe é uma maldição em três partes; a amada é descrita primeiro em relação ao poeta, em seguida em relação ao resto da humanidade, e, por fim, em si mesma. Não poderemos examinar aqui todos esses temas — o poeta à mercê de uma mulher sem caráter; a indiferença dela; a presença misteriosa dessa estátua imóvel, desse anjo das profundezas. Mesmo assim, no final, algo aparentado à admiração e à adoração entra na maldição, algo que se exprime num último escárnio altivo dos *stupides mortels qui t'ont jugée amère*. Este poema, tão rico em contradições, sustenta seu tom elevado da primeira até a última palavra. A maldição termina com algo à maneira de uma apoteose.

 O significado de tudo isso já é algo que conhecemos através de outros poemas que lidam diretamente com o amor ou o desejo. O ritmo, a forma e a postura de quase todos eles remetem ao estilo elevado. Mas os temas tradicionais da poesia amorosa sublime estão quase ausentes; a ênfase está na sexualidade exposta, particularmente em seus aspectos terríveis, abissais. Se quisermos entender completamente o significado profundo de Baudelaire, devemos evocar o lugar destas coisas na tradição literária europeia. Tradicionalmente, o amor físico era tratado em estilo ligeiro.[2] Na poesia anterior, o aspecto perverso ou abjeto

---

[2] *Sum levis, et mecum levis est, mea cura, Cupido* [Sou leve e comigo é leve Cupido, meu cuidado], diz Ovídio, *Amores*, 3, 1, 41. Mas tudo isso termina com

raramente vem mencionado em qualquer categoria estilística.[3] Em Baudelaire, ele é dominante. Os ecos tradicionais não estão totalmente ausentes, como, por exemplo, o tema da celebração da amada (Musa, Madona), mas soam falsos, às vezes parecem irônicos e sempre estranhamente desfigurados. A ternura íntima que conquistara um lugar ao lado do sublime na poesia amorosa dos primeiros românticos também aparece aqui e ali em Baudelaire (*Mon enfant, ma soeur...*); mas não é a mesma intimidade idílica dos românticos, o que seria incompatível com o temperamento de Baudelaire; nele, ela adquire um novo e estranho sabor.

Em quase todo Baudelaire a relação entre amantes — ou mais precisamente entre os que estão ligados pela atração sexual — é representada como uma obsessão misturada ao ódio e ao desprezo, um vício que não perde nada de sua força atormentadora e degradante ao ser experimentado em plena (e indefesa)

---

Baudelaire; a poesia amorosa ligeira tornou-se *kitsch* ou pornografia. Mas ainda no século XVIII, em Chaulieu ou Voltaire, por exemplo, as coisas eram muito diferentes. Neste sentido é interessante ler as instruções de Baudelaire a seu advogado quando *As flores do mal* foram perseguidas por imoralidade; estão em muitas edições críticas e biografias. Ele enfatiza o caráter sério de sua poesia contra a *polissonnerie* [gaiatice] de alguns poemas "ligeiros" de Béranger e Musset, diante dos quais as autoridades não se sentiram ofendidas. Basta ler esses poemas para perceber o quanto se tornou incrivelmente vulgar esta poesia erótica no "estilo ligeiro".

[3] Mesmo em prosa esses assuntos raramente eram tratados. Algumas alusões suaves aparecem em Montaigne. Crépet, em sua edição crítica (Charles Baudelaire, *Les fleurs du mal: édition critique établie par Jacques Crépet et Georges Blin* [Paris, 1942], p. 431; citada mais adiante como *FdM*, Crépet-Blin), expressa a crença de que Baudelaire tenha lido estes trechos em Montaigne e refere-se aos *Essais*, II, cap. XV. Isto é perfeitamente possível, mas é claro que Baudelaire não aprendeu nada de Montaigne.

consciência. O amor é um tormento, no melhor dos casos um entorpecimento dos sentidos; claro, é também a fonte da inspiração, a verdadeira fonte da intuição mística do sobrenatural; no entanto, é tortura e degradação. Às vezes a amada é uma mulher doente e já não tem o frescor da juventude; na maioria das vezes é uma espécie de ídolo bestial, sem alma, estéril e moralmente indiferente. A representação magistral das impressões sinestésicas, em que o sentido do olfato é dominante (*respirer le parfum de ton sang; des parfums frais comme des chairs d'enfants; forêt aromatique* dos cabelos), ajuda a criar uma impressão única, ao mesmo tempo sensual, fria, bestial, dolorosa, demoníaca e sublime. Tudo isto é bastante conhecido.

Parece haver algumas poucas exceções. Entre os poemas que sabemos ou presumimos serem endereçados a madame Sabatier,[4] há alguns em que a saúde e a beleza imaculada são celebradas; à primeira vista parecem pertencer a uma esfera de poesia mais livre e mais feliz. Mas, se examinarmos estes poemas em seu contexto, logo começaremos a questionar nossa primeira impressão. Em primeiro lugar, descobrimos que essa exuberante saúde carnal equivale estranhamente à santidade e ao poder de redimir. Começamos a interpretar o belo mas estranho verso *Sa chair spirituelle a le parfum des Anges* (em "Que diras-tu ce soir...") com a ajuda de outros versos, como

> *Le passant chagrin que tu frôles*
> *Est ébloui par la santé*
> *Qui jaillit comme une clarté*
> *De tes bras et de tes épaules.*

---

[4] "Semper Eadem", "Tout entière", "Que diras-tu", "Le flambeau vivant", "A celle qui est trop gaie", "Réversibilité", "Confession", "L'aube spirituelle", "Harmonie du soir", "Le flacon", "Hymne".

O desgosto passageiro que mal sentes
É ofuscado por tua saúde
Que mana como um clarão
De teus braços e de teus ombros.

(de "A celle qui est trop gaie")

*David mourant aurait demandé la santé*
*Aux émanations de ton corps enchanté;*

Davi agonizante clamaria por saúde
Às emanações de teu corpo encantado.

(de "Réversibilité")

Há algo espantoso e incongruente a propósito desta espiritualização e adoração de uma magia tão espalhafatosamente carnal ("L'ange gardien", "La muse et la madonne", ou "Chère déesse", "Être lucide et pur"). E de fato o quadro é falso. Toda esta saúde e vitalidade é intolerável ao poeta; como já dissemos antes, o sol tem pouca valia para ele; o ódio e o desejo de destruição caminham lado a lado com a admiração e a adoração:

*Folle dont je suis affolé,*
*Je te hais autant que je t'aime!*

*Quelquefois dans un beau jardin*
*Où je traînais mon atonie,*
*J'ai senti, comme une ironie,*
*Le soleil déchirer mon sein;*

*Et le printemps et la verdure*
*Ont tant humilié mon coeur,*
*Que j'ai puni sur une fleur*
*L'insolence de la Nature.*

> Louca que me enlouquece,
> Eu te odeio tanto quanto te amo!
>
> Por vezes, em um belo jardim,
> Onde levava a passear minha atonia,
> Sentia, como uma ironia,
> O sol dilacerar meu peito;
>
> E a primavera e o verde
> A tal ponto humilhavam meu coração
> Que eu puni uma flor
> Pela insolência da Natureza.

Estes versos[5] são de "A celle qui est trop gaie", um dos poemas condenados pela corte como imorais; termina com uma explosão de frenesi destrutivo (*Ainsi je voudrais, une nuit... pour châtier ta chair joyeuse... t'infuser mon venin, ma soeur!* [Assim quisera, uma noite... para castigar tua carne alegre... infundir em ti meu veneno, irmã!]).

O ódio e o tormento contidos nesses poemas teriam parecido intoleráveis ao gosto de uma época anterior; ninguém vira e tratara os tormentos do amor (e podemos propriamente falar em amor?) deste modo; não há nada comparável nos românticos, pelo menos não em sua poesia. Muitos poetas, desde os trovadores provençais, tinham sido impedidos pela tristeza de seus corações de gozar a primavera. É o que se pode quase chamar de tema tradicional. Basta ler o soneto 42 de Petrarca "In morte di

---

[5] Baudelaire fez muitas declarações desse tipo. Uma das mais características está numa carta a Fernand Desnoyers. É muito citada — por exemplo, em *FdM*, Crépet-Blin, p. 463.

Madonna Laura" ("Zefiro torna"), para compreender o alcance da ruptura de estilo realizada por Baudelaire.

Só nos resta concluir que todos os poemas[6] de *As flores do mal* que lidam com temas eróticos estão impregnados da mesma desarmonia estridente e dolorosa que tentamos descrever — ou então são visões nas quais o poeta luta para conjurar o torpor, o esquecimento, o absoluto *au-delà*. Quase em toda parte encontramos degradação e humilhação. Não apenas o sujeito do desejo torna-se um escravo, consciente mas sem vontade; também o objeto do desejo é desprovido de humanidade e dignidade, insensível, tornado cruel por seu poder e pelo tédio, estéril, destrutivo. Citações e análises são supérfluas — tudo isto é conhecido demais para os leitores de *As flores do mal*. Ainda assim, gostaríamos de citar alguns exemplos particularmente gritantes e magníficos de ruptura de estilo.[7] No "Hymne a la Beauté", temos o verso:

---

[6] O terno e belo poema "Je n'ai pas oublié" refere-se a uma época feliz em sua primeira juventude, passada com sua mãe antes do segundo casamento dela. Com essa exceção, onde quer que encontremos um sentimento mais gentil, mais terno em *Les fleurs du mal*, ele se revela enganoso. É genuíno quando, falando à sua amada, ele manifesta fuga, renúncia, repouso ou um entorpecimento dos sentidos; então encontramos frases como *Mon enfant, ma soeur* ou *O ma si blanche, ô ma si froide Marguerite*.

[7] Jean Royère (*Poèmes d'amour de Baudelaire* [Paris, 1927]) chama *catachrèses* a estas rupturas de estilo e dá uma excelente descrição delas. Royère vê Baudelaire como um místico católico; sobre os versos de "Hymne a la Beauté", dos quais citamos uma parte (*L'Amoureux pantelant...*), ele escreve (p. 123): "Declino comentar mais diretamente estes versos. Contento-me em recitá-los todo dia como um Pai Nosso e uma Ave Maria". Há muitos exageros desse tipo em seu livro, e quase todas as suas ideias me parecem arbitrárias e diletantes. Mesmo assim, é um belo livro.

> *Tu répands des parfums comme un soir orageux*
>
> Tu espalhas perfumes como uma noite tempestuosa

Alguns versos mais adiante, o poder da beleza é celebrado da seguinte maneira:

> *Le Destin charmé suit tes jupons comme un chien*
>
> O Destino enfeitiçado segue tuas saias como um cão

E eis como se apresenta o amante:

> *L'amoureux pantelant incliné sur sa belle*
> *A l'air d'un moribond caressant son tombeau.*
>
> O amante ofegante inclinado sobre sua beldade
> Tem o aspecto de um moribundo acariciando
> [o próprio túmulo.

Entre os retratos do desejo escolhemos dois; convidamos o leitor a saborear seu ritmo e conteúdo:

> *Je m'avance à l'attaque, et je grimpe aux assauts,*
> *Comme après un cadavre un choeur de vermisseaux*
>
> Parto para o ataque e me lanço ao assalto
> Como um coro de vermes sobre um cadáver
>
> (de "Je t'adore")

e

> *Je frissonne de peur quand tu me dis: "Mon ange!"*
> *Et cependant je sens ma bouche aller vers toi.*[8]

---

[8] Esse verso é um bom exemplo do alexandrino romântico em três membros, com uma cesura não depois da sexta, mas depois da quarta e da oitava sílabas. Deveria ser lido e saboreado dessa maneira.

Tremo de medo quando me dizes: "Meu anjo!"
E no entanto sinto que minha boca avança em tua direção

(de "Femmes damnées [Delphine et Hippolyte]")

A degradação da carne e particularmente as equações mulher-pecado e desejo-morte-putrefação pertencem à tradição cristã que foi particularmente forte no final da Idade Média. Era inevitável que certos críticos relacionassem Baudelaire a essa tradição, em especial porque ele se opunha enfaticamente às tendências do Iluminismo e uma vez que se encontram preces ou algo de muito semelhante em *As flores do mal*. É verdade que Baudelaire, assim como os românticos antes dele, foi influenciado pelas imagens e ideias cristãs e medievais. Também é verdade que Baudelaire tinha a mente de um místico; no mundo dos sentidos ele buscava o sobrenatural, e acabou encontrando um segundo mundo sensorial que era sobrenatural, demoníaco, artificial e hostil à natureza. Por fim podemos dizer — e de fato já se disse — que a visão da realidade sensorial que encontramos em *As flores do mal* teria sido inconcebível numa cultura pagã. Mas só podemos ir até aí. Por justiça à tradição cristã é preciso assinalar que, embora as linhas centrais de *As flores do mal* sejam impensáveis sem tal tradição, diferem fundamentalmente e são incompatíveis com ela. Vamos resumir os pontos essenciais desta diferença:

1. O que o poeta de *As flores do mal* procura não é a graça nem a beatitude eterna, mas antes o nada, *le Néant*,[9] ou uma

---

[9] Há um trecho em que até mesmo *le Néant* parece não ser suficiente para ele. Aparece nos "Projets de préface pour une nouvelle édition", já no fim do parágrafo que começa com as palavras *D'ailleurs, telle n'est pas...* (*FdM*, Crépet-Blin, p. 214).

espécie de satisfação sensorial, a visão de uma artificialidade estéril porém sensual (*volupté calme*; *ordre et beauté*; *luxe, calme et volupté*; cf. também a visão contida em "Rêve parisien"). Sua espiritualização da memória e seu simbolismo sinestésico são também sensoriais, e por trás deles não há qualquer esperança de uma redenção pela graça de Deus, apenas o nada, o absoluto *au-delà*.

2. Em qualquer interpretação cristã da vida, a redenção pela Encarnação e Paixão de Cristo é o ponto cardeal da história universal e a fonte de toda a esperança. Não há lugar para o Cristo em *As flores do mal*. Ele só aparece uma vez, em "Le Reniement de Saint-Pierre", em disputa com Deus. Esta noção já aparecera antes em alguns românticos; mas, para um devoto, uma confusão ou erro de tal proporção é inconcebível. Mesmo de um ponto de vista histórico, trata-se de uma incompreensão diletante da tradição cristã. Este segundo ponto não difere basicamente do primeiro, mas o complementa e propicia uma imagem mais clara da situação do poeta das *Flores do mal*.

3. A corrupção da carne tem um significado bem diferente nas *Flores do mal* e no cristianismo da Idade Média tardia. Nas *Flores do mal*, o desejo que se revela como danação é, na maior parte das vezes, um desejo do que é fisicamente corrupto ou deformado; o gozo terreno e sadio nunca aparece como índice de pecado. Nas advertências da moral cristã, por outro lado, o objeto da tentação carnal podia ser representado por uma criatura efêmera, mas dotada de juventude e de perfeita saúde terrena. Não há nada decrépito em relação a Eva com a maçã: seu aspecto saudável é exatamente o que torna a tentação tão insidiosa e condenável. O poeta das *Flores do mal* vê a juventude, a vitalidade e a saúde apenas como objetos de anseio e admiração —

ou então de inveja perversa. Às vezes quer destruí-los, mas no essencial tende a espiritualizá-los, admirá-los e adorá-los.[10]

4. Nas *Flores do mal*, Baudelaire não está em busca de humildade, mas de orgulho. Claro, ele degrada a si mesmo e a toda a vida terrestre, mas, em meio à sua degradação, faz o possível para preservar seu orgulho. Neste sentido vale a pena mencionar os versos em tom de prece de "Bénédiction" (*Soyez béni, mon Dieu, qui donnez la souffrance*...). São muito comoventes, mas a ideia que os impregna é a da própria apoteose do poeta; apartando-se da estirpe desprezível dos homens, ele se mostra diante da face de Deus. É difícil imaginar que versos como estes pudessem ter sido escritos antes da famosa apóstrofe de Rousseau a Deus no começo das *Confissões*. Nenhum dos dois escritores é inocente em matéria de autoengrandecimento.[11]

O que estou dizendo refere-se tão somente a *As flores do mal*. Não pretendemos falar da salvação da alma de Baudelaire, que foge ao nosso alcance. É fácil compreender que importantes críticos católicos tenham se preocupado, não só com Baudelaire,

---

[10] Ver os versos para madame Sabatier (*Ta chair spirituelle a le parfum des anges* [Tua carne espiritual tem o perfume dos anjos]); ou estes versos de "Sonnet d'automne": ... *Mon coeur, que tout irrite,/ Excepté la candeur de l'antique animal* [Meu coração, que se deixa irritar por tudo,/ Exceto pelo calor do antigo animal]. "J'aime le souvenir des ces époques nues" é um outro exemplo, embora a apoteose da juventude no fim (*A la sainte jeunesse*...) seja muito surpreendente em Baudelaire. Ver a nota em *FdM*, Crépet-Blin, p. 303.

[11] Royère, *loc. cit.*, p. 58, escreve: "Baudelaire não está longe de uma teologia que de algum modo pusesse o homem no mesmo nível de Deus". Mas essa seria uma teologia demoníaca. Neste trecho, claro, Royère está falando mais do sexo masculino que do gênero humano, o que faz pouca diferença no caso.

mas também com outros rebeldes desesperados do século XIX, e tenham tentado interpretá-los como casos exemplares de luta pela fé e testemunhas do triunfo da graça. Almas como a de Baudelaire são as *âmes choisies* do nosso tempo ou pelo menos de uma época não tão distante assim no passado.[12] Mas este não é o nosso problema; não estamos falando da história da alma de Baudelaire mas de *As flores do mal*. É uma obra do desespero e da amarga volúpia do desespero. Seu mundo é uma prisão; às vezes a dor é amortecida ou apaziguada, e às vezes há também o gozo extático da soberba artística; mas não há como escapar da prisão. Nem podia haver. Jean-Paul Sartre, um pensador agudo e concreto, embora também tendencioso, demonstrou brilhantemente como o homem Baudelaire encaminhou-se de caso pensado para um beco sem saída e como fechou para si mesmo qualquer rota de fuga ou retorno.[13] Para que possamos determinar a posição histórica das *Flores do mal*, é importante observar como um certo homem, em meados do século XIX, foi capaz de moldar tal caráter e biografia, logrando alcançar expressão integral justamente nesta época, de maneira a revelar algo que até então estivera latente e que muitos homens só iriam perceber de modo gradual e através dele. Os períodos da história humana preparam seus possíveis representantes; escolhem-nos, moldam-nos e trazem-nos à luz para, através deles, deixarem-se reconhecer.

Não havia saída, nem podia haver. O poeta de *As flores do mal* odiava a realidade do tempo em que viveu; desprezava suas

---

[12] A expressão *âmes choisies* é das *Mémoires* de Saint-Simon, mas pode ter sido usada antes, no século XVII. O princípio de eleição parece ter mudado desde então.

[13] Charles Baudelaire, *Écrits intimes*; introdução de Jean-Paul Sartre (Paris, 1946).

tendências, o progresso e a prosperidade, a liberdade e a igualdade; recuava diante de seus prazeres; odiava as forças vivas e cambiantes da natureza;[14] odiava o amor no que este continha de "natural". E seu desprezo por todas essas coisas só fazia aumentar pela consciência de que nunca experimentara ou tentara seriamente aproximar-se de boa porção delas. Invocou as forças da fé e da transcendência apenas quando estas podiam ser usadas como armas contra a vida, ou como símbolos de fuga; ou ainda quando podiam servir à sua adoração exclusiva e ciumenta pelo que realmente amou e perseguiu com toda a força que lhe restava depois de tanta resistência desesperada: a criação poética absoluta, o artifício absoluto e sua própria pessoa de criador artificioso. Aqui vale a pena examinar um texto, "La mort des artistes", o poema com que fechava a primeira edição de *Les fleurs du mal*. Ei-lo em sua forma final (1861):[15]

> *Combien faut-il des fois secouer mes grelots*
> *Et baiser ton front bas, morne caricature?*
> *Pour piquer dans le but, de mystique nature,*
> *Combien, ô mon carquois, perdre de javelots?*

---

[14] Seu ódio à natureza frequentemente soa cristão (*la femme est naturelle, c'est-à-dire abominable*; ou *le commerce est naturel, donc il est infâme*: ambos de *Mon coeur mis à nu*). Mas é tão absurdamente exagerado (*j'aime mieux une boîte à musique qu'un rossignol*, eis a frase com que é citado nos *Souvenirs* de Schaunard) que tudo parece concentrar-se na revolta. Sobre o Apocalipse como fonte de suas visões de paisagens sem vegetação (por exemplo, "Revê parisien", cf. *Apoc.* 21-2), ver J. Pommier, *La mystique de Baudelaire* (Paris, 1932), p. 39.

[15] A primeira versão, que apareceu em 1851 em *Le Messager de l'Assemblée*, é muito diferente, mais fraca e suave; na edição de 1857 de *Les fleurs du mal*, o poema já traz sua forma definitiva, com exceção do terceiro verso, que diz: *Pour piquer dans le but, mystique quadrature...*

*Nous userons notre âme en de subtils complots,*
*Et nous démolirons mainte lourde armature,*
*Avant de contempler la grande Créature*
*Dont l'infernal désir nous remplit de sanglots!*

*Il en est qui jamais n'ont connu leur Idole,*
*Et ces sculpteurs damnés et marqués d'un affront,*
*Qui vont se martelant la poitrine et le front,*

*N'ont qu'un espoir, étrange et sombre Capitole!*
*C'est que la Mort, planant comme un soleil nouveau,*
*Fera s'épanouir les fleurs de leur cerveau!*

>Quantas vezes terei que sacudir meus grilhões
>E beijar tua fronte baixa, morna caricatura?
>Para acertar o alvo, de natureza mística,
>Quantas javelinas terei que perder, ó meu carcás?
>
>Malgastaremos nossa alma em complôs sutis
>E demoliremos muita armadura pesada
>Antes de contemplar a grande Criatura
>Cujo desejo infernal nos enche de soluços!
>
>Há quem jamais tenha conhecido seu Ídolo,
>E esses escultores malditos e marcados pela afronta,
>Que saem a golpear o peito e a face,
>
>Não têm senão uma esperança, estranho e sombrio
>                                         [Capitólio!
>Que a Morte, pairando como um novo sol,
>Faça desabrochar as flores de seus cérebros!

Mal pode haver dúvida de que se está falando da luta do artista por algo absoluto; uma luta desfigurada pelo amargo desespero, pela ideia ou arquétipo no sentido platônico ou neoplatônico. A *morne caricature*, diante da qual o artista se humilha como um palhaço, só pode ser a aparência terrena decaída; o poeta gasta suas forças tentando atravessá-la rumo ao arquétipo místico. Deste modo, o poema, apesar da extrema agudeza com que expressa a indignidade da aparência terrena, ainda se revela compatível com a ideia tradicional de uma ascensão à visão do arquétipo. Mas o que é incompatível com essa longa tradição é a maneira como Baudelaire fala do próprio arquétipo. A princípio, ele é chamado *la grande Créature*, o que traz uma conotação sensual, pejorativa e que, para os leitores familiarizados com *As flores do mal*, evoca a insensibilidade demoníaca e a estéril ânsia de poder (cf. "Hymne à la Beauté", "La Beauté"); e, um pouco mais adiante, com escárnio evidente, ele vai chamá-lo de *leur Idole*. Mais chocante ainda é o que ele diz da busca do arquétipo. Em toda a literatura visionária e mística, esta busca, por mais árdua e vã, jamais foi representada senão como grandiosa e nobre; foi elevada à mais alta forma de empreendimento e atividade que um homem possa escolher. Mas o autor de nossos versos vai chamá-la *infernal désir*, como se fosse um vício. Os métodos que ela emprega são *subtils complots*, que desgastam a alma. Aqueles que jamais conseguem ver seu *idole* são amaldiçoados e degradados (*damnés et marqués d'un affront*). No vigésimo ensaio do livro primeiro, Montaigne diz: *L'entreprise se sent de la qualité de la chose qu'elle regarde; car c'est une bonne partie de l'effect, et consubstancielle* ["O esforço se mede pela qualidade da coisa que visa, e perfaz parte considerável e consubstancial do efeito"]. Se isto é verdade, como de fato é, a degradação do esforço degrada a meta. No fim do poema, sem qualquer dúvida, há uma súbita elevação; uma esperança parece surgir; seu nome é Morte, *planant comme un soleil nouveau*, que "fará com que as flores de seus cérebros desabrochem". Mais uma vez, é algo que se poderia vincular à tradição. Acima da visão que às vezes pode ser concedida a um homem em *excessus mentis*, está a visão de Deus em sua glória, e esta não pode ser roubada à alma redimida. Mas aqui, no poema de Baudelaire, a morte não é a beatitude eterna: isto fica claro pelas palavras *étrange et sombre Capitole*, que também excluem qualquer outra forma de pura consumação na transcendência; há uma nota rouca, uma zombaria velada em todo o terceto, cujo ritmo parece elevar-se tão abruptamente. E o que é feito da esperança? Como pode ser o nada um novo sol que faz com que as flores desabrochem? Não conheço nenhuma resposta. Nem há nenhuma que possa ser encontrada em *As flores do mal*.[16] Em vez disto encontramos, logo depois do nosso poema, uma descrição da morte em "Le rêve d'un curieux"; que termina com as seguintes palavras:

> *J'étais mort sans surprise, et la terrible aurore*
> *M'enveloppait. — Eh quoi! n'est-ce donc que cela?*
> *La toile était levée et j'attendais encore.*

> Morri sem surpresa, e a terrível aurora
> Me envolvia. — Mas então isso é tudo?
> A cortina já fora levantada e eu ainda espreitava.

O arquétipo, *la grande Créature*, é para o poeta um objeto de desejo desesperado e, ao mesmo tempo, de desdém zombeteiro. Como realidade transcendente, é nada ou menos que nada: um nada que, por sua nulidade, escarnece e humilha os que lutam por ele.

---

[16] Crépet (*FdM*, Crépet-Blin, p. 158) considera que "La mort des artistes" é "*la plus mallarméenne peut-être des Fleurs du mal*". Isso é incontestável. Mas talvez possamos dizer igualmente que não há melhor indicação do caráter profundamente diferente dos dois poetas.

Mas aqui Baudelaire é injusto consigo mesmo. É seu desespero inabalável que lhe deu a dignidade e o peso que tem para nós. Sua grandeza está na honestidade inabalável que numa época sem deuses tornava-lhe impossível adorar os ídolos por um momento sequer. Seu dandismo e sua pose eram apenas uma deformação imposta pela luta desesperada. Qualquer um que o leia sente, logo depois dos primeiros versos, que seu dandismo estético nada tem em comum com os estetas pré-parnasianos e parnasianos, com Gautier ou Leconte de Lisle. A poesia de Baudelaire tem um alcance muito mais amplo. E ele não pode esconder-se sob sua obra. Degradado, deformado e sublime, ele está bem no centro dela. "É um livro consubstancial a seu autor", para citar Montaigne de novo. Paradigmático em relação a toda sua época, deu a esta um novo estilo poético: uma mistura do baixo e do desprezível com o sublime, um uso simbólico do horror realista que não tem precedentes na poesia lírica e que nunca fora levado a tal extremo em nenhum gênero. Nele, pela primeira vez encontramos completamente desenvolvidas estas combinações surpreendentes e aparentemente incoerentes que Royère chama *catachrèses* e que levaram Brunetière a imputar a Baudelaire o título de *génie de l'impropriété*. Citamos alguma delas ao longo deste estudo. *Des cloches tout à coup sautent avec furie, La Mort, planant comme un soleil nouveau* etc. O poder visionário de tais combinações exerceu uma influência crucial na poesia posterior; parecem ser a mais autêntica expressão tanto da anarquia interior da época quanto de uma nova ordem ainda encoberta que começava a surgir. Num estilo inteiramente novo e consumado, este poeta, cujo caráter e cuja vida foram tão singulares, expressou a existência desnuda e concreta de toda uma época. Pois seu estilo não se baseava em sua situação pessoal e em suas necessidades pessoais; tornou-se evidente que sua personalidade extremada encarnava uma situação e uma necessidade bem mais universais. Agora que a crise de nossa civilização (que na época de Baudelaire ainda permanecia latente, pressentida tão só por uns poucos) — agora que essa crise se aproxima de um momento de decisão, podemos esperar que haja talvez um declínio da influência de Baudelaire; num mundo totalmente transformado que se dirige talvez para uma nova ordem, as gerações vindouras podem perder contato com seus problemas e suas atitudes.[17] Mas o significado histórico de *As flores do mal* jamais será abalado. A figura humana que aparece nestes poemas é tão significativa para a transformação ou para a destruição da tradição europeia quanto a figura humana de Ivan Karamázov. A forma, não apenas da poesia moderna, mas também de outros gêneros literários do século que se escoou desde então, é dificilmente imaginável sem *As flores do mal*; a marca da influência de Baudelaire pode ser encontrada tanto em Gide, Proust, Joyce e Thomas Mann como em Rimbaud, Mallarmé, Rilke e Eliot. O estilo de Baudelaire, a mistura que tentamos descrever, continua tão vivo quanto antes.

E ainda assim não quero terminar este breve ensaio com a celebração do feito literário de Baudelaire, mas sim com o motivo por onde principiamos, o horror de *As flores do mal*. É um livro de desesperança sombria, de tentativas absurdas e fúteis de se inebriar e de escapar. Em consequência, algo deve ser dito em defesa de certos críticos que o rejeitaram energicamente. Alguns deles, só uns poucos, compreenderam-no melhor do que muitos de seus admiradores contemporâneos e subsequentes. Uma declaração de horror é melhor entendida pelos que sentem o horror em seus ossos, mesmo se reagem contra ele, do que pelos que

---

[17] *Un état d'esprit auquel Baudelaire aura cessé de correspondre*, diz E. Raynaud, *loc. cit.*, p. 307.

não conseguem expressar mais do que seu arrebatamento diante da realização artística. Os que são tomados pelo horror não falam do *frisson nouveau*, não gritam bravo nem congratulam o poeta por sua originalidade. Até mesmo a admiração de Flaubert, apesar de lapidarmente formulada, é estética demais.[18] Muitos críticos posteriores deram por evidente que o livro só poderia ser considerado de um ponto de vista estético e rejeitaram com escárnio qualquer outra possibilidade de abordagem. Parece-nos que a crítica puramente estética não está à altura da tarefa, embora Baudelaire dificilmente pudesse compartilhar a nossa opinião: ele estava contaminado pela idolatria da arte que ainda está presente entre nós. Que fenômeno singular: um profeta do infortúnio que só espera de seus leitores a admiração por sua realização artística! *Ponete mente almen com'io son bella* ["reparem pelo menos como sou bela"] — com estas palavras Dante conclui a *canzone* aos que caminham pelo terceiro céu. Mas como essas palavras poderiam aplicar-se a poemas cujo significado é tão atual e urgente, cuja beleza é tão amarga quanto a das *Flores do mal*?

---

[18] Como Taine depois dele, Flaubert denominou o estilo de Baudelaire *âpre* [áspero] e escreveu: *Vous chantez la chair sans l'aimer* [O senhor canta a carne sem amá-la]. Ao lado da carta de Ange Pechméja, não há dúvida de que esse é o mais extraordinário dos julgamentos de seus contemporâneos; J. J. Weiss deve ser mencionado como um de seus adversários contemporâneos. Essas e outras observações críticas podem ser encontradas em Eugène Crépet, *Charles Baudelaire: étude biographique*, edição revista e atualizada por Jacques Crépet (Paris, 1906); Flaubert, p. 359; carta de Pechméja, p. 414; Taine, p. 432. Mas a ação contra *Les fleurs du mal* e a reação contemporânea contra o livro são tratadas extensamente em outras biografias. A mais completa compilação de opiniões é provavelmente a de Vergniol em *La Revue de Paris*, agosto de 1917.

# Marcel Proust:
# o romance do tempo perdido

"L'univers est vrai pour nous tous et dissemblable pour chacun."

Proust

Marcel Proust, nascido em 1871, estreou na literatura na década de 1890, começou a ganhar fama a partir de 1917 e ao morrer, em 1922, era uma das grandes figuras literárias do mundo. A difusão de sua obra vasta, complicada e difícil, dado o inaudito preciosismo de seu tecido verbal, foi tão rápida e ampla que se poderia mesmo suspeitar de alguma espécie de mágica: pois de que outro modo teria sido possível encontrar, nesta Europa inquieta, centenas de milhares de pessoas dispostas a ler com enlevo treze volumes densamente impressos onde, ao longo de páginas inteiras, não se trata senão de uma conversa vazia, de algumas árvores, de um despertar matinal ou do curso interior de um ataque de ciúmes — pessoas dispostas a fruir a variedade das formas íntimas da sensibilidade, embutida em cada frase? É ainda mais notável que tantos de seus admiradores sejam estrangeiros, a quem devemos atribuir o domínio completo de uma língua situada no ápice de uma tradição e, pelos meios desta, rejuvenescida e sutilmente reflorescente. No melhor dos casos, uma tradução pode auxiliar a compreensão do texto, sem jamais ser capaz de substituí-lo.

Do texto, eu disse — pois o romance de Proust é um texto. Ele não é apenas moderno, mas tornou-se textualmente imutável, inconfundível, como um manuscrito famoso; e nenhuma obra dos séculos passados parece ter sido tão convincentemente histórica, tão coberta de pátina, tão definitiva e irrevogável e, à maneira de uma múmia, tão antiquada e eterna como essa apresentação da sociedade parisiense por volta de 1900 e do jovem doentio e inteligente que transita por ela. Esse efeito não é diminuído nem pela cadência de suas frases — nervosa, pedante, ao mesmo tempo receosa e perspicaz, por si só algo de tão incomparavelmente novo quanto a riqueza de sua construção interna —, nem pelo espírito do livro, que não tem nada de representativo ou de universalmente válido, uma vez que o narrador é uma pessoa extremamente singular e monomaníaca, sofrendo de inúmeros tiques e ideias fixas. Mais ainda: tudo o que esse eu narra se resume a uma única ideia fixa, uma única visão, cuja existência empírica ou cuja realidade efetiva podem ser afirmadas com tanta certeza e autoridade quanto a realidade do Inferno no poema de Dante. Mas, enquanto andam pelo Inferno, Dante e Virgílio sabem da existência daquele outro mundo de onde vieram, bem como de outro ainda, que contemplarão no futuro; até mesmo os condenados sabem de uma vida diferente da sua, e quase todas as suas palavras cheias de tormento e desespero contêm uma essência benéfica e libertadora, assim como a brisa que sopra pela janela aberta num dia ameno traz a consciência rememorativa da vida terrena. Não há nada disso em Proust: encerrado firme e hermeticamente num esquema sociológico desgastado mas ainda em pé, na esfera de uma capacidade de observação hiperaguçada, coerente até chegar às raias da loucura e cruelmente anticonvencional, o monstruoso romance circula por seus poucos motivos e acontecimentos como que numa jaula, sem perceber o estrépito do mundo que corre a seu lado. É como se um doente mental, preso num aposento decorado com gosto e riqueza, produzisse uma descrição sutil, objetiva e preciosista do cômodo e de suas próprias atividades, apresentando-a então, em tom grave e pedante, como a única imagem válida do mundo.

Não que Proust não tivesse olhos e ouvidos — ele os tinha tão bons que qualquer um de nós deveria orgulhar-se de possuir uma pequena fração de tão inédita sensibilidade; mas seja porque soubesse manter-se a distância daquilo que não lhe interessava, seja porque imediatamente impregnasse com o aroma de seu ser tudo com que entrava em contato, de modo que, como nas fábulas, as coisas logo perdiam seu sabor e feição costumeiros, e até mesmo um porco no chiqueiro tornava-se fruto de seu poder criador — seja como for, em seu livro o mundo terreno, seu objeto aparente, que julgávamos conhecer, que continuamente acreditamos reencontrar e identificar em meio ao sonho, parece ter uma substância desconhecida, inexplorada, de composição misteriosa. Outros poetas já causaram a mesma impressão, mas se tratava sempre de algo diferente: começavam por declarar antecipadamente que eram poetas e que queriam inventar algo de novo; ou então adotavam deliberadamente (como era fácil notar) uma determinada postura; ou ainda transformavam tão violenta e ostensivamente o curso habitual das coisas terrenas que o resultado parecia sempre crua e arbitrariamente distorcido e, assim, lacunar, ralo ou simplesmente delirante. Permanecíamos o tempo todo conscientes da existência de um mundo mais real e autêntico. Não há nada disso em Proust: sua narrativa é simplíssima, sinceramente voltada para a realidade verdadeira, integral e não teatral. Sua monomania é tão forte que reconfigura integralmente o mundo, e isso sem qualquer expediente exterior: bastou-lhe não dar ouvidos senão a seu próprio sentimento, e desse sentimento, desse processo interno que a impressão sensível desencadeia, fazer a matéria exclusiva de sua narrativa. Como ninguém antes dele, Proust leva o sensualismo à extrema, concreta veracidade; e assim acontece que fenômenos — um vestido ou uma conversa insignificante — que de hábito consideramos desatenta ou sumariamente, segundo algum esquema analógico e desgastado, assumem em Proust, apesar ou justamente por causa de sua manifesta banalidade, uma aparência surpreendentemente renovada e reveladora, captando todo o conteúdo da existência terrena.

Ligada de modo estranho e indissolúvel a esse deleite sensível, a essa imersão completa na própria sensibilidade, temos a cultura espiritual, a intelectualidade, a mentalidade insondavelmente retorcida do narrador proustiano. Essa cultura não é apenas inteiramente obsoleta, própria do pré-guerra e muitas vezes quase risível: ela é ainda estreita e mesquinha — coisa que só se nota a intervalos e a contragosto, quando se consegue alguma distância da atmosfera do livro. Estão conservadas aí as últimas florações do espírito burguês tradicional do século passado. Assim como Saint-Simon, muito admirado por Proust, obstinadamente proclamava legítimos o encanto e ao mesmo tempo o odor mesquinho de uma formação social já em putrefação, do mesmo modo este nosso parisiense rico e hipersensível (trata-se, é claro, do eu do romance e não do próprio Proust), inabalado pelos tremores da época, representa uma visão do mundo pouco diversa, em princípio, da de Huysmans ou de Wilde: *fin-de-siècle*, impressionista, decadente, egoísta, "dandesca" ou qualquer outro termo depreciativo que se queira aplicar ao período. A tudo isso corresponde também sua posição social: ele pertence por nascimento a uma conhecida família burguesa, de renome, posses e heranças; seu encanto pessoal lhe garante acesso a todas as partes, mesmo aos círculos fechados das grandes famílias da nobreza tradicional; todos o consideram um homem incomum e privilegiado. Mas sua saúde não é das melhores: ele sofre de opressões e distúrbios nervosos de toda espécie, é incapaz de qualquer atividade ou decisão, e sua excitabilidade é tal que, mesmo sem um motivo preciso, é incapaz de sair de casa por semanas inteiras, por mais que se proponha fazê-lo. O mesmo vale para seu equilíbrio moral. Sua espiritualidade consumada, sua sensibilidade refinada, sua penetração no caráter das pessoas que o circundam, seu tato e respeito nas relações familiares contrastam de modo gritante com seu egocentrismo rematadamente frio, sua reserva em face das relações afetivas mais profundas, sua incapacidade de confiar nos outros, seu poder de observação agudo, impassível e sempre pronto a ressaltar mesquinhamente o mal. Só é capaz de amar o que não possui ou o que teme perder; basta que se convença de possuir alguém firmemente para que a posse perca todo atrativo e a pessoa, qualquer interesse. É raro que não esteja com ciúme: o pretexto mais insignificante já o desperta, ele está sempre a farejar desvios homossexuais nos homens e nas mulheres com quem se relaciona; de resto, a homossexualidade é objeto do seu interesse mais intenso, uma espécie de ídolo ou espantalho a cuja volta seus pensamentos estão sempre dançando. Na verdade, esse eu não é nem agradável nem interessante — ao menos para nossa época, tão próxima da sua; mas isso só vale quando, fazendo-lhe violência, o consideramos meramente objeto da narração: as coisas mudam tão logo o consideremos também como narrador. Sua força sensível, sua sinceridade são tais que superam em muito as limitações de seu personagem. Muitas pessoas estão reunidas nele — como ele mesmo diz numa das poucas passagens em que a superioridade do narrador em face do personagem se torna especialmente nítida, quando o *páthos* da vida terrena brota rápido e luminoso. Numa bela manhã, ele ainda está deitado na cama,

> a sós com a personagenzinha interior, de que já falei, saudadora canora do sol. De todas as que compõem o nosso indivíduo, não são as mais aparentes que nos são as mais essenciais.

Em mim, quando a doença as tiver jogado por terra uma por uma, sobrarão duas ou três que terão vida mais dura que as outras, especialmente certo filósofo que só se sente feliz quando descobre entre duas obras, duas sensações, uma parte comum. Mas a última de todas, perguntei algumas vezes a mim mesmo se não seria o homenzinho parecidíssimo com outro que o dono da casa de óptica de Combray colocara na vitrina para indicar o tempo que fazia, o qual tirando o capuz assim que havia sol, tornava a pô-lo se ameaçava chuva... Conheço o egoísmo desse homenzinho; posso ter uma crise de sufocação que a chuva por si só acalmaria, mas a ele pouco se lhe dá e às primeiras gotas tão impacientemente esperadas, perdendo a alegria, baixa o capuz com mau humor. Em compensação, acredito que na minha agonia, quando todos os meus outros "eus" estiverem mortos, se vier a brilhar um raio de sol quando eu estiver a dar os meus últimos suspiros, a personagenzinha barométrica sentir-se-á bem contente e tirará o capuz para cantar: "Ah! até que enfim, um dia bonito".[1]

Assim como esse pequeno "homem do tempo" é composto de materiais melhores e infinitamente mais resistentes do que o corpo prostrado na cama e atormentado por opressões, do mesmo modo o narrador é superior a seu próprio eu convertido em objeto. O eu teme e sofre; o narrador, livre no mundo, liberto do terreno movediço do tempo que passa, profundamente imerso no curso interior de sua sensibilidade e na melodia de sua expressão, prossegue em seu caminho real, intocado e intocável; não

---

[1] Tradução de Manuel Bandeira e Lourdes Sousa de Alencar, *Em busca do tempo perdido*, v. 5 — *A prisioneira*, Porto Alegre/Rio de Janeiro, Globo, 1981, 6ª ed., pp. 3-4. [N. T.]

sabemos qual possa ser seu destino final, mas suas incontáveis guinadas e intuições já são um objetivo em si mesmas, na medida em que proporcionam a purificação e a libertação que todo processo histórico reclama e oferece — ao menos aos que o observam de frente. Por isso é possível ao narrador — como a ninguém mais na geração de Proust — encontrar humor na verdade das coisas, sem ter que recorrer violentamente ao sarcasmo ou à caricatura. Do detalhe menor mas verdadeiramente essencial, do enraizamento das pessoas em sua sociedade, em sua língua e em seus movimentos, elevam-se, cheios de encanto e graça autêntica, os lamentos e a alegria, as lágrimas e o riso que lhes cabem.

Eu poderia citar páginas inteiras, mas haveria que conhecer a duquesa de Guermantes, a tia Léonie, Françoise, Charles, Bloch, Morel, Aimé e vários outros para se poder avaliar convenientemente uma frase sequer a seu respeito. Pois não há como descrevê-los senão como Proust o fez; não se pode apresentá-los ao leitor com uma rápida paráfrase sem destruir sua riqueza e, assim, sua própria pessoa. A seu lado, os personagens dos grandes romances realistas do século XIX parecem simples vinhetas, seres considerados a partir de um único aspecto de seu caráter e a partir daí enfaticamente delineados. A aparente falta de propósito e de composição do romance, que em nenhum momento força seus personagens a fazerem algo em prol do enredo, preserva-lhes a liberdade de se mover conforme lhes dite sua natureza. Desaparecem em Proust as constrições que, em Stendhal e Flaubert (para não falar de outros), derivam da construção, do rígido plano pragmático de suas obras. A forma extravagante do romance de Proust, quase botânica, brota com inteira autonomia, sem que se faça sentir a mão do criador; e se é verdade que outros grandes autores, desdenhando a descrição e a análise, souberam com poucas palavras fixar inesquecivelmente o momento trágico de algum personagem, o fato é que essa atitude, talvez mais sublime, certamente não cabe ao romance. Comparados à obra de Proust, quase todos os romances conhecidos parecem novelas. *Em busca do tempo perdido* é uma crônica da rememoração, na qual, em vez de sequências temporais empíricas, entra em cena uma conexão secreta e negligenciada de acontecimentos — justamente aquela que, olhando para trás e para dentro de si, esse biógrafo da alma considera autêntica. Os acontecimentos passados já não detêm qualquer poder sobre ele — que jamais trata o passado remoto como se não tivesse acontecido, nem o já consumado como se ainda estivesse em aberto. Por isso não há tensão, nenhum clímax dramático, nenhuma conflagração ou intensificação seguidos de resolução e apaziguamento. A crônica da vida interior flui com equilíbrio épico, feita que é apenas de rememoração e auto-observação. Esta é a verdadeira epopeia da alma, na qual a própria verdade envolve o leitor num sonho longo e doce, cheio de um sofrimento que também liberta e tranquiliza; este é o verdadeiro *páthos* da existência terrena, que nunca cessa e sempre flui, que sempre nos oprime e sempre nos impele.

## Vico e o historicismo estético

Os críticos modernos de arte ou de literatura contemplam e admiram, com a mesma aptidão para o entendimento, Giotto e Michelangelo, Michelangelo e Rembrandt, Rembrandt e Picasso, Picasso e uma miniatura persa; ou então Racine e Shakespeare, Chaucer e Alexander Pope, a lírica chinesa e T. S. Eliot. A preferência que podem ter por um ou por outro dos vários períodos ou artistas não mais se impõe a eles a partir de certas regras ou preceitos estéticos que dominam os sentimentos de todos os nossos contemporâneos, mas tais preferências são predileções meramente pessoais que se originam de gostos ou experiências individuais. Ninguém levaria a sério um crítico que condenasse a arte de Shakespeare ou de Rembrandt, ou até mesmo os desenhos dos primitivos da era glacial, como sendo de mau gosto porque não se adaptam aos padrões estéticos estabelecidos pela teoria clássica grega ou romana.

Essa amplitude de nosso horizonte estético é consequência de nossa perspectiva histórica e se apoia no historicismo, isto é, na convicção de que cada civilização e cada período tem suas próprias possibilidades de perfeição estética; de que as obras de arte dos diferentes povos e períodos, assim como suas formas gerais de vida, devem ser compreendidas como produtos de condições peculiares variáveis, e julgadas de acordo com seu próprio desenvolvimento, não por regras absolutas de beleza e feiura. O historicismo geral e estético é uma aquisição preciosa (e também muito perigosa) da mente humana; e é, em termos comparativos, coisa bem recente. Antes do século XVI, o horizonte geográfico e histórico dos europeus não era suficientemente largo para tais concepções; e mesmo no Renascimento, no século XVII e no começo do século XVIII, os primeiros movimentos em direção ao historicismo foram superados pelas correntes que se opunham a ele; especialmente por causa da admiração pela civilização greco-romana, que fazia com que a atenção se voltasse para a arte e a poesia clássicas, transformando-as em modelos a ser imitados — e nada é mais contrário ao historicismo estético do que a imitação de modelos. Ela promove padrões absolutos e regras de beleza, e cria um dogmatismo estético tal como o que foi admiravelmente alcançado pela civilização francesa da época de Luís XIV. Além disso, uma outra corrente dos séculos XVI e XVII agia contra a perspectiva histórica: a revivescência do antigo conceito de uma natureza humana absoluta. O súbito alargamento do horizonte, a descoberta da variedade e relatividade das religiões, leis, costumes e gostos humanos, que se deu no Renascimento, não conduziu, na maior parte dos casos, a uma perspectiva histórica, isto é, a uma tentativa de compreendê-los e de reconhecer seus méritos relativos; ao contrário, conduziu a uma rejeição de tudo isso, a uma luta contra a variedade das formas históricas, a uma luta contra a história e a uma poderosa revivescência de um conceito de natureza humana absoluta, verdadeira ou original ou incorruptível, oposta à história. A história parecia ser apenas "as ações e instituições dos homens", arbitrárias, errôneas, perniciosas e até mesmo fraudulentas. A falta de valor dessas instituições parecia estar suficientemente demonstrada por sua variedade; e a tarefa da humanidade parecia ser a de substituí-las por padrões absolutos em acordo com a lei da natureza. Certamente existiam muitas opiniões diferentes sobre a natureza desta natureza; entre os que identificavam a natureza humana com as origens primitivas e incivilizadas da humanidade e os que, pelo contrário, identificavam a natureza com a razão iluminista, havia todo tipo de matizes e gradações. Mas o caráter estático e absoluto dessa natureza humana, oposta às mudanças da história, é um traço comum a todas essas teorias sobre a natureza humana e a lei natural. Montesquieu introduziu um certo grau de perspectiva histórica com sua explicação da variedade de formas humanas de governo segundo o clima e outras condições materiais; com as ideias de Diderot e Rousseau, o conceito de natureza, e portanto de natureza humana, tornou-se fortemente dinâmico; mas ainda era uma natureza oposta à história.

O historicismo estético, seguido pelo historicismo geral, originou-se praticamente na segunda metade do século XVIII como reação contra a predominância europeia do classicismo francês; as correntes pré-românticas e românticas criaram-no e o espalharam por toda a Europa. O impulso mais vigoroso veio da Alemanha, do assim chamado *Sturm und Drang* dos anos 1770, das primeiras obras de Herder e Goethe e seus amigos; mais tarde, dos irmãos Schlegel e de outros românticos alemães. Herder e seus seguidores elaboraram a concepção do "espírito do povo" original como criador da verdadeira poesia; em marcada oposição a todas as teorias que fundavam a poesia e a arte na civilização refinada, no bom gosto, na imitação dos modelos e em regras bem definidas, eles acreditavam que a poesia é obra do instinto e da imaginação livres, que ela é mais espontânea e genuína nos períodos iniciais da civilização, na juventude da humanidade, quando o instinto, a imaginação e a tradição oral eram mais fortes do que a razão e a reflexão, quando a "poesia era a linguagem natural dos homens"; daí sua predileção por contos e canções folclóricas, sua teoria de que a antiga poesia épica (partes da Bíblia, Homero, a poesia épica da Idade Média) não fora obra consciente de indivíduos, mas crescera e fora sintetizada de forma inconsciente a partir de muitas contribuições anônimas — contos ou canções — que se originavam nas profundezas do "espírito do povo"; daí finalmente sua convicção de que até nos tempos modernos a verdadeira poesia só poderia renascer através de um retorno à sua fonte eterna, o "espírito do povo" e seu trabalho inconsciente e instintivo sobre as tradições. Esses homens concebiam a história não como uma série de fatos exteriores e ações conscientes dos homens, não como uma série de erros e fraudes, mas como uma evolução orgânica, subconsciente e lenta de "forças" que eram consideradas manifestações da Divindade. Admiravam a variedade das formas históricas como realização da infinita variedade do espírito divino, manifestando-se através do espírito dos vários povos e períodos. A divinização da história conduziu a uma investigação entusiástica das formas históricas e estéticas particulares, à tentativa de compreendê-las a partir de suas próprias condições de crescimento e desenvolvimento, a uma rejeição desdenhosa de todos os sistemas estéticos baseados em padrões absolutos e racionalistas. Desse modo, o movimento pré-romântico e romântico deu praticamente origem ao historicismo moderno e às ciências históricas modernas: à história da literatura, da língua, da arte, mas também das formas políticas, das leis e assim por diante, concebidas como evolução orgânica de várias formas particulares. A origem do historicismo moderno está, portanto, intimamente ligada à admiração pré-romântica e "nórdica" pelas formas iniciais e primitivas de civilização, e, é claro, foi fortemente influenciada pelo conceito rousseauniano de natureza humana original; as origens da humanidade são vistas com uma certa conotação lírica, idílica e panteísta. Mas, enquanto o conceito de Rousseau era, em geral, revolucionário — a natureza voltada contra a história, porque a história era responsável pela desigualdade entre os homens e pela corrupção da sociedade —, os românticos introduziram a concepção de uma evolução natural e orgânica dentro da própria história; desenvolveram um conservadorismo evolucionista, baseado nas tradições do "espírito do povo", dirigido tanto contra as formas racionalistas do Absolutismo como contra as tendências racionalistas voltadas para o progresso revolucionário. Seu conservadorismo orgânico derivava de seu interesse predominante nas raízes e formas peculiares do "espírito do povo", pelo folclore, pelas tradições nacionais e pelo caráter nacional em geral. Embora esse interesse se estendesse às formas nacionais de outros povos nas atividades literárias e científicas dos românticos, acabou conduzindo muitos deles, sobretudo na Alemanha, a uma atitude extremamente nacionalista para com a sua pátria, a qual consideravam a síntese e a suprema realização do "espírito do povo". As circunstâncias e os acontecimentos da época — a desagregação política da Alemanha, a Revolução Francesa, o domínio de Napoleão — contribuíram para o desenvolvimento de tais sentimentos.

Ora, um dos fatos mais surpreendentes na história das ideias é que princípios muito semelhantes tenham sido concebidos e publicados meio século antes de sua primeira manifestação pré-romântica por um erudito napolitano de idade avançada, Giambattista Vico (1668-1744), em sua *Scienza nuova*, editada pela primeira vez em 1725 — por um homem totalmente ignorante das condições que, cinquenta anos depois, alimentariam e promoveriam tais ideias. A influência de Shaftesbury e de Rousseau, a tendência vitalista de certos biólogos do século XVIII, a poesia sentimental francesa e inglesa, o culto de Ossian e o pietismo alemão — todas essas influências e movimentos que criaram o ambiente pré-romântico só se desenvolveram bem depois da morte de Vico. Ele nem sequer conhecia Shakespeare; sua educação fora clássica e racionalista, e ele não tivera a oportunidade de interessar-se pelo folclore nórdico. O movimento do *Sturm und*

*Drang* era especificamente nórdico: fora criado num ambiente de liberdade juvenil, e promovido por um grupo de jovens ligados pelos mesmos sentimentos entusiásticos. Vico era um velho professor solitário da Universidade de Nápoles que ensinara figuras de retórica latina durante toda a vida e escrevera louvações hiperbólicas para vários vice-reis napolitanos e outras personalidades importantes. Tampouco exerceria influência considerável sobre os movimentos pré-romântico e romântico. As dificuldades de seu estilo e a atmosfera barroca de seu livro, uma atmosfera totalmente diferente do Romantismo, cobriam-no com uma nuvem de impenetrabilidade. Os poucos alemães que, na segunda metade do século XVIII, depararam com o livro e folhearam suas páginas, homens como Hamann, Friedrich Heinrich Jacobi e Goethe, não conseguiram reconhecer sua importância e falharam ao tentar penetrar suas principais ideias. É verdade que os esforços contínuos de estudiosos modernos para estabelecer um elo entre Vico e Herder revelaram-se bem-sucedidos depois que Robert T. Clark mostrou a probabilidade de que Herder tenha encontrado inspiração, para algumas de suas ideias sobre a língua e a poesia, nas notas de Denis à tradução alemã de Macpherson. Denis apropriara-se das notas de Cesarotti, um tradutor italiano de Ossian que estava familiarizado com as ideias correspondentes de Vico.[1] A descoberta do professor Clark é decerto interessante e importante, mas um contato assim tão casual, indireto e incompleto — Herder não menciona sequer o nome de Vico, que nada significava para ele — é quase tragicamente incompatível com a importância que Vico deveria ter assumido para os escritores pré-românticos e românticos. Deveria ter sido

---

[1] Robert T. Clark, Jr. "Herder, Vico and Cesarotti", *Studies in Philology*, XLIV (1947), pp. 645-71.

um de seus precursores reconhecidos e admirados, tanto quanto ou até mais do que Shaftesbury e Rousseau. Mas mesmo na própria pátria de Vico, na Itália, ninguém compreendia de fato suas ideias. Para citar as palavras de Max Harold Fisch, na excelente introdução à sua recente tradução americana da autobiografia de Vico (em parceria com Thomas Goddard Bergin): ninguém entre os "que se apropriaram desta ou daquela ideia de Vico no período pré-revolucionário foi capaz de libertar-se da tendência racionalista dominante e captar o pensamento de Vico em sua totalidade integral ou atingir seu centro vivo".[2]

Vico só amadureceu suas ideias muito tarde. Nem as tendências epicuristas de sua juventude nem o cartesianismo que predominava em Nápoles num período posterior de sua vida — e ao qual ele se opôs apaixonadamente sem conseguir libertar-se de sua poderosa atração —, nem por fim as teorias racionalistas sobre a lei natural criavam um ambiente favorável para sua abordagem da história. Passou grande parte da vida à procura de uma base epistemológica para suas ideias, opondo-se ao desprezo cartesiano pela história. Já estava entrando na casa dos cinquenta quando conseguiu encontrar uma forma para sua teoria do conhecimento capaz de satisfazê-lo e até entusiasmá-lo. Em sua forma definitiva, a teoria diz que não há conhecimento sem criação; só o criador tem conhecimento daquilo que ele próprio criou; o mundo físico — *il mondo della natura* — foi criado por Deus; portanto, só Deus pode entendê-lo; mas o mundo histórico ou político, o mundo da humanidade — *il mondo delle nazioni* —, pode ser compreendido pelos homens, pois foram os homens que o fizeram. Não há tempo agora para discutir as implicações teo-

---

[2] *The Autobiography of Giambattista Vico*, traduzido do italiano por Max Harold Fisch e Thomas Goddard Bergin (Ithaca, 1944), p. 64.

lógicas dessa teoria tão debatida, no que diz respeito a suas relações com a concepção de Vico sobre a Divina Providência. Para nosso objetivo, basta sublinhar o fato de que Vico fundou, com sua teoria, o predomínio das ciências históricas, baseado na certeza de que os homens podem compreender os homens, de que todas as formas possíveis de pensamento e vida humanos, na medida em que são criadas e experimentadas pelos homens, devem ser encontradas nas potencialidades da mente humana (*dentro le modificazioni della nostra medesima mente humana*); de que, por conseguinte, somos capazes de evocar, do fundo de nossa própria consciência, a história humana.

O impulso para essa teoria do conhecimento certamente foi dado a Vico por suas descobertas históricas. Ele não possuía um conhecimento científico das civilizações primitivas, mas apenas um conhecimento muito vago e incompleto da Idade Média; apoiava-se apenas em seu conhecimento especializado da filologia clássica e do direito romano. É quase um milagre que um homem, no começo do século XVIII, em Nápoles, com tal material para sua investigação, possa ter criado uma visão da história do mundo baseada na descoberta do caráter mágico da civilização primitiva. Por certo, ele se inspirou nas teorias da lei natural, em Spinoza, em Hobbes e, especialmente, em Grotius; ou melhor, foi inspirado por sua oposição a essas teorias. Ainda assim, há poucos exemplos semelhantes na história do pensamento humano de uma criação tão isolada; devida a uma mente tão peculiar. Ele combinava uma fé quase mística na ordem eterna da história humana com um tremendo poder de imaginação produtiva na interpretação do mito, da poesia antiga e do direito.

Em sua visão, os primeiros homens não eram nem seres inocentes e felizes, vivendo em harmonia com uma lei idílica da natureza, nem feras terríveis, movidas apenas por instintos puramente materiais de autopreservação. Rejeitava também o conceito de sociedade primitiva fundada na razão e no senso comum sob a forma de um contrato consensual. Para ele, os homens primitivos eram originalmente nômades solitários, vivendo em promiscuidade desordenada em meio ao caos de uma natureza misteriosa e, por isso mesmo, horrível. Eram seres sem faculdade de raciocínio; tinham apenas sensações intensas e um poder de imaginação tão grande que os homens civilizados teriam dificuldade em concebê-lo. Quando, depois do dilúvio, caiu a primeira tempestade, uma minoria, aterrorizada pelo trovão e pelos raios, concebeu uma primeira forma de religião, que os estudiosos modernos chamam de animista: personificaram a natureza, criaram com a imaginação um mundo de personificações mágicas, um mundo de divindades vivas que expressavam seu poder e sua vontade através dos fenômenos naturais; e essa minoria de homens primitivos, para entender a vontade das divindades, para apaziguar sua ira e conquistar sua ajuda, criou um sistema de cerimônias, fórmulas e sacrifícios mágicos, fantásticos, que governavam inteiramente suas vidas. Estabeleceram santuários em certos lugares fixos e tornaram-se sedentários; escondendo suas relações sexuais como um tabu religioso, tornaram-se monogâmicos, fundando assim as primeiras famílias: a religião mágica primitiva é a base das instituições sociais. É também a origem da agricultura; os que se fixaram foram os primeiros a cultivar o solo. A sociedade primitiva de famílias isoladas é fortemente patriarcal; o patriarca é o sacerdote e o juiz; por seu conhecimento exclusivo das cerimônias mágicas, detém poder absoluto sobre todos os membros de sua família; e as fórmulas sagradas de acordo com as quais ele governa são extremamente severas; essas leis estão estritamente ligadas ao teor do ritual, ignorando a flexibilidade e o exame de circunstâncias especiais. Vico caracterizou a vida desses patriarcas primitivos como um poema severo; eram enormes e chamavam a si mesmos *gigantes*, filhos da Terra, porque foram os primeiros a enterrar seus mortos e a cultuar a memória deles: a primeira nobreza. Suas concepções e expressões eram inspiradas por imagens e personificações; a ordem mental com que conceberam o mundo circundante e criaram as suas instituições não era racional, mas mágica e fantástica. Vico chama-a de poética; eram poetas por sua própria natureza; sua sabedoria, sua metafísica, suas leis, toda sua vida era "poética". É a primeira fase da humanidade, a idade do ouro (por causa das colheitas), a idade dos deuses.

A passagem da primeira fase para a segunda, a idade heroica, é principalmente política e econômica. A vida sedentária e a constituição da família conferiram a essa minoria de colonos uma superioridade em termos de riqueza, poder material e prestígio religioso sobre os nômades remanescentes, que foram obrigados a recorrer finalmente às famílias dos patriarcas para obter proteção e melhores condições de vida; foram aceitos como trabalhadores escravos, como membros dependentes das famílias dos primeiros patriarcas ou "heróis"; não eram admitidos nas cerimônias rituais e, em consequência, não tinham direitos, nem matrimônio legal, nem filhos legítimos, nem propriedade. Mas, depois de um certo tempo, os escravos ou *famuli* começaram a revoltar-se; surgiu um movimento revolucionário, tanto do ponto de vista religioso quanto social, para que pudessem participar das cerimônias, dos direitos legais e do direito à propriedade. Esse movimento obrigou os patriarcas isolados a unirem-se em autodefesa e a constituírem as primeiras comunidades, as repúblicas heroicas. Eram estados oligárquicos em que o poder religioso, político e econômico estava inteiramente nas mãos dos heróis; com a manutenção do segredo e da inviolabilidade dos mistérios divinos criavam obstáculos às inovações na religião, na lei e na estrutura política. Durante esse segundo período (que ainda era mentalmente "poético" no sentido em que Vico usa a palavra), preservaram sua virtude tacanha, sua disciplina cruel e seu formalismo mágico, ainda incapazes e sem vontade de agir racionalmente, simbolizando suas vidas e instituições por meio de conceitos míticos e acreditando, com todas as forças, que eram seres superiores aos outros homens. Mas as formas racionais da mente, cultivadas pelos líderes revolucionários dos plebeus (os antigos *famuli*), desenvolviam-se cada vez mais. Passo a passo, os plebeus retiraram dos heróis seus direitos e prerrogativas. Com a vitória final dos plebeus começa o terceiro período da história, a idade dos homens, um período racionalista e democrático em que a imaginação e a poesia perdem seu poder criativo, em que a poesia é apenas um adorno da vida e um passatempo elegante, em que todos os homens são considerados iguais e são governados por religiões e leis liberais e elásticas.[3] Não há dúvida sobre a semelhança impressionante entre as ideias de Vico e as de Herder e seus seguidores. O irracionalismo poético e a imaginação criativa dos homens primitivos são conceitos comuns a ambos; ambos dizem que os homens primitivos eram poetas por sua própria natureza, que sua linguagem, sua concepção da natureza e da história, sua vida inteira era poesia; ambos consideravam o racionalismo esclarecido como antipoético. Mas o conceito de poesia, o conceito básico, é inteiramente diferente. Vico admi-

---

[3] Esse levantamento dos dois primeiros períodos da *storia ideale eterna* de Vico é muito incompleto; e, para o objetivo deste trabalho, um desenvolvimento amplo do terceiro período e o *ricorso delle cose umane* (a teoria dos ciclos históricos) não são necessários. As melhores fontes de informação para o leitor inglês interessado na filosofia de Vico são a tradução da monografia de Benedetto Croce (*The Philosophy of Giambattista Vico* [Nova York, 1913]) e a introdução do professor Fisch à autobiografia, citada na nossa nota 2. A primeira tradução inglesa da *Scienza nuova* (também por Bergin e Fisch, Ithaca, 1948) é a realização admirável de uma tarefa muito difícil.

rava seus gigantes e heróis primitivos tanto quanto — e talvez ainda mais — Herder amava e cultivava o "espírito do povo". O poder de imaginação e de expressão, o realismo concreto de sua sublime linguagem metafórica, a unidade de conceito permeando toda a vida deles, tornaram-se, para esse velho professor, o modelo da grandeza criadora. Ele admirava até mesmo — com uma admiração tão esmagadora que se mostrou mais forte do que o horror — a terrível crueldade de seu formalismo mágico. Estas últimas palavras — terrível crueldade de seu formalismo mágico — ilustram muito bem a imensa discrepância entre seus conceitos e os de Herder. A concepção de Herder da juventude da humanidade vicejou no solo da teoria de Rousseau sobre a natureza original; foi alimentada e inspirada por narrativas e cantos folclóricos; não é política. O tema do animismo mágico não está de todo ausente de seus conceitos, mas não os domina e não é desenvolvido até suas implicações e consequências concretas. Ele via o estado original da humanidade como um estado de natureza, e natureza, para ele, era liberdade: liberdade de sentimento, de instinto, de inspiração, ausência de leis e instituições, em marcante contraste com as leis, convenções e regras da sociedade racionalizada. Jamais teria concebido a ideia de que a imaginação primitiva tivesse criado instituições mais severas e ferozes, limites mais estreitos e insuperáveis do que qualquer sociedade civilizada pode possivelmente criar. Mas esta é a ideia de Vico; é a própria essência de seu sistema. O objetivo da imaginação primitiva, em sua opinião, não é a liberdade, mas, pelo contrário, o estabelecimento de limites fixos como proteção material e psicológica contra o caos do mundo circundante. Mais ainda, a imaginação mítica serve de base a um sistema político e de arma na luta pelo poder político e econômico. A idade dos deuses e dos heróis, com toda a sua "poesia" penetrante, não é poética no sentido romântico, embora, em ambos os casos, a poesia signifique imaginação em oposição à razão. A imaginação do "espírito do povo" produz o folclore e as tradições; a imaginação dos gigantes e heróis produz os mitos que simbolizam as instituições de acordo com a lei eterna da Divina Providência. No sistema de Vico, o velho contraste entre lei natural e lei positiva, entre *physis* e *thesis*, entre natureza original e instituição humana, perde todo o sentido; a idade poética de Vico, a idade de ouro, não é uma era de liberdade natural, mas uma era de instituições. É verdade que o conservadorismo romântico também valorizava muito as instituições desenvolvidas, lenta e "organicamente", pelas tradições do "espírito do povo" — mas estas eram de outra espécie, de atmosfera bem diversa daquela do formalismo mágico dos heróis.

É fácil mostrar que Vico, muito antes de Herder e dos românticos, descobriu o mais fértil dos conceitos estéticos proclamados por eles, o conceito de "espírito do povo". Ele foi o primeiro a tentar provar que a poesia primitiva não é obra de artistas individuais, mas criação de toda a sociedade primitiva cujos membros eram poetas por sua própria natureza. Em seu terceiro livro, sobre "a descoberta do verdadeiro Homero", muito antes do filólogo alemão Friedrich August Wolf, Vico desenvolveu a teoria de que Homero não era um poeta individual, mas um mito ou, como ele diz, um "personagem poético" simbolizando os rapsodos ou cantores populares que vagavam pelas cidades gregas, cantando os feitos dos deuses e heróis — e de que a *Ilíada* e a *Odisseia* não eram obras originalmente coerentes, mas compostas de muitos fragmentos de diferentes períodos da história grega antiga; de que tinham chegado até nós numa forma já alterada, corrompida, e que para aqueles que eram capazes de interpretá-las, contavam a história da primitiva civilização grega. Antecipava assim a famosa teoria romântica da poesia popular épica como produto do "espírito do povo", teoria que dominou a investigação filológica durante grande parte do século XIX e que ainda hoje é muito influente.

Mas Vico não demonstrava nenhum interesse especial pelo "espírito do povo" em si mesmo. Seu objetivo era estabelecer leis eternas — as leis da Divina Providência que governam a história: uma evolução da civilização humana através de etapas distintas, uma evolução que continuaria a se desenvolver, em ciclos eternos, onde quer que o homem vivesse. Sua análise sugestiva dos diferentes períodos enfatiza seu aspecto particular apenas para provar que são estágios típicos da evolução; e embora ele admitisse ocasionalmente que existiam variantes no desenvolvimento de diferentes povos e sociedades, o estudo dessas variantes teria parecido a ele uma questão de importância menor. Os românticos, ao contrário, estavam interessados sobretudo nas formas singulares dos fenômenos históricos; tentavam compreender o espírito particular, degustar o sabor específico de diferentes períodos assim como de vários povos. Estudaram o "espírito do povo" dos escoceses, ingleses, espanhóis, italianos, franceses, alemães e muitos outros; a compreensão dos vários desenvolvimentos orgânicos e populares constituía o próprio centro de suas atividades críticas. Foi esse impulso dirigido para as formas particulares de vida e de arte que se revelou extremamente fértil para as ciências históricas do século XIX e que nelas introduziu o espírito de perspectiva histórica, como tentei explicar nas primeiras páginas deste ensaio.

Nesse movimento do primeiro historicismo europeu, as ideias de Vico não desempenharam papel importante; sua obra não era suficientemente conhecida. A meu ver, isto não se deve apenas a uma combinação casual de circunstâncias desfavoráveis, mas basicamente ao fato de que em sua visão da história humana faltavam alguns dos mais importantes elementos do historicismo romântico e estavam presentes outros que dificilmente poderiam ter sido compreendidos e apreciados no período pré-

-romântico e no primeiro romantismo. O lento processo de sua descoberta gradual na Europa começou por volta de 1820; mais tarde, no século XIX, sua influência ainda permaneceu esporádica, e muitos dos principais manuais de história da filosofia sequer mencionam seu nome. Mas nos últimos quarenta anos isto mudou; seu nome e suas ideias tornaram-se importantes e familiares a um número sempre crescente de autores e estudiosos europeus e americanos; o admirável esforço que Croce e Nicolini devotaram à publicação e interpretação de sua obra alcançou um sucesso considerável, que foi crescendo de modo estável. Algumas de suas ideias básicas parecem ter adquirido sua força integral apenas para nossa época e geração; tanto quanto sei, nenhum grande autor ficou tão impressionado com sua obra quanto James Joyce. Há, parece-me, três ideias principais que são e podem se mostrar no futuro de grande significação para nossas concepções sobre a estética e a história.

Em primeiro lugar, a descoberta do formalismo mágico dos homens primitivos, com seu poder de criar e manter instituições simbolizadas através do mito; ela inclui uma concepção da poesia que guarda, sem dúvida, certa relação com as formas modernas de expressão artística. A unidade integral da "poesia" mágica, ou do mito, com a estrutura política na sociedade primitiva, a interpretação dos mitos como símbolos de lutas e desenvolvimentos políticos e econômicos, o conceito do realismo concreto na linguagem primitiva e no mito, são extremamente sugestivos em face de certas tendências modernas. Com a palavra "tendências", não me refiro a certas regiões ou países, mas a correntes de pensamento e de sentimento espalhadas por todo o mundo.

O segundo ponto é a teoria do conhecimento de Vico. O desenvolvimento integral da história humana, enquanto produto humano, está potencialmente contido na mente humana e portanto pode, por um processo de investigação e evocação, ser compreendido pelos homens. A evocação não é apenas analítica; tem de ser sintética, tem de ser compreensão de cada estágio histórico como um todo integral, e de seu espírito (seu *Geist*, como diriam os românticos alemães), como um espírito que penetra todas as atividades e expressões humanas do período em questão. Com esta teoria, Vico criou o princípio da compreensão histórica, totalmente desconhecido para seus contemporâneos; os românticos conheciam e praticavam esse princípio, mas nunca encontraram uma base epistemológica poderosa e sugestiva para ele.

Quero sublinhar, por fim, sua concepção particular do que seja a perspectiva histórica; ela pode ser melhor compreendida por sua interpretação da natureza humana. Contra todos os teóricos de sua época, que acreditavam numa natureza humana absoluta e imutável, oposta à variedade e às mudanças da história, Vico criou e afirmou apaixonadamente o conceito da natureza histórica dos homens. Identificava história humana e natureza humana, concebia a natureza humana como função da história. Há muitas passagens na *Scienza nuova*[4] em que a palavra *natura* poderia ser mais bem traduzida por "desenvolvimento histórico" ou "estágio do desenvolvimento histórico". A Divina Providência faz a natureza humana mudar de período a período, e em cada período as instituições estão em pleno acordo com a natureza humana coetânea; a distinção entre natureza humana e história humana desaparece; como Vico afirma, a história humana é um estado platônico permanente. Isto parece soar irônico num homem que não acreditava no progresso, mas num movimento cíclico da história. No entanto, Vico não estava sendo irônico; a afirmação era sincera.

---

[4] Por exemplo, *capoversi* 246, 346, 347 da edição Nicolini em dois volumes (Bari, 1928).

# Filologia da literatura mundial

"Nonnulla pars inventionis est nosse quid quaeras."

Santo Agostinho, *Questiones in Heptateuchum*, Proêmio

Já é tempo de nos perguntarmos sobre qual significado pode conservar o termo "literatura mundial" [*Weltliteratur*], em seu sentido goethiano, quando referido ao presente e ao futuro provável. Nossa Terra, que constitui todo o universo da literatura mundial, torna-se a cada dia menor e mais pobre em diversidade. Ora, a literatura mundial não se refere simplesmente aos traços comuns da humanidade, e sim a esta enquanto fecundação recíproca de elementos diversos. Seu pressuposto é a *felix culpa* da dispersão do gênero humano numa variedade de culturas. E o que acontece hoje, o que se está preparando? Por mil razões, conhecidas por todos, a vida humana uniformiza-se em todo o planeta. O processo de nivelamento, originário da Europa, estende-se cada vez mais e soterra todas as tradições locais. É certo que, por toda parte, o sentimento nacional é mais forte e mais barulhento do que nunca, mas em toda parte ele toma a mesma direção, isto é, rumo às modernas formas de vida; e já é claro para o observador imparcial que os fundamentos intrínsecos da existência nacional estão se dissolvendo. As culturas europeias ou fundadas por europeus, acostumadas a um longo e frutífero intercâmbio entre si, e além disso apoiadas pela consciência de seu próprio valor e modernidade, são as que melhor preservam a autonomia, ainda que também aqui o processo de nivelamento progrida muito mais rapidamente do que antes. Mas a estandardização — seja conforme o modelo europeu-americano, seja conforme o russo-bolchevista — espalha-se sobre tudo; e, não importa quão diferentes sejam os modelos, suas diferenças são relativamente pequenas se os compararmos com os antigos substratos — por exemplo, com as tradições islâmica, hindu ou chinesa. Se a humanidade conseguir escapar ilesa aos abalos que ocasiona um processo de concentração tão violento, tão vigorosamente rápido e tão mal preparado, então teremos que nos acostumar com a ideia de que, numa Terra uniformemente organizada, sobreviverá uma só cultura literária, e que dentro em breve permanecerão vivas somente umas poucas línguas literárias (e talvez logo apenas uma). E assim a noção de literatura mundial seria simultaneamente realizada e destruída.

Se não me engano, essa situação é, por seu caráter ineluctável e pela pressão dos movimentos de massa, bem pouco goethiana. Goethe preferia afastar tais pensamentos; por vezes ocorriam-lhe ideias que apontavam nessa direção, mas não mais do que isso, pois ele não poderia imaginar que a coisa que lhe era mais desagradável pudesse realizar-se de modo tão rápido e inesperadamente radical. Como foi breve a época a que ele pertenceu e a que os mais velhos dentre nós ainda puderam assistir em sua fase final! Passaram-se aproximadamente cinco séculos desde que as literaturas nacionais europeias conquistaram consciência de si e preeminência sobre o latim, e pouco mais de dois séculos desde o despertar de uma mentalidade histórico-perspectivística, que permitiu a criação de um conceito como o de literatura mundial. O próprio Goethe, morto há 120 anos [1832], contribuiu decisivamente, com seus esforços e seu estímulo, para a formação dessa mentalidade histórico-perspectivística e para a pesquisa filológica subsequente. E já podemos ver o surgimento de um mundo onde essa mentalidade não poderá mais ter grande significado prático.

A época do humanismo goethiano foi breve, mas aí realizou-se ou deu-se início a muita coisa ainda hoje em curso, e mesmo em expansão e ramificação crescentes. No fim de sua vida, Goethe tinha à sua disposição um material literário mundial muito mais rico em comparação ao que se conhecia à época de seu nascimento — e muito menor do que nosso patrimônio atual. Esse patrimônio, nós o devemos ao impulso do humanismo histórico daquela época; e não se trata aqui apenas da descoberta de novos materiais ou do desenvolvimento de métodos de pesquisa, mas, além disso, de sua difusão e utilização com vistas a uma história imanente da humanidade, a uma noção unitária do homem em meio a toda sua multiplicidade. Foi esse, desde Vico e Herder, o verdadeiro objetivo da filologia, e foi esse objetivo que lhe conferiu seu lugar de liderança: ela atraiu para si a história das artes, a história religiosa, jurídica e política, associando-se a elas a partir de princípios sistemáticos e do estabelecimento de metas comuns. Não é preciso evocar os resultados obtidos, tanto no campo da pesquisa como no da síntese.

Pode haver algum sentido em prosseguir nessa atividade, sob condições e perspectivas completamente alteradas? O simples fato de que ainda seja praticada, e mesmo que continue a se expandir, não diz muita coisa. Tudo o que se transforma em hábito ou instituição é capaz de persistir por muito tempo, até porque mesmo aqueles indivíduos que se dão conta de uma substancial alteração dos pressupostos gerais da vida e a compreendem em seu significado completo não estão necessariamente prontos ou em condições de extrair as consequências práticas dessa sua consciência. Mas, tendo em mente a paixão que, agora como no passado, leva um grupo pequeno mas seleto de jovens à atividade filológica, podemos conceber a esperança de que seu instinto não os tenha traído, de que essa atividade ainda hoje tenha sentido e futuro. O estudo da realidade mundial por meio de métodos científicos preenche e domina nossas vidas; por assim dizer, é este o nosso mito, uma vez que não temos nenhum outro dotado de valor geral. Dentre os aspectos da realidade, a História é aquele que nos atinge mais de perto, que nos interessa mais profundamente e que com mais eficácia nos leva a uma consciência de nós mesmos. Pois é ela o único objeto em que os homens se apresentam a nós por inteiro, entendendo-se por objeto da História não apenas o passado, mas o progresso dos acontecimentos em geral, incluindo-se assim o presente vivido. A história imanente dos últimos milênios, da qual se ocupa a filologia enquanto disciplina histórica, é a história da conquista da autoexpressão humana. Ela abrange os documentos do avanço violento e aventuresco dos homens rumo à consciência de sua condição e à realização de suas possibilidades intrínsecas — um avanço cuja meta permaneceu por muito tempo obscura (e que decerto ainda se apresenta de modo fragmentário) e cujo curso, a despeito de seus meandros intrincados, parece ter seguido algo assim como um plano. Está contida aí toda a variedade de extremos de que é capaz nosso ser; desenrola-se aí um espetáculo de tal riqueza e profundidade que não pode deixar de pôr em ação todas as energias do espectador, ao mesmo tempo em que o torna capaz, por meio do enriquecimento conquistado, de alcançar alguma paz no âmbito do que lhe é dado. Perder a visão desse espetáculo — que precisa ser exposto e interpretado para que possa vir à luz — seria um empobrecimento que coisa alguma poderia compensar. É verdade que só sentiriam essa perda aqueles que não a sofreram de todo; mas esta consideração não deve nos impedir de fazer tudo o que estiver a nosso alcance para que tal perda não se dê. Se as perspectivas futuras com que comecei são em alguma medida justificadas, então é de fato urgente a tarefa de recolher o material e organizá-lo de modo coerente. Pois justamente nós estamos em condições de realizar a tarefa, não apenas por dispormos de tanto material, mas sobretudo por termos herdado a mentalidade histórico-perspectivística necessária para tanto: ainda a possuímos, uma vez que vivemos em meio à experiência da variedade histórica, sem a qual temo que essa mentalidade logo perderia sua concretude e sua vida. Segundo me parece, estamos vivendo uma *kairós* da historiografia interpretativa, e não sabemos quantas gerações mais a praticarão. Já agora somos ameaçados pelo empobrecimento ligado a uma formação cultural a-histórica, que não apenas já existe como procura a cada dia afirmar seu domínio. Aquilo que somos, nós o somos por nossa história, e só dentro desta poderemos conservar e desenvolver nosso ser; tornar isso claro, de modo penetrante e indelével, é a tarefa da filologia do nosso tempo. No romance *Nachsommer*, ao fim do capítulo "A aproximação", o escritor austríaco Adalbert Stifter faz um de seus personagens pronunciar a seguinte frase: "Seria muito desejável que, depois do fim da humanidade, fosse dado a um espírito reunir e contemplar toda a arte do gênero humano, desde as suas origens até o seu desaparecimento". Stifter pensa aqui apenas nas artes plásticas, e creio que ainda não se pode falar de um fim da humanidade. Mas parecemos ter atingido um ponto de conclusão e virada que oferece ao mesmo tempo possibilidades inéditas para uma visão de conjunto.

Esta concepção de literatura mundial e de sua filologia parece menos ativa, menos prática e menos política do que a de outrora. Não se fala mais de intercâmbio espiritual, de enobrecimento dos costumes e de concórdia entre os povos. Essas metas revelaram-se inalcançáveis ou então já foram superadas pelo desenvolvimento histórico. Alguns indivíduos de destaque, assim como pequenos grupos particularmente cultivados, puderam gozar do intercâmbio dos bens culturais organizado dentro desse espírito, intercâmbio esse que foi praticado — e se vem praticando — em larga escala. Mas essa espécie de aproximação tem pouca influência sobre os costumes e sobre a concórdia em geral; seus resultados pulverizam-se instantaneamente em face da tempestade das divergências de interesses e da propaganda que as acompanha. O intercâmbio só é efetivo quando o desenvolvimento político por si só já levou à aproximação e ao agrupamento: então sua influência se exerce no interior do grupo, acelera a assimilação e a compreensão, e serve assim aos objetivos comuns. De resto, como já se afirmou no início, a assimilação das culturas já foi muito além do que poderia agradar a um humanista de feição goethiana, sem que se veja qualquer perspectiva razoável de resolver, por outro meio que não uma prova de força, as divergências ainda existentes. Não se pode esperar da concepção de literatura mundial defendida aqui — enquanto pano de fundo variado para um destino comum — que ela possa influenciar o que já está em curso (ainda que não com o rumo esperado); ela toma a estandardização da cultura mundial como inescapável. Aos povos que se encontram no estágio final de uma multiplicidade frutífera, ela pode oferecer a definição precisa e a preservação da consciência de seu desenvolvimento conjunto e fatídico, que se torna assim um patrimônio mítico; desse modo, evitaríamos que se atrofiassem nesses povos a riqueza e a profundidade do movimento cultural dos últimos milênios. Quanto aos resultados a longo prazo de um esforço dessa ordem, não é possível sequer especular de modo frutífero: a nós cabe apenas tornar possíveis quaisquer resultados futuros; mas podemos ao menos afirmar que, para a época de transição em que nos encontramos, os resultados podem ser significativos: eles podem contribuir para que compreendamos mais serenamente o que nos acontece e para que não odiemos tão insensatamente nossos adversários, mesmo que seja nosso dever combatê-los. Assim, nossa concepção de literatura mundial e de sua filologia não é menos humana, nem tampouco menos humanista do que a anterior; de maneira análoga, a concepção de história que lhe é subjacente difere da antiga, ao mesmo tempo em que surge desta e é impensável sem ela.

Afirmou-se mais acima que somos em princípio capazes de realizar a tarefa de uma filologia da literatura mundial, visto que dispomos de um material infindável e em contínuo crescimento, visto que possuímos a mentalidade histórico-perspectivística herdada do historicismo da época de Goethe. Mas, por esperançosa que pareça nossa situação em suas linhas gerais, são grandes as dificuldades práticas e de detalhe. A fim de realizar as tarefas de compreensão e exposição, é necessário que ao menos alguns indivíduos dominem, por experiência e pesquisa próprias, o conjunto ou boa parte da literatura mundial. Ora, em consequência da abundância de material, de métodos e de pontos de vista, isso tornou-se quase impossível. Possuímos material de seis milênios, de todas as partes da Terra, e em aproximadamente cinquenta línguas literárias. Muitas das culturas de que hoje temos notícia eram ainda desconhecidas há cem anos, e de outras conhecia-se apenas uma ínfima parte das fontes hoje disponíveis. Mesmo sobre as épocas com as quais nos ocupamos há séculos descobriu-se tanta coisa de novo que nossas concepções a respeito alteraram-se fortemente, ao mesmo passo em que surgiam novos problemas. Acrescente-se a isso que já não é possível ocupar-se exclusivamente com a literatura de um período cultural: há que estudar as condições sob as quais ela se desenvolveu, há que levar em conta as condições religiosas, filosóficas, políticas e econômicas, as artes plásticas e mesmo a música, e há, assim, que acompanhar os resultados da constante pesquisa especializada em cada uma dessas áreas. A abundância de material conduz sempre a uma especialização cada vez maior; surgem métodos específicos de pesquisa, de modo que, em cada área de especialização (e mesmo para cada corrente de pensamento dentro delas), forma-se uma espécie de linguagem secreta. E não é tudo: penetram na filologia conceitos e métodos provenientes de ciências e correntes não filológicas — da sociologia, da psicologia, de várias correntes filosóficas e do âmbito da crítica literária contemporânea. Tudo isso deve ser levado em consideração, ainda que fosse apenas para poder pronunciar-se, com a consciência tranquila, a respeito da eventual inutilidade de um dado método para fins filológicos. Quem não se limita coerentemente a um campo restrito e ao universo conceitual de um pequeno círculo de colegas vive num turbilhão de exigências e perspectivas a que é quase impossível atender. E, todavia, a especialização em um só campo é cada vez mais insatisfatória: por exemplo, quem hoje quisesse ser um provençalista e só se ocupasse com os setores correspondentes da linguística, da paleografia e da história não seria um bom provençalista. Por outro lado, há campos que se ramificaram de tal maneira que se exige uma vida inteira para dominá-los: por exemplo, Dante (que de resto não se pode definir como um campo de especialização, uma vez que seu estudo irradia em todas as direções); ou ainda o romance cortês, com seus três grupos de problemas (o amor cortês, a matéria celta e o Graal): quantos homens dominarão o conjunto do material desse campo específico, com todas as suas ramificações e direções de pesquisa? Como é possível, em tais circunstâncias, pensar numa filologia sintético-científica da literatura mundial?

Ainda existem pessoas que, ao menos no tocante à Europa, dominam o conjunto do material; mas todas elas pertencem, tanto quanto sei, à geração que cresceu antes da guerra. Será difícil substituí-la, pois, nesse ínterim, a cultura humanística tardo-burguesa, que incluía o ensino do grego, do latim e da Bíblia, desmoronou por quase toda parte; se estou autorizado a extrair conclusões de minhas experiências na Turquia, algo de semelhante está ocorrendo em outros países de civilização antiga. O que antigamente se tomava como dado quando do ingresso na universidade (ou, nos países anglo-saxões, nos *graduate studies*) tornou-se hoje matéria universitária, e nem sempre suficientemente aprendida. Além disso, dentro da própria universidade ou das *graduate schools*, deslocou-se a ênfase: ensina-se muito mais literatura moderna e crítica moderníssima, e privilegiam-se, dentre os períodos literários do passado, aqueles que foram redescobertos há pouco (como o Barroco) e que encontram lugar junto às modernas palavras de ordem literárias. É bem verdade que devemos partir da mentalidade e da situação de nosso tempo para compreender o conjunto da história, se quisermos torná-la significativa para nós; mas um estudante dotado já está por si só imbuído do espírito de sua época, e, segundo me parece, não deveria ter necessidade de um professor universitário para aproximar-se de Rilke, Gide ou Yeats. Mas ele certamente necessitará de um professor para compreender as formas linguísticas e as condições de vida da Antiguidade, da Idade Média ou do Renascimento, bem como para conhecer os métodos e instrumentos de pesquisa. A problemática e as categorias de classificação da crítica literária contemporânea são sempre significativas como expressão das necessidades do tempo e, além disso, muitas vezes inteligentes e iluminadoras. Mas poucas dentre elas são imediatamente utilizáveis no campo histórico-filológico, nem mesmo em substituição aos conceitos tradicionais. A maioria delas é demasiado abstrata e imprecisa, e por vezes formulada de modo excessivamente pessoal, fortalecendo a tentação a que muitos principiantes (mas não apenas estes) estão inclinados a ceder: a tentação de controlar a abundância de material por meio da introdução hipostasiante de categorias de classificação abstratas, coisa que leva ao apagamento do objeto, à discussão de pseudoproblemas e ao nada absoluto.

Mas, por incômodos que sejam, não são esses os fenômenos que me parecem realmente perigosos — ao menos não para os verdadeiramente talentosos e empenhados. Já há quem consiga reunir os requisitos gerais indispensáveis à atividade histórico-filológica e manter a proporção justa de abertura e independência diante das correntes da moda. Sob muitos aspectos, estão em vantagem sobre seus semelhantes de décadas anteriores. Os acontecimentos dos últimos quarenta anos alargaram o campo de visão, revelaram novas perspectivas da história mundial, renovaram e enriqueceram nossa visão concreta da estrutura dos processos inter-humanos. O curso prático de história mundial em que temos tomado parte promoveu o desenvolvimento de uma percepção e uma compreensão históricas para além de tudo o que tínhamos antes, de tal modo que várias produções excelentes da filologia histórica da época tardo-burguesa parecem-nos hoje distantes da realidade e de formulação estreita. Nesse sentido, as coisas são mais fáceis hoje em dia.

Mas como resolver o problema da síntese? Uma única vida parece curta demais para sequer alcançar as condições preliminares. O trabalho em grupos organizados, tão útil para outros fins, não oferece aqui uma saída. A síntese histórica que temos em mente, apesar de só fazer sentido quando fundada sobre o entendimento científico do material, é um produto da intuição pessoal — logo, só podemos esperá-la de um indivíduo. Levada à perfeição, ela é simultaneamente um feito científico e uma obra de arte. Até mesmo a descoberta de um ponto de partida (voltaremos a isto) é fruto de intuição; e a realização final é um processo criativo que deve ser unitário e sugestivo se quiser alcançar o que se espera dele. É certo que qualquer contribuição verdadeiramente significativa deve-se à intuição combinatória; no caso da síntese histórica, acrescente-se que suas produções mais elevadas, para serem efetivas, devem se apresentar ao leitor como obras de arte. Tornou-se difícil levantar a objeção tradicional de que a arte literária necessita de liberdade para procurar os objetos que lhe convêm, e portanto não pode ser constrangida pela fidelidade científica; os objetos históricos, tais como hoje se mostram, oferecem à imaginação suficiente liberdade de seleção, for--mulação, combinação e forma. Pode-se mesmo afirmar que a fidelidade científica constitui uma ótima limitação, na medida em que, ante a enorme tentação de fugir à realidade, seja por meio da banalização, seja por meio da distorção fantasmagórica, ela procura preservar e garantir a verossimilhança nos assuntos do mundo; pois o real é a medida do verossímil. Além disso, com nossa exigência de uma historiografia sintético-imanente como gênero literário, estamos nos movendo dentro da tradição europeia; a historiografia antiga era um gênero literário, e a crítica histórico-filosófica fundada no Classicismo e no Romantismo alemães buscava expressão artística própria.

Somos, portanto, remetidos ao indivíduo; mas como pode este chegar à síntese? Seja como for, certamente não por meio da acumulação enciclopédica. Não há dúvida de que um horizonte mais amplo é necessário, mas ele deve ser alcançado precoce e não intencionalmente, guiado apenas pelo instinto dos interesses pessoais. Mas, como mostra a experiência das últimas décadas, a acumulação de material, norteada pelo anseio de completude dentro de uma área determinada, tal como se encontra nos grandes manuais (por exemplo, sobre uma literatura nacional, de uma grande época ou de um gênero literário), dificilmente leva a uma atividade sintética criativa. Isso não está ligado apenas à abundância do material (que em certos casos dificilmente pode ser dominado por um indivíduo isolado, caso em que se recomenda o trabalho coletivo), mas à estrutura do próprio material.

As divisões tradicionais segundo critérios cronológicos, geográficos ou de gênero, por indispensáveis que sejam para a preparação do material, não se adaptam (ou não se adaptam mais) a um procedimento energicamente unificador; as áreas cobertas por esses critérios não coincidem com os problemas que a síntese propõe. Chego mesmo a duvidar se monografias sobre figuras significativas isoladas, das quais já temos exemplares excelentes, ainda são adequadas para a espécie de síntese que se tem em mente aqui. É claro que a figura isolada oferece a unidade concreta de vida que, enquanto núcleo objetivo, é sempre preferível a qualquer abstração; mas ela é demasiado inefável e excessivamente carregada da inelutabilidade a-histórica em que o fenômeno singular sempre redunda.

Entre as obras recentes que aplicam a visão histórico-sintética à literatura, o livro de Ernst-Robert Curtius sobre *Literatura europeia e Idade Média latina* é provavelmente a mais impressionante. Creio que deve seu êxito ao fato de, apesar do título, não partir de considerações amplas e gerais, mas sim de um único fenômeno bem delimitado e quase estreito: a sobrevivência da tradição retórica. É por isso que, em suas melhores partes, a obra consegue mobilizar massas enormes de material sem cair na mera acumulação, antes promovendo uma irradiação a partir de poucos exemplos. Seu objeto de ordem mais geral é a sobrevivência da Antiguidade através da Idade Média e sua influência, por meio de suas formas medievais, sobre a literatura europeia moderna. Não se faz grande coisa com um objetivo tão geral; o pesquisador que não tenha mais do que esse propósito encontra-se diante de uma quantidade imensurável de materiais heterogêneos e dificilmente organizáveis; se tentasse coligir o material a partir de critérios mecânicos (por exemplo, o destino de autores isolados ou o destino do conjunto da Antiguidade ao longo de todos os séculos de história medieval), a própria am-

## Filologia da literatura mundial

plitude do material impediria a realização do objetivo sintético. Somente a descoberta de um fenômeno simultaneamente bem delimitado, controlável e central (a saber, a tradição retórica e, especialmente, a tradição dos *tópoi*) como ponto de partida possibilitou a realização do objetivo. Não cabe aqui perguntar se, neste caso, é inteiramente satisfatória a escolha do ponto de partida, ou se é ela a melhor que se poderia imaginar para o propósito dado; e mesmo quem considere insuficiente o ponto de partida escolhido não pode, por isso mesmo, deixar de admirar o resultado obtido. Este se deve ao princípio metodológico que reza assim: para atingir um grande objetivo sintético é necessário inicialmente encontrar um ponto de partida, um ponto de apoio que permita atacar o problema. Deve-se isolar um grupo bem delimitado e controlável de fenômenos, e a interpretação desses fenômenos deve ter força de irradiação suficiente para ordenar e interpretar um conjunto de fenômenos muito mais amplo do que o original.

O método é conhecido há muito tempo; a pesquisa estilística, por exemplo, vem se servindo dele para localizar em traços bem determinados o caráter peculiar a um estilo qualquer. Mas parece-me necessário ressaltar a significação desse método enquanto o único que nos permite apresentar, sobre um pano de fundo amplo e de modo sintético e sugestivo, processos significativos da história imanente da humanidade. Essa possibilidade se abre mesmo para o pesquisador jovem ou iniciante: conhecimentos gerais relativamente modestos, ajudados por algum aconselhamento especializado, podem ser suficientes, tão logo a intuição tenha encontrado um ponto de partida feliz. Ao longo do trabalho, o campo de visão alarga-se naturalmente conforme as necessidades, já que a escolha do material relevante é determinada pelo ponto de partida; esse alargamento tem caráter tão concreto, suas partes têm tal coerência interior, que os elementos conquistados dificilmente se perdem depois, enquanto, em geral, o resultado final ganha unidade e universalidade.

É claro que na prática as coisas nem sempre progridem de um objetivo ou problema geral para a descoberta de um ponto de partida concreto. Por vezes ocorre que se descubra um fenômeno inicial singular que permite por si só a compreensão e a formulação do problema geral — o que, entretanto, só pode ocorrer quando já existe alguma abertura prévia para o problema. Mas o essencial é compreender que um objetivo geral de caráter sintético ou um problema geral não basta. É necessário um fenômeno tão circunscrito, concreto e passível de ser descrito por técnicas filológicas quanto seja possível encontrar, a partir do qual os problemas se exibam e a execução se torne possível. É possível que, algumas vezes, um único fenômeno inicial não seja suficiente, e outros mais se façam necessários; mas, uma vez encontrado o primeiro, os outros se apresentarão mais facilmente, até porque esses outros devem ser de espécie tal que não somente se encaixem com os primeiros, mas também convirjam para a meta comum. Trata-se portanto de uma especialização que, sem seguir as divisões tradicionais da matéria, e sim o que convém ao objeto, deve por isso mesmo ser sempre reformulada.

Os pontos de partida podem ser muito diferentes entre si; seria impossível enumerar aqui todas as possibilidades. A peculiaridade do bom ponto de partida reside, por um lado, em sua concretude e precisão e, por outro, em sua capacidade de irradiação. Ele pode estar na significação de um termo, numa fórmula retórica, num torneio sintático, na interpretação de uma frase ou numa série de declarações feitas em determinadas ocasiões; mas é necessário que tenha sempre uma capacidade de irradiação que o vincule à história mundial. Quem, por exemplo, quiser trabalhar sobre a posição do escritor no século XIX (seja num país determinado ou na Europa inteira), tentando acumular todo o material existente, produzirá talvez uma obra de referência valiosa — pelo que lhe podemos ser gratos, já que ela pode-se mostrar útil; mas o resultado sintético que estamos buscando seria mais facilmente atingível se se partisse de umas poucas declarações de certos autores sobre o público. O mesmo se dá com temas como a fortuna crítica (*la fortuna*) de certos poetas. Obras de amplitude sobre o destino de Dante nos vários países (como já existem) são certamente indispensáveis; mas talvez chegássemos a algo de mais interessante se — como me sugeriu Erwin Panofsky — acompanhássemos a interpretação de determinadas passagens da *Comédia*, por exemplo, desde os primeiros comentadores até o século XVI e, depois, a partir do Romantismo. Essa seria uma maneira precisa de praticar a história das ideias.

Um bom ponto de partida deve ser preciso e concreto; categorias de classificação e conceitos definitórios abstratos não se prestam a tanto, o que vale para "barroco" ou "romantismo", "dramaticidade" ou "fatalismo", "intensidade" ou "mito"; até mesmo "conceito de época" e "perspectivismo" são arriscados. Tais termos podem até figurar na exposição, sempre que o contexto torne claro o que se quer dizer; mas, enquanto ponto de partida, são todos demasiado imprecisos para designar algo de preciso e palpável. O ponto de partida não deve ser qualquer coisa de ordem geral que se aproxime de fora ao objeto, ele deve nascer deste último, deve ser um elemento do próprio objeto. Há que fazer falar as coisas, o que não será possível se o ponto de partida não for desde sempre concreto e bem delimitado. De qualquer modo, mesmo com o melhor dos pontos de partida é necessária muita arte para ater-se sempre ao objeto. Por toda parte espreitam conceitos já cunhados, mas poucas vezes adequados, apesar de frequentemente sedutores por seu tom e pela orientação da moda, sempre prontos a se lançarem sobre o autor, tão logo este se veja abandonado pela força de seu objeto.

Daí que por vezes os autores, e frequentemente os leitores, sejam induzidos a substituir o objeto por um clichê que se lhe assemelhe; muitos leitores são inclinados a tais substituições, e deve-se fazer tudo para evitar que o sentido preciso lhes escape. Os fenômenos com que lida a filologia sintética contêm em si mesmos sua objetividade, que não deve se perder por obra da síntese — e consegui-lo é tarefa difícil. É claro que não se procura aqui reproduzir o desfrute que o próprio objeto proporciona e que se basta a si mesmo, mas tão somente a apreensão do movimento do todo; este, por sua vez, só pode ser percebido limpidamente quando todos os seus membros tiverem sido captados em sua peculiaridade.

Até onde sei, não possuímos ainda nenhuma tentativa de uma filologia sintética da literatura mundial, a não ser por algumas tentativas nesse sentido no âmbito da cultura ocidental. Mas, quanto mais a Terra se uniformiza, tanto mais deverá se ampliar a atividade sintético-perspectivística. Tornar os homens conscientes de si em sua própria história é uma grande tarefa — e entretanto bem pequena, se pensarmos que não estamos apenas na Terra, mas também no mundo, no universo. Mas o que outras épocas empreenderam, isto é, a determinação do lugar do homem no universo, parece-nos hoje distante.

De qualquer modo, nossa pátria filológica é a Terra — a nação já não pode sê-lo. É certo que a coisa mais preciosa e indispensável que o filólogo herda é a língua e a cultura de sua nação; mas é preciso afastar-se delas e superá-las para que se tornem eficazes. Temos de retornar, em circunstâncias diferentes, ao que a cultura pré-nacional da Idade Média já possuía: à consciência de que o espírito não é nacional. *Paupertas* e *terra aliena*, como se lê, com algumas diferenças, em Bernardo de Chartres, João de Salisbury, João de Meun e muitos outros. Como escreve Hugo de São Vítor (*Didascalicon*, III, 20):

> *Magnum virtutis principium est, ut discat paulatim exercitatus animus visibilia haec et transitoria primum commutare, ut postmodum possit etiam derelinquere. Delicatus ille est adhuc cui patria dulcis est, fortis autem cui omne solum patria est, perfectus vero cui mundus totus exilium est...*
>
> [O grande princípio da virtude é que o espírito, exercitado paulatinamente, aprenda primeiro a transformar estas coisas visíveis e transitórias, para que em seguida possa mesmo abandoná-las. Delicado é aquele para quem a pátria é doce. Bravo, aquele para quem a pátria é tudo. Mas perfeito é aquele para quem o mundo inteiro é exílio...]

Hugo dirigia-se aos que buscavam a libertação do amor às coisas terrenas. Mas esse é um bom caminho também para aqueles que queiram conceber o devido amor ao mundo.

# Nota sobre os textos

"*Sacrae scripturae sermo humilis*". Publicado originalmente sob o mesmo título em *Neuphilologische Mitteilungen* 42.3-4 (1941).

"*Sermo humilis*", seguido do apêndice "*Gloria passionis*". Publicado originalmente em *Romanische Forschungen* 64.3-4 (1952) e republicado como primeiro capítulo de *Literatursprache und Publikum in der lateinischen Spätantike und im Mittelalter* (Berna: Francke, 1958).

"Dante e Virgílio". Publicado originalmente sob o título de "Dante und Vergil" em *Das humanistische Gymnasium* 42 (1931).

"Os apelos ao leitor em Dante". Publicado originalmente sob o título de "Dante's addresses to the reader" em *Romance Philology* 7 (1953/54).

"Natã e João Crisóstomo". Publicado originalmente como "Nathan und Johannes Chrisostomus (Dante, *Par.* XII, 7)" em *Zeitschrift für romanische Philologie* 67.1-3 (1951).

"O escritor Montaigne". Publicado originalmente como "Der Schriftsteller Montaigne" em *Germanisch-romanische Monatsschrift* 20 (1932).

"O triunfo do mal: ensaio sobre a teoria política de Pascal". Publicado originalmente como "Der Triumph des Bösen. Versuch über Pascals politische Theorie" em *Felsefe Arkivi* 1.2-3 (1946) e recolhido, em versão revista e ampliada, em Erich Auerbach, *Vier Untersuchungen zur Geschichte der französischen Bildung* (Berna: Francke, 1951).

"Racine e as paixões". Publicado originalmente como "Racine und die Leidenschaften" em *Germanisch-romanische Monatsschrift* 14 (1927).

"*La cour et la ville*". Uma primeira versão foi publicada sob o título de *Das französische Publikum des XVII. Jahrhunderts* (Munique: Max Hueber, 1933);

o ensaio definitivo foi publicado como *"La cour et la ville"* em Erich Auerbach, *Vier Untersuchungen zur Geschichte der französischen Bildung* (Berna: Francke, 1951). A tradução teve por base este último texto, acrescentando-se, a partir da nota 60 (p. 268), os últimos parágrafos da versão de 1933, excluídos em 1951.

"Sobre o lugar histórico de Rousseau". Publicado originalmente como "Über den historichen Ort Rousseaus" em *Die neueren Sprachen* 40 (1932).

"A descoberta de Dante no Romantismo". Publicado originalmente como "Entdeckung Dantes in der Romantik" em *Deutsche Vierteljahrsschrift für Literaturwissenschaft und Geistesgeschichte* 7.4 (1929).

*"As flores do mal* e o sublime". Publicado originalmente como "Baudelaires *Fleurs du mal* und das Erhabene" em Erich Auerbach, *Vier Untersuchungen zur Geschichte der französischen Bildung* (Berna: Francke, 1951).

"Marcel Proust: o romance do tempo perdido". Publicado originalmente como "Marcel Proust. Der Roman von der verlorenen Zeit" em *Die neueren Sprachen* 35 (1927).

"Vico e o historicismo estético". Publicado originalmente como "Vico and aesthetic historism" em *Journal of Aesthetics and Art Criticism* 8.2 (1949).

"Filologia da literatura mundial". Publicado originalmente como "Philologie der Weltliteratur" em *Weltliteratur. Festgabe für Fritz Strich* (Berna: Francke, 1952).

# Sobre o autor

Erich Samuel Auerbach nasceu a 9 de novembro de 1892, em Berlim, Alemanha. De família burguesa abastada, estudou no Französisches Gymnasium daquela cidade e em 1911 iniciou os estudos jurídicos. Tornou-se doutor em Direito pela Universidade de Heidelberg em 1913 e, no ano seguinte, começou os estudos de Filologia Românica em Berlim. Em outubro de 1914, alistou-se como voluntário para lutar na Primeira Guerra Mundial, quando foi ferido e condecorado. Depois da guerra, retomou os estudos filológicos e doutorou-se três anos mais tarde pela Universidade de Greifswald. Em 1923, casou-se com Marie Mankiewitz, com quem teve seu único filho, Clemens, e no mesmo ano tornou-se bibliotecário na Preussische Staatsbibliothek, em Berlim. Em 1929, sucedeu a Leo Spitzer na cátedra de Filologia Românica da Universidade de Marburg, onde permaneceu até 1935, quando, atingido pelo regime nazista, foi exonerado. Na condição de exilado, voltou a suceder Leo Spitzer em 1936 como professor de Filologia Românica na Universidade de Istambul, Turquia. Durante a Segunda Guerra Mundial, sem acesso a grandes bibliotecas, redigiu *Mimesis*, obra-prima da crítica literária do século XX. Emigrou para os Estados Unidos em 1947, tornando-se professor da Universidade da Pensilvânia (1948-49), pesquisador do Instituto de Estudos Avançados de Princeton (1949-50) e, em seguida, professor de Teoria Literária e Literatura Comparada na Universidade Yale, onde lecionou até o ano de sua morte. Faleceu em New Haven, Connecticut, em 13 de outubro de 1957.

### Crítica

*Zur Technik der Frührenaissancenovelle in Italien und Frankreich* [Sobre a técnica da novela no início do Renascimento na Itália e na França]. Heidelberg: Carl Winter, 1921.

*Dante als Dichter der irdischen Welt* [Dante como poeta do mundo terreno]. Berlim/Leipzig: Walter de Gruyter, 1929.

*Das französische Publikum des XVII. Jahrhunderts* [O público francês do século XVII] (Munique: Hueber, 1933), revisto e republicado como "*La cour et la ville*" em *Vier Untersuchungen zur Geschichte der französischen Bildung* [Quatro estudos de história da cultura francesa]. Berna: Francke, 1951.

*Figura.* Florença: Leo S. Olschki, 1939. Publicado originalmente em *Archivum Romanicum*, nº 22, outubro-dezembro, 1938.

*Neue Dantestudien* [Novos estudos sobre Dante]. Istambul: I. Horoz, 1944.

*Roman Filolojisine Giris.* Istambul: I. Horoz, 1944. Republicado como *Introduction aux études de philologie romane* [Introdução aos estudos de filologia românica]. Frankfurt: Vittorio Klostermann, 1949.

*Mimesis. Dargestellte Wirklichkeit in der abendländischen Literatur* [Mimesis. A representação da realidade na literatura ocidental]. Berna: Francke, 1946. Segunda edição revista, Berna: Francke, 1959.

*Vier Untersuchungen zur Geschichte der französischen Bildung* [Quatro estudos de história da cultura francesa]. Berna: Francke, 1951.

*Typologische Motive in der mittelalterlichen Literatur* [Motivos tipológicos na literatura medieval]. Colônia: Petrarca Institut, 1953.

*Literatursprache und Publikum in der lateinischen Spätantike und im Mittelalter* [Língua literária e público no final da Antiguidade latina e na Idade Média]. Berna: Francke, 1958.

*Gesammelte Aufsätze zur romanischen Philologie* [Ensaios reunidos de filologia românica]. Berna: Francke, 1967.

TRADUÇÃO

*Die neue Wissenchaft über die gemeinschaftliche Natur der Völker* [*La scienza nuova*], de Giambattista Vico. Munique: Allgemeine Verlagsanstalt, 1924.

*Die Philosophie Giambattista Vico* [*La filosofia di Giambattista Vico*], de Benedetto Croce. Tradução com Theodor Lücke. Tübingen: J. C. B. Mohr, 1927.

## Sobre o autor

### Obras publicadas no Brasil

*Mimesis: a representação da realidade na literatura ocidental.* Tradução de G. B. Sperber. São Paulo: Perspectiva, 1970. Segunda edição revista, 1976.

*Introdução aos estudos literários.* Tradução de José Paulo Paes. São Paulo: Cultrix, 1970. Segunda edição, 1972. Nova edição: Tradução de José Paulo Paes. Posfácio de Marcos Mazzari. São Paulo: Cosac Naify, 2015.

"*La cour et la ville*" em *Teoria da literatura em suas fontes*. Organização de Luiz Costa Lima. Rio de Janeiro: Francisco Alves, 1975. Segunda edição revista e ampliada, 1983, 2 vols.

*Dante, poeta do mundo secular.* Tradução de Raul de Sá Barbosa. Rio de Janeiro: Topbooks, 1997.

*Figura.* Tradução de Duda Machado. Revisão da tradução de José Marcos Macedo e Samuel Titan Jr. São Paulo: Ática, 1997.

"*As flores do mal* e o sublime" em revista *Inimigo Rumor*, nº 8. Tradução de José Marcos Macedo e Samuel Titan Jr., 2000.

*Ensaios de literatura ocidental: filologia e crítica.* Organização de Davi Arrigucci Jr. e Samuel Titan Jr. Tradução de Samuel Titan Jr. e José Marcos Mariani de Macedo. São Paulo: Editora 34/Duas Cidades, 2007.

*A novela no início do Renascimento: Itália e França.* Tradução de Tercio Redondo. Prefácio de Fritz Schalk. Revisão técnica e posfácio de Leopoldo Waizbort. São Paulo: Cosac Naify, 2013.

### Sobre Erich Auerbach no Brasil

Otto Maria Carpeaux, "Origens do realismo" (1948), em *Ensaios reunidos*, vol. 2: 1946-1971. Rio de Janeiro: Topbooks/UniverCidade, 2005, pp. 311-5.

Sérgio Buarque de Holanda, "Mimesis", em *Diário Carioca*, Rio de Janeiro, 26 novembro de 1950. Republicado em *O espírito e a letra: estudos de crítica literária*. Organização, introdução e notas de Antonio Arnoni Prado. São Paulo: Companhia das Letras, 1996.

Luiz Costa Lima, "Auerbach: história e metaistória", em *Sociedade e discurso ficcional*. Rio de Janeiro: Guanabara, 1986.

Luiz Costa Lima, "Auerbach, Benjamin, a vida sob o Nazismo", seguido de "Entrevista com Karlheinz Barck", "5 Cartas de Erich Auerbach a Walter Benjamin" e "Marburg sob o Nazismo", de Werner Krauss (traduções de Luiz Costa Lima), em *34 Letras*, nº 5/6, 1979, pp. 60-80.

Luiz Costa Lima, "Auerbach e a história literária", em *Cadernos de Mestrado/Literatura*. Rio de Janeiro: Universidade do Estado do Rio de Janeiro, 1992. Ampliado e republicado como "Mimesis e história em Auerbach", em *Vida e mimesis*. São Paulo: Editora 34, 1995, pp. 215-34.

Dirce Riedel, João Cézar de Castro Rocha e Johannes Kretschmer (orgs.), *Erich Auerbach*. Rio de Janeiro: Universidade Estadual do Rio de Janeiro/Imago, 1995.

Telma Birchal, "Sobre Auerbach e Montaigne: a pertinência da categoria de *mimesis* para a compreensão dos *Ensaios*", em *Mimesis e expressão*, Rodrigo Duarte e Virginia Figueiredo (orgs.). Belo Horizonte: Editora da Universidade Federal de Minas Gerais, 2001, pp. 278-88.

Leopoldo Waizbort, "Erich Auerbach sociólogo", em *Tempo Social* 16.1, 2004, pp. 61-91.

Carlo Ginzburg, "Tolerância e comércio: Auerbach lê Voltaire", em *O fio e os rastros*. São Paulo: Companhia das Letras, 2007.

Edward Said, "Introdução a *Mimesis*, de Erich Auerbach", em *Humanismo e crítica democrática*. São Paulo: Companhia das Letras, 2007.

Leopoldo Waizbort, *A passagem do três ao um: crítica literária, sociologia, filologia*. São Paulo: Cosac Naify, 2007.

João Cézar de Castro Rocha e Johannes Kretschmer (orgs.), *Fortuna crítica de Erich Auerbach*. Rio de Janeiro: Universidade Estadual do Rio de Janeiro, s.d.

Imagens da capa:
detalhes de ilustração de Sandro Botticelli (1445-1510) para
*A divina comédia*, de Dante Alighieri, cena *Inferno* XXVII.

COLEÇÃO ESPÍRITO CRÍTICO
*direção de Augusto Massi*

A Coleção Espírito Crítico pretende atuar em duas frentes: publicar obras que constituem nossa melhor tradição ensaística e tornar acessível ao leitor brasileiro um amplo repertório de clássicos da crítica internacional. Embora a literatura atue como vetor, a perspectiva da coleção é dialogar com a história, a sociologia, a antropologia, a filosofia e as ciências políticas.

Roberto Schwarz
*Ao vencedor as batatas*

João Luiz Lafetá
*1930: a crítica e o Modernismo*

Davi Arrigucci Jr.
*O cacto e as ruínas*

Roberto Schwarz
*Um mestre na periferia do capitalismo*

Georg Lukács
*A teoria do romance*

Antonio Candido
*Os parceiros do Rio Bonito*

Walter Benjamin
*Reflexões sobre a criança, o brinquedo e a educação*

Vinicius Dantas
*Bibliografia de Antonio Candido*

Antonio Candido
*Textos de intervenção*

Alfredo Bosi
*Céu, inferno*

Gilda de Mello e Souza
*O tupi e o alaúde*

Theodor W. Adorno
*Notas de literatura I*

Willi Bolle
*grandesertão.br*

João Luiz Lafetá
*A dimensão da noite*

Gilda de Mello e Souza
*A ideia e o figurado*

Erich Auerbach
*Ensaios de literatura ocidental*

Walter Benjamin
*Ensaios reunidos: escritos sobre Goethe*

Gilda de Mello e Souza
*Exercícios de leitura*

José Antonio Pasta
*Trabalho de Brecht*

Walter Benjamin
*Escritos sobre mito e linguagem*

Ismail Xavier
*Sertão mar*

Este livro foi composto
em Adobe Garamond pela
Bracher & Malta, com CTP
e impressão da Edições Loyola
em papel Pólen Soft 80 g/m$^2$
da Cia. Suzano de
Papel e Celulose para a
Duas Cidades/Editora 34,
em junho de 2020.